이해받는

것은

　　모욕이다

EBS 클래스ⓔ 인문

이해받는

것은

모욕이다

김정규 지음

깊은 내면의
'나'를 만나는
게슈탈트
심리상담

EBS
BOOKS

우리는 단절의 시대에 살고 있다. 어디를 가도 사람들은 스마트폰을 들여다보고 있다. 혼자 있어도 함께 있어도 스마트폰을 본다. 서로 대화하는 모습을 보기는 매우 어렵다. 어쩌다 대화해도 일에 대한 것들이지 마음을 나누는 대화는 드물다. 이런 경향은 오래전부터 시작된 것이었지만 4년에 걸친 코로나 팬데믹은 이를 더욱 심화시켰다.

인간이란 말은 원래 '사람 사이'라는 뜻인데, 지금은 '사이'가 사라졌다. '관계'와 '연결성'이 없어진 것이다. 관계가 사라진 '사람'의 의미는 무엇인가? 모든 걸 상품과 소비라는 관점에서 바라보는 요즘의 세상에 사람은 있는가? 만일 있다면 사람의 가치는 상품 생산자나 소비자로서 외에 따로 있는가?

과거에는 하지 않았던 이런 질문을 하는 자신을 발견하면서 우리는 스스로 화들짝 놀란다. 아이가 엄마를 찾는 것이 엄마가 안 보일 때이듯 이런 물음을 던지는 건 우리가 중요한 무언가를 잃었다는 느낌이 들기 때문일지 모른다.

요즘 심리상담을 찾는 사람들이 정말 많아졌다. 사람들이 과거에는 가족이나 친구 또는 선생님과 대화하며 고민을 해결했다면, 지금은 그들보다 심리상담사를 찾는다. 왜 이런 현상이 벌어지고 있는 것일까? 내담자들이 그들을 더는 신뢰하지 않아서일까?

그런 측면이 있을 수 있다. 하지만 더 근본적인 원인은 환경의 변화다. 즉, 특정 집단의 능력 부족이나 역할 실패보다는 '단절의 시대'라는 오늘날 사회적 환경이 더 중요한 원인이다. 쉽게 말해 그들에게는 신뢰가 덜 가는 가족이나 친구 혹은 선생님이 있는 게 아니라, 대화 나눌 가족이나 친구, 선생님이 없다는 것이 문제의 본질이다.

너나 할 것 없이 모두 각자도생하느라 다른 사람의 이야기를 들어줄 시간이나 마음의 여유가 없다. 잠재적인 멘토였던 그들 스스로도 자신의 고민을 들어줄 가족이나 친구 혹은 선생님이 없어서 홀로 있기는 마찬가지다. 모두 서로 단절돼 있으며, 관계 단절의 병을 앓고 있다.

내가 지난 30여 년간 심리상담 현장에서 만났던 수많은 내담자의 핵심 문제는 항상 '관계성'의 문제였다. 사람과 사람 '사이'의 문제였다. 유대인 철학자 마르틴 부버Martin Buber는 인간의 본질은 '사이'라고 말했다. 즉, 관계성이라는 것이다. 그는 '나와 너의 관계'를 떠난 나는 따로 존재하지 않는다고도 했다. 우리의 문제는 연결성이 끊어진 인간관계에 있다. 최근 생성형 AI의 출현으로 이런 경향은 앞으로 더욱 심화할 것이라 예견된다.

그러나 이와는 대비되는 새로운 흐름이 세계 곳곳에 나타나고 있다. 그동안 물질문명 위주의 삶이 우리에게 어떤 위기를 초래했는지 목격하고서 이제 더 늦기 전에 우리는 무엇을 위해 살아야 하는가, 어떻게 살아야 하는가 하는 문제를 '물질적' '경제적인' 시각에서가 아니라 온전히 '인간 존재'의 관점에서 바라봐야 할 필요성을 깨닫기 시작한 것이다.

나는 이 책에서 우리 한 사람 한 사람의 존재가 섬처럼 따로 떨어진 고립된 '대상'이 아니라, 서로 긴밀하게 연결된 '관계의 존재'라는 사실을 독자들과 함께 차근차근 살펴보겠다.

단절은 어디에서 시작되는 것일까? 거기에는 어떤 새로운 해법들이 있을까?

"전체(존재)는 부분의 합보다 더 큰 무엇"이라는 입장인 게슈탈트 심리학은 이런 질문들에 답하기 위해 최적화된 심리상담 이론이다. 게슈탈트 이론은 세포들이 서로 연결돼 하나의 몸을 구성하듯 한 사람 한 사람이 서로 연결돼 온전한 유기체를 이룬다는 관계의 철학 위에 서 있다.

나는 평생을 연구해 온 게슈탈트 심리학과 실존철학, 문학, 기독교와 선불교, 초월 영성의 주제를 함께 통합하면서 이 질문들에 대한 답을 찾고자 했다. 이 책은 나와 독자들이 함께 묻고, 함께 사유하며, 함께 발견해 나가는 흥미롭고 창의적인 체험의 여정을 차분히 이끌어줄 것이라 믿는다.

이 책이 나오기까지 많은 도움을 주신 분들에게 감사를 드린다. 하이데거와 노자 철학을 안내해 준 강학순 교수와 윤병렬 교수, EBS 클래스ⓔ 강의를 제안해 주신 오정호 PD, 권종남 작가, EBS 출판부 정지현 북매니저, 김민영 에디터, 편집부 직원들, 이 책이 나오기까지 많은 응원을 보내주신 한국 게슈탈트 심리상담학회원들, 그리고 항상 곁에서 돌봐주고 챙겨 준 아내에게 깊은 감사를 드린다.

2024년 1월

남양주시 수동면 철마산 자락에서

김정규

목차

1장

너의 세상과 나의 세상

미국의 저명한 게슈탈트 치료자인 고든 휠러*Gordon Wheeler*에 따르면 지난 세기 동안 인간 의식에 네 번의 큰 변화가 있었다. 진화론, 정신분석학, 행동주의 심리학 그리고 게슈탈트 혁명이 그것이다.

찰스 다윈*Charles Darwin*의 진화론은 인간 이해에 대한 그 이전 시대의 패러다임을 완전히 바꿔놓은 커다란 변화를 가져왔다. 즉, 이전의 신학, 철학, 과학에서는 모두 인간은 신의 창조로 탄생한, 이성을 지닌 특별한 존재로서 다른 동물들과는 건널 수 없는 간격이 있다고 간주했는데, 진화론은 이를 무너뜨리고 인간을 다른 동물과 동일한 선상에서 오직 생물학적 관점에서만 바라보았다. 이는 당시까지 믿었던 종교적·철학적 세계관을 송두리째 뒤흔들면서 인류 정신사에 큰 충격을 가했다.

지그문트 프로이트*Sigmund Freud*의 정신분석학도 인간 존재에 대한 이전의 믿음을 다시 한번 뒤흔들어놓았다. 이전의 철학과 신학 그리고 과학이 인간을 주체적으로 판단하고 행동할 수 있는 이성적 존재로 보았다면, 정신분석학은 인간 의식은 아주 조그만 부분에 지나지 않으며, 오히려 더 큰 무의식의 영역이 있어 우리의 생각과 감정, 행동을 지배한다는 입장으로 인간 존재를 더욱 초라한 모습으로 바꾸어놓았다.

이반 파블로프*Ivan Pavlov*와 존 왓슨*John Watson*, 벌허스 스키너*Burrhus Skinner* 등의 행동주의 심리학은 인간의 행동을 자극과 반응이라는 두 개념으로 단순화시켜 기계론적으로 설명했다. 이들은 인간을 스스로 생각하고 판단하는 능력을 갖춘 정신적 존재로 인정하지 않았다. 모든 행동은 자극과 반응의 '우연적 연계성'으로 설명할 수 있고, 주어진 조건과 상황 변인만 알면 결과를 예측할 수 있으며, 보상과 처벌로 얼마든지 사람들의 행동을 원하는 방향으로 조형할 수 있다고 보았다.

진화론과 정신분석 그리고 행동주의 심리학을 거치면서 인간은 마침내 자율적 의지를 지닌 생명체가 아닌, 하나의 기계로 전락하게 됐다. 즉, 자신이 처한 상황과 환경에 능동적으로 대처해 나가는 행위의 주체가 아니라, 외부 자극을 **입력**받아 예상할 수 있는 방향으로 출력이 가능한 기계가 된 것이다. 이제 인간은 **존재***being*가 아니라 **대상***object*이 돼버렸다.

하지만 다른 한편에서는 이런 흐름에 맞서 독일의 철학자 프란츠 브렌타노*Franz Brentano*와 그의 제자들이 중심이 돼 새로운 운동을 일으키기 시작했다. 칼 슈툼프*Carl Stumpf*, 에드문트 후설*Edmund Husserl*, 막스 베르트하이머*Max Wertheimer*, 볼프강 쾰러*Wolfgang Köhler*, 쿠르트 코프카*Kurt Koffka* 등의 현상학자와 게슈탈트 심리학자들이 주축이 됐다. 빌헬름 분트*Wilhelm Wundt*의 구조주의 심리학에 반대하며 이들은 인간은 기계가 아니라 능동적 행위를 하는 정신을 가진 존재임을 밝혀냈다. 즉,

인간은 카메라처럼 외부 자극을 단순히 수동적으로 받아들이는 것이 아니라, 주체적으로 자신의 필요에 따라 적극적으로 조직화하고 해석하며 관계적 맥락 속에서 이해한다는 것이다.

게슈탈트 치료자들은 이러한 원리를 심리 치료 분야에 응용해 게슈탈트 치료 이론으로 발전시켰다. 게슈탈트 치료자들은 지금 여기에 일어나는 현상으로서 감각, 생각, 감정, 행동의 통합성을 강조했다. 현대 뇌과학, 신경생물학, 생물사회학의 새로운 연구 결과에서는 게슈탈트 치료의 이러한 입장을 지지하는 증거를 제공해 주고 있다. 즉, 이 분야의 새로운 연구는 인간의 뇌는 컴퓨터가 아니며, 정서를 중심으로 방향성을 갖고 능동적으로 환경을 조직화해 이해한다는 것을 입증하고 있다.

자, 다음의 그림에서 어떤 도형이 보이는가?

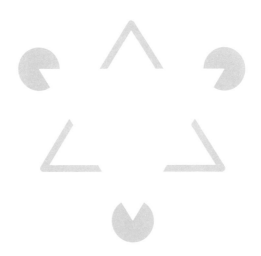

아마 두 개의 삼각형을 보았을 것이다. 그런데 자세히 보면 삼각형은 존재하지 않는다. 어떻게 두 개의 삼각형을 인식할 수 있었을까?

그것은 게슈탈트 심리학자들이 밝혀낸 것처럼 우리는 카메라와 달리 사물을 있는 그대로 인식하는 것이 아니라, 불완전한 형태를 완결시켜 **완전한 형태**로 보는 경향이 있기 때문이다. 즉, 부분을 하나씩 따로 보는 것이 아니라, 부분들의 관계를 연결해 하나의 의미 있는 **전체**^{Gestalt}(형태)로 인식하는 것이다. 이런 능력은 가르쳐주지 않아도 누구나 본래부터 갖추고 태어난다.

불완전한 것들을 연결해
완전한 형태로 본다

이처럼 인간의 인식 방식은 기계와는 다르다. 인간은 사물이나 사태를 능동적으로 조직화해 구성함으로써 매우 창조적으로 인식한다. 더욱 놀라운 사실은 인간은 기계와만 다른 것이 아니라, 사람마다 다르다. 즉, 동일한 사건을 보면서도 과거 경험이나 현재 욕구 혹은 감정 상태에 따라 상황에 대한 인식이 서로 다르다.

예를 들어보자. 복잡한 차도 위에서 폐지를 잔뜩 실은 손수레를 힘겹게 끌고 가는 할머니 한 분을 세 명의 행인이 보았다면 다음과 같이 각각 다르게 반응할 수 있다.

행인1 "어쩌다가 노인네가 저 고생을 하시나? 안타깝다."

행인2 "저렇게 열심히 사시는 분도 있구나. 참 대단하시다."

행인3 "치매로 입원하신 엄마와 비슷한 연세인 것 같은데, 부럽다."

이처럼 할머니에 대한 세 명의 인식은 서로 다르다. 하지만 어떤 것도 그 자체로 맞고 틀린 것은 없다. 단지 서로 다를 뿐이다. 각자 자신의 관점에서 상황을 주관적으로 조직화하고 구성했을 뿐이다. 그렇게 해서 자기만의 세계 즉, **나의 세상**을 창조해 낸 것이다.

세 명의 행인은 같은 시간에 같은 장면을 보면서도 그 순간 **서로 다른 나의 세상**을 창조해 그 세상을 사는 것이다. 행인1이 다른 행인의 생각이 맞다거나 틀렸다고 말할 수 없는 것처럼, 나머지 행인들도 다른 행인의 생각이나 감정이 맞다거나 틀렸다고 말할 수 없다. 그들은 각자 자기만의 세상을 창조했을 뿐이다.

그렇다면 우리는 **서로의 세상**을 인정해 주고 존중해 주면서 그것에 대해 평가나 판단을 하지 말아야 할까? 대부분 고개를 끄덕일지 모르겠다. 하지만 신중론자들도 있기 마련이다. 그들은 "그렇다면 도둑이나 살인자, 사기꾼, 위선자의 세상도 있는 그대로 인정해 주고 존중해 주어야 할까요?"라고 반문할지 모른다. 이 문제는 나중에 좀 더 깊이 있게 다룰 것이다. 다만 우리는 모두 저마다 **나의 세상**을 창조해 매 순간 그 세상을 산다는 사실을 확인하고 넘어가는 정도로 만족해야 할 것 같다.

하지만 우리 각자가 어떤 원리에 의해 자신만의 세상을 구성하고 인식하는지에 대해서 게슈탈트 심리학자들의 연구 결과를 알아보도록 하자. 세 가지만 간단히 소개하면 다음과 같다.

1 우리는 매 순간 가장 흥미가 끌리는 대상(감각, 감정, 욕구, 생각)을 전경으로 떠올리고, 나머지는 배경으로 처리해 잠시 관심에서 제외하는 식으로 인식한다. 앞의 예에서 폐지 손수레를 끌고 가는 할머니를 본 행인들의 반응이 각각 달랐던 것은 행인1은 할머니의 경제적 어려움에, 행인2는 할머니의 성실성에, 행인3은 할머니의 건강 상태에 먼저 관심을 기울여 그것들을 전경으로 떠올렸기 때문이다.

2 우리는 매 순간 가장 관심이 가는 대상(현상)을 먼저 전경으로 떠올려 해소하고, 다음으로 다른 대상으로 주의를 옮긴다. 하지만 중요한 문제가 해소되지 못하고 미해결 과제로 남을 때는 현재 삶에 집중하기가 어렵다. 그런 경우 어떻게 해서든 미해결 과제를 해결하고자 한다. 어릴 때 집안 사정으로 학업을 중단한 사람이 늦은 나이에 검정고시에 도전한다든가, 부모님의 강요로 의사가 된 사람이 직업을 바꿔 가수가 되는 경우가 그 예다.

3 우리는 어떤 행동을 하기 전에 먼저 그 행동이 허용될 수 있는 상황인지 판단한 다음에 실행한다. 예를 들면, 형과 함께 놀고 있던 동생이 엄마가 곁에 있을 때는 형의 장난감을 자기에게 달라고 떼를 쓰기도 하지만, 엄마가 외출하고 둘만 있을 때는 그런 행동을 하지 않는다. 그것은 엄마가 있을 때는 자기 편을 들어줄 것이라 여겨 서슴없이 행동하지만, 엄마가 없을 때는 상황 인식을 달리하기 때문이다.

이처럼 인간은 과거 경험이나 현재의 욕구와 감정, 미해결 과제 그리고 상황 판단 등을 토대로 적극적이고 능동적으로 인식을 구성함으로써 각자 **나의 세상**을 창조한다. 우리는 모두 성장 배경과 경험이 다르며, 현재의 욕구와 상황 판단 또한 다르기 때문에 각자의 세상은 너무나 다를 수밖에 없다. 그래서 십인십색(十人十色)이라는 말이 나왔을 것이다.

이렇게 우리가 다양한 색깔을 갖는 것은 큰 축복이 아닐 수 없다. 만일 사람이 모두 같은 생각을 하고 욕구와 감정에 차이가 없다면, 이 세상은 얼마나 단조롭고 무미건조할지, 지루하고 재미없을지 상상조차 하기 어렵다. 서로 다양한 사람들이 만나고 어울리면서 새로움과 즐거움, 놀라움과 흥분, 접촉과 열정, 창조와 아름다움이 탄생한다.

한 사람 한 사람은 단순한 개인이 아니라 각자가 하나의 세상이다.

그래서 두 사람의 만남은 서로 다른 세상의 조우encounter다. '너의 세상'
과 '나의 세상'의 만남이다. 그것은 정말 크고 멋지고 대단한 사건이다.
만약 아무런 선입견이나 편견 없이 다른 세상에 대한 호기심과 관심, 열
정과 애정을 가지고 그 만남에 임한다면 말이다.

하지만 실상은 어떤가? 우리는 이런 사실을 까마득히 잊어버리고
대부분 자기도 모르게 "모든 사람은 다 똑같은 생각을 갖고, 똑같은 감정
을 느끼며, 똑같이 행동할 것"이라 가정하며 산다. 따라서 타인에 대한
관심은 불필요해지고, 삶은 그저 그런 것이 된다. 활기와 흥분은 사라지
고, 무표정해지며 기계처럼 살게 된다.

류시화 씨가 했던 말이 생각난다. 그는 그동안 수많은 장소를 여행
했는데, 사람들은 어디에 다녀왔는지만 관심을 보였지, 어떤 사람들을
만났는지 묻는 사람은 별로 없었다고 했다. 도대체 어디서부터 잘못
된 것일까? 서로의 세상을 무시하고 인정하지 않음으로써 생겨나는
현상이다. 다른 것을 다른 것으로 보지 못할 때, 개성과 창조성은 묻혀
버린다. 너의 세상이 보이지 않을 때, 나의 세상도 함께 사라진다. 우리
가 경계해야 하는 것은 너와 나의 다름을 평준화시키는 무지와 안일
이다.

'나의 세상'을 회복하기 위해 먼저 '너의 세상'을 볼 수 있어야 한다.
나의 실존은 너의 실존과 서로 뗄 수 없는 현상이다. 너의 세상을 발견
하면서 나의 세상도 함께 발견될 것이다. 너를 새롭게 보는 눈이 나를

새롭게 보게 해줄 것이기 때문이다.

아이들의 세계를 잠시 방문해 보자. 당신이 주인공이라면 이 상황에서 어떻게 행동했을지 생각해 보면서 글을 읽기 바란다.

상면

혜진이가 화장실을 가다가 학교 복도에서 넘어졌다. 무릎이 바닥에 부딪혀서 많이 아팠다. 그런데 혜진이는 소리를 지르지 않았다. 속으로 '이 정도는 아무것도 아니야'라고 생각했기 때문이다. 다음 날 옆 반 친구 서윤이도 복도에서 넘어졌다. 서윤이는 혜진이와 달리 큰 소리로 울었다. 아이들이 달려와 서윤이를 일으키고 보건실로 데려가 치료를 받게 했다. 그날 오후 혜진이와 서윤이는 학원에서 만나 대화를 나누었다.

"너 오늘 복도에서 넘어져 울었다며?"

"응, 울었어. 너무 아파서 울었어."

"이제 나도 거기서 넘어져 무릎에 멍이 들었어."

"그랬구나. 그래서 울었니?"

"별일도 아닌데 뭘 그런 걸로 울어. 내가 울면 아이들이 놀랄 거 같아. 집에 연락하면 엄마도 걱정하실 거고."

"무슨 말이야? 내가 아픈데 왜 그런 걱정을 하니?"

"난 내가 이해가 안 돼. 별일도 아닌데 뭘 그런 걸 가지고 울어서 아이들도 놀라고 선생님도 놀라셨을 거 아니야?"

"아니, 무슨 말이야. 그런 걸 왜 참아? 네가 울지 않으면 아무도 모르잖아. 그러면 누가 도와주겠니?"

〈장면〉

혜진이는 서윤이와 헤어져 집으로 가면서 서윤이 생각을 했다. '걔는 엄살이 너무 심해. 걸핏하면 울고, 조금만 힘들어도 징징거리고. 도대체 왜 그러는지 모르겠어. 자기가 공주인 줄 아나 봐. 시험 때가 돼도 준비도 안 하고는 나중에 나보고 도와달라 그러고, 귀찮아 죽겠어. 애가 너무 철이 없어.'

혜진이는 아파트 번호키를 눌러 현관문을 열고 집 안으로 들어갔다. 온 집에 술 냄새가 났다. 아빠가 거실에서 쓰러진 채 자고 있고, 빈 소주병이 여러 개 나뒹굴고 있다. 혜진이는 아빠가 깨지 않게 조심스럽게 거실을 치우고 나서, 옆 방에 있는 남동생에게 가본다. 어깨 위에 다정하게 손을 올리고서 말한다.

"현수야, 숙제는 다 하고 게임하는 거야?"

"응, 누나. 다 했어."

"그래, 잘했어. 조금만 기다려. 누나가 간식 챙겨줄게."

"알았어, 누나. 그런데 엄마는 오늘도 늦게 오시겠지?"

"응, 아마 그럴 거야. 요즘 많이 바쁘시다고 그랬어."

혜진이는 부엌에서 간식을 준비하며 자신도 모르게 한숨을 쉰다.

〈장면〉

서윤이는 학원이 끝난 후 엄마가 데리러 와 함께 집으로 왔다.
차 안에서 서윤이는 엄마한테 오늘 복도에서 넘어졌던 이야기
를 하며 바지를 걷어 다친 무릎을 보여준다.

"아파 죽는 줄 알았어. 그래서 막 소리 내어 울었어."

"아, 그랬구나. 친구들이 고맙구나. 선생님도 고맙고."

"응, 그런데 엄마, 혜진이도 어제 넘어졌는데, 걔는 안 울었대."

"그래? 왜 그랬을까?"

"몰라, 걔는 좀 답답해."

그날 저녁 서윤이네는 아빠 차를 타고 네 식구가 함께 시내에
있는 레스토랑에 가서 맛있는 식사를 했다. 돌아오는 차 안에
서는 온 가족이 함께 노래를 부르며 왔다. 집에 와서 서윤이는
오빠에게 과제를 좀 도와달라고 했다.

"오빠, 나는 수학이 너무 어려워. 난 아무래도 바본가 봐."

"서윤아, 수학은 끈기로 하는 거야. 내가 가르쳐줄게. 잘 들어!"

"아무래도 못 알아듣겠어. 그만할래!"

"그래, 다음에 하자."

혜진이의 세상과 서윤이의 세상은 무척 다르다. 두 아이의 행동이 다른 것도 이해가 되는 부분이다. 두 아이는 각자 자신의 세상을 매우 적극적이고 능동적으로 구성해 인식하고 행동한 것이다. 혜진이의 전경은 수업 시작하기 전에 얼른 교실에 들어가 공부하는 것이었다. 무릎이 좀 아프기는 했지만, 다른 중요한 일을 제쳐두고 가장 먼저 해결해야 할 정도로 심각하게 느껴지지 않았다. 거기서 감정을 통제하지 못하고 운다는 것은 매우 어리석은 행동이었다. 지금까지 이보다 더 어려운 순간들이 많았지만, 그때마다 혜진이는 그 상황에서 최선이 무엇일지 생각해서 행동했다. 오늘도 그랬다. 알코올 중독 상태인 아버지를 내가 바꿀 수는 없다고 생각했다. 대신 방 정리라든지 남동생 챙겨주는 것이라든지, 내일 수업 준비를 하는 것 등은 내가 할 수 있는 일이었다.

서윤이의 전경은 달랐다. 복도에서 넘어져 무릎이 바닥에 부딪히는 순간 자기도 모르게 아야 하는 소리와 함께 울음이 터져 나왔다. 너무 아파서 소리 내어 엉엉 울었다. 주변에 있던 친구들이 달려와 괜찮냐고 물어봐주는 것이 고마웠다. 아이들이 부축해서 보건실로 갔는데 보건 선생님이 약을 바르고 붕대를 감아줘 안심이 됐다. 수업에 좀 늦게 들어갔지만 선생님이 괜찮은지 물어본 것도 고마웠다. 오후에 학원에서 혜진이와 나눈 대화가 생각난다. 별일도 아닌 걸 가지고 울었다는 말이 이해가 안 됐다. 더구나 내가 울면 아이들이나 선생님이 놀랄 것이기 때문이라는 말이 뚱딴지같이 들렸다. 내가 울면 친구들이나 선생님이 걱정해 주고 돌봐줄 거라는 생각이 맞지 않나? 걔는 정말 답답해!

　우리는 두 아이의 내면세계를 접하면서 두 아이가 전혀 다른 세상에 살고 있다는 것을 느낄 수 있다. 각자 자신이 처한 상황을 능동적으로 조직화해 인식하는 면에서는 같지만, 성장 환경과 개인적 경험의 차이로 인해 그들이 만드는 세상은 상당히 다름을 알 수 있다. 혜진이 입장에서는 복도에서 넘어져 잠시 무릎이 아픈 사건은 별일 아닌 것이 맞다. 지금까지의 경험을 돌아보건대 자신의 힘든 감정을 내보인다면, 아빠는 말할 것도 없고 엄마나 동생이 도움을 줄 수 있을 것이라는 기대는 상당히 비현실적이기 때문이다. 그런데 서윤이 입장에서 무릎이 아파 소리 내어 운 것은 매우 자연스러운 일이었다. 경험으로 볼 때 그것은 주변 사람들이 걱정해 줄 일이지 부담스럽게 느낄 사건이 아니었다. 따라서 서윤이가 타인의 도움을 기대하는 것은 비현실적이지 않았다.
　우리는 여기서 두 아이가 만든 각자의 '나의 세상'이 누구의 것도 맞다거나 틀린 것이 없고 단지 다를 뿐이며, 둘 다 나름대로 적응적이었다는 사실을 알 수 있다. 만일 혜진이와 서윤이가 서로에 대해 관심을 갖고 함께 대화 나눌 시간을 갖는다면, 서로를 통해 배우고 성장할 수 있지 않을까 생각한다.

40대 중반 직장 여성인 현아 씨가 상담실을 찾은 이유는 최근 자주 경험하는 불편한 감정 때문이었다. 그녀는 매우 차분하고 안정적인 성격이었으며, 일중독이 의심될 만큼 회사에서 맡은 업무를 매우 성실하게 완수하는 사람이었다. 그녀는 동료들과 잘 지냈고, 회사에서 인정받는 편이었다.

그런데 요즘 들어 시도 때도 없이 화가 나거나 뜬금없이 눈물이 난다는 것이다. 자세히 탐색해 보니 이유가 있었다. 어머니에게 자기 삶을 희생하며 살았던 사실이 떠올랐고, 이해받지 못할 것이란 생각에 누구에게도 자신의 이야기를 털어놓지 못한 것이 억울해서 울컥울컥 감정이 올라오는 것 같다고 했다.

다른 한편으로는 이런 감정이 스스로 생각하기에 병적인 것이 아닐까 의심했다. 눈물을 보이는 것은 나약한 모습이라 생각해서 도저히 받아들일 수 없었다. 그녀가 대인관계에서 가장 곤란한 것은 상대방이 갑자기 감정을 드러내 보일 때라고 했다. 최근에 동창 모임에 갔을 때 한 친구의 남편이 죽은 이야기가 나왔는데, 옆에 앉았던 친구가 눈물을 보이며 슬퍼하는 모습을 보고 너무 당황스러워 어쩔 줄 몰랐다고 했다. 현아 씨에게 그 이야기를 들었을 때 어떤 감정이 느껴졌는지 물었다.

"저는 제 감정을 막아버려요. 딴생각하거나 차단해 마치 티비를 보듯이 객관화시켜요."

이렇게 말하는 그녀의 목소리는 차분하고 냉정한 모습이었다. 왜 그렇게 하는지 물었다.

"잘 모르겠어요. 사람들이 울면 보기 싫어요."

"그런 사람들이 어떻게 보여요?"

"뭔가 자기 통제가 되지 않는 약한 사람처럼 보여요."

이렇게 말하는 그녀의 얼굴에는 경멸이 스쳐 지나가는 것 같았다. 하지만 동시에 목소리는 가늘게 떨렸고, 표정은 슬퍼 보였다. 그것을 말해줬더니 눈물이 뚝 떨어졌다. 이 순간 어떤 감정이 느껴지는지 물었다.

"모르겠어요. 이런 제가 이해가 안 돼요. 전에는 안 그랬거든요."

"이런 현아 씨를 제가 어떻게 볼 것 같아요?"

그녀는 잘 모르겠다며 고개를 내저었다. 한동안 침묵이 이어졌고, 문득 그녀가 입을 열었다.

"왜 그런지 모르겠는데, 그냥 수치심이란 단어가 떠올라요."

"지금 수치심을 느낀다는 말씀인가요?"

"모르겠어요. 그냥 그 단어가 떠올랐어요."

그녀는 다시 무덤덤한 표정이 됐다. 나는 그녀에게 수치심은 다른 사람이 나의 존재를 있는 그대로 수용해 주지 않을 것이라 예상할 때 느꺼지는 감정이라고 설명했다. 갑자기 그녀는 얼굴을 감싼 채 고개를 숙이고 울었다. 그녀는 잠시 후 어릴 때의 기억을 떠올렸다.

"아버지와 어머니가 자주 싸웠는데, 무섭고 슬펐어요. 아무도 없는 느낌이었어요. 자신이 약하게 느껴졌고, 너무 힘들었어요. 누가 저를 여리다고 말하면 그렇게 싫었는데, 그때로 돌아갈까 봐 그랬던 것 같아요."

나는 그녀에게 자신의 감정을 위로해 줄 사람이 없었는지 물었다. 그녀는 없었다고 말했다. 더구나 아버지가 돌아가신 뒤로는 어머니 혼자 아이 셋을 키웠고, 자신이 장녀였기 때문에 말할 수 없었다고 했다.

"그리고 엄마는 너무 자기 위주였어요. 저희보다 항상 자기가 먼저고, 우리 때문에 불행하다며 신세 한탄을 했어요. 힘들 때마다 자기감정을 쏟아내 제가 엄마의 감정 쓰레기통이 된 느낌이었어요."

"그런 어머니가 어떻게 보였어요?"

"무척 싫었죠. 저는 어머니처럼 자기감정을 통제하지 못해 다른 사람에게 피해를 주는 사람이 되고 싶지 않았어요."

"그런데 요즘 자신에게도 감정이 올라오는 것을 경험할 때는 무척 혼란스러우셨을 것 같네요?"

"바로 그거예요. 그런 제 자신이 이해가 안 가요."

그녀는 겉으로는 내색하지 않지만, 가족이나 주변 사람들의 감정 표현에 대해 지나치게 예민하게 반응하는 자신을 보며 무언가 문제가 있다는 생각이 든다고 했다. 하지만 정확히 무엇이 문제인지 몰라 답답하다고 했다. 그녀가 느끼는 딜레마는 까닭 모르게 울컥울컥 올라오는 억울함과 분노, 그에 뒤따르는 슬픔과 외로움의 감정이 있는가 하면, 다른 한편으로는 그런 자신이 나약하게 느껴지고 한심하게 생각되는 점이었다.

그리고 다른 사람들이 어떤 감정을 내보일 때 불편한 마음이 든다는 것도 마음에 걸렸다. 다른 사람들은 자연스럽게 그런 행동을 받아들이고 마음을 나누는 것 같은데, 자신은 거리감을 느끼는 것이 외롭게 느껴졌다. 문제는 불편한 감정뿐 아니라 즐거운 감정에도 있었다.

사람들이 모이면 사소한 것을 소재로 수다를 떨며 함께 즐겁게 웃는 장면이 있는데, 자신은 그런 상황도 불편하다는 것이다. 어딘지 모르게 자신은 다른 세상에 사는 사람처럼 느껴지며 외롭다는 것이다. 물론 그런 느낌이 오래가지는 않는다. 금세 속으로 "사람들이 진지하지 못하다. 쓸데없는 데 시간을 낭비한다"고 폄하하기 때문이다.

현아 씨의 세상은 척박한 땅을 성실히 일궈내어 마침내 갖가지 농작물을 길러내고 수확해 안전한 세상을 만들어낸 성공적인 이야기다. 그것도 도와주는 사람도 없이 혼자 일궈낸 **나의 세상**이라는 의미에서 대단하다. 그것은 존중받아야 하고 경탄과 박수를 받아야 마땅하다.

하지만 다른 한편으로는 무언가 외롭고 쓸쓸하며 단절된 느낌이 든다. 떠오르는 이미지는 동화책에 나오는 넓은 정원이 딸린 크고 훌륭한 저택에 혼자 사는 부자 노인이다. 그는 대문을 꼭꼭 걸어 잠그고, 동네 아이들이 집에 놀러 오는 것을 허락하지 않는다. 그는 누구에게도 폐를 끼치지 않고 반듯하게 살아온 사람이지만 사람들과의 교류가 없는 외딴섬에 혼자 사는 것이다.

다행인 점은 현아 씨가 너무 늦기 전에 내면에서 일어나는 여러 가지 마음 현상을 발견했고, 또 바깥세상에 대해 호기심과 관심을 보이기 시작했다는 점이다. 그녀에게 중요한 것은 그러한 변화를 무시하지 않고 주의를 기울여 관찰하는 것이다. 그것은 지금까지의 삶을 잘못 살았다고 평가하는 것과는 다르다. 지금까지의 삶은 주어진 상황을 적극적이고 능동적으로 조직화함으로써 독특한 **나의 세상**을 창조해 낸 것으로 큰 가치가 있다. 하지만 그렇다고 해서 반드시 앞으로의 삶도 같은 방식으로 살아야 한다는 것을 의미하지는 않는다.

현아 씨는 이후 상담이 진행되면서 그동안 억눌렀던 감정들을 접촉하고 표현하면서 마음속 응어리를 풀어나갔다. 그녀는 상담을 통해 자신의 감정을 상대방에게 있는 그대로 보여줘도 비난받거나 거부당하지 않는다는 것을 경험했다. 자신의 감정은 자신이 겪었던 사건에서 자연스럽게 나타날 수 있는 것이고, 상대방으로부터 있는 그대로 수용될 수 있다는 사실을 알게 됐다. 그 과정에서 수치심은 느껴지지 않았고, 오히려 마음이 편안해지고 가벼워진다는 것을 깨달았다. 현아 씨가 상대방에게 자신의 감정을 표현하는 것은 준비되지 않은 아이들에게 어머니가 일방적으로 자기감정을 쏟아내는 것과는 다르다는 사실도 알게 됐다.

상담을 하면서 현아 씨에게 새롭게 나타난 변화는 다른 사람들에 대한 평가였다. 이전에 자기감정을 쉽게 드러내는 사람들에게 화를 냈던 일이 떠오르면서 그들에게 미안한 감정이 든다고 했다.

"지금 돌이켜보니 사람들을 내 기준에서 평가했던 것 같아요. 살아온 경험이 다른데, 제 입장에서 그 사람들이 틀렸다고 생각해 왔던 것 같아요."

이렇게 말하는 현아 씨의 표정이 무척 밝았다.

"지금 그런 이야기를 하면서 기분이 어떠세요?"

"마음이 편해졌어요. 그리고 안심이 돼요."

"어째서 그런지 궁금하네요?"

"지금까지 살아오며 제가 했던 수많은 행동이 갑자기 이해가 되기 시작했어요. 그리고 무척 놀라워요. 늘 감정을 눌러야 한다고 생각하고 살았는데, 그것이 나의 특수한 경험 때문에 생겨난 것이란 걸 상담을 통해 깨달으니 무척 안심돼요."

"안심된다고요?"

"네, 더 이상 감정을 통제하기 위해 전전긍긍하지 않아도 될 것 같아서요. 사람들이 이제 덜 부담스러워질 것 같아요."

"감정을 드러내는 사람들이 어떻게 느껴져요?"

"자연스럽고, 오히려 활기 있게 느껴져요. 물론 너무 과한 경우는 그렇지 않지만."

이렇게 말하며 그녀는 쾌활하게 웃었다. 늘 드리웠던 무겁고 침울한 기운은 간데없이 사라지고 생기 가득한 모습이었다. 그녀의 **나의 세상**은 이제 더는 닫힌 세상이 아니라, **너의 세상**들과 만나고 교류하는, 그래서 날마다 더 풍성해지는 **열린 나의 세상**이 될 것이다.

2장

이해란는 것은 모욕이다

우리는 누구나 다른 사람, 특히 가까운 사람들에게 이해받고 싶어 한다. 우리가 이해받기 위해 사용하는 수단은 말이나 글, 행동, 표정 등 여러 가지가 있지만, 그중 가장 많이 사용하는 것은 언어다. 그러나 언어는 우리 마음을 완전히 전달하기에는 너무나도 미흡한 도구다. 사람마다 욕구가 다르고 살아온 배경, 경험이 같지 않기에 같은 말에 대해서도 서로 다르게 이해함으로써 의사소통 과정에서 필연적으로 많은 어려움이 생겨난다. 그래서 진심으로 이해받는 것은 참 어려운 일이다.

하지만 우리는 이해받기를 포기할 수가 없다. 그것은 우리의 생존과 직결된 문제이기 때문에 그렇다. 연구 결과에 따르면 대인관계에서 이해받지 못하면 뇌 신경전달물질인 세로토닌, 도파민, 감마-아미노뷰티릭산, 글루타메이트 등에 영향을 미쳐 우울, 불안, 긴장, 불면증, 인지, 기억력 저하, 운동 조절, 면역체계 손상 등의 광범위한 장애를 유발한다. 그런데 우리의 현실은 어떤가? 이해받고 싶은 사람은 너무나 많다. 하지만 타인의 마음을 진심으로 이해해 주는 사람은 드물다. 그래서 우리는 이해 결핍이 만성화된 삶을 살아가고 있다.

이해는 나의 입장을 잠시 내려놓고 상대방의 입장으로 들어가서 그의 시각에서 그의 세상을 경험해 보는 용기 있는 시도다. 그러나 상대방이 **나의 입장**에서 나를 좀 이해해 줬으면 하는 바람에 익숙해져 있는 우리에게 **상대방의 입장**에서 이해해 보라는 말은 어쩐지 낯설고 싫은 느낌이 든다. 그것은 마치 나의 세상을 부인하라는 요구처럼 들리기 때문이다. 그러나 상대방의 세상을 이해하는 것은 결코 나의 세상을 부정하거나 포기하는 것이 아니다. 상대방이 잠시라도 내 입장에서 나를 좀 이해해 주었으면 하는 마음이 간절한 것처럼 상대방에게도 동일한 기회를 주자는 것이다.

이런 말을 들으면 고개를 끄덕이는 사람이 많을 것이다. 하지만 실제 삶에서는 쉽지 않다. 우리는 살면서 내 입장에서 생각하고 내 입장에서 말하는 것이 습관화돼 있어 대화를 하면 서로 평행선을 긋는 경우가 많다. 제자가 상담하고 내가 지도한 사례를 하나 소개하겠다.

하늘이는 중학교 2학년 여학생으로 엄마 아빠가 이혼하고 어릴 때부터 할머니 손에서 자랐다. 그런데 최근 엄마와 함께 살면서 갈등이 생겼다. 하늘이는 학교 공부에는 별로 취미가 없고 메이크업을 배우고 싶어 하지만, 엄마는 이를 용납하지 않아 서로 다툼이 잦은 편이다. 그날 하늘이는 학원 마치고 친구들과 놀다가 평소보다 좀 늦게 집으로 돌아오고 있었다. 아파트 단지 안으로 들어서는데 마침 편의점을 나오던 엄마가 하늘이를 발견하고 화난 목소리로 불렀다. 하늘이는 못 들은 척하고 앞으로 갔다.

"이년이 엄마가 불러도 대답도 안 하네? 엄마를 무시하는 거야? 내가 그렇게 우습게 보여?"

날카로운 목소리와 함께 달려온 엄마는 하늘이의 팔을 강제로 잡아 끌고 가려고 했다.

"악! 이거 놔! 놓으란 말이야. 재수 없어! 자꾸 이러면 아파트에서 뛰어내릴 거야!"

하늘이는 비명을 지르며 엄마 손을 뿌리치고는 증오에 가득 찬 눈으로 노려보며 씩씩댄다. 하늘이는 책가방을 메고 풀메이크업한 상태다.

"전화해도 안 받고 대체 어디 쏘다니다가 이제 기어들어 오면서 뭘 잘했다고 말대답을 해, 말대답을!"

순식간에 하늘이 머리채를 휙 낚아챈 엄마가 고성을 질렀다. 지나가던 행인들이 구경거리가 생긴 양 몰려들었다. 하늘이는 창피해서 죽고 싶은 심정이었다. 엄마는 하늘이를 아파트 안으로 질질 끌고 들어갔다. 도대체 무슨 일이 일어난 걸까? 이 장면을 상상하면 어떤 감정이 느껴지는가? 그로부터 이틀 후에 엄마는 담임선생님의 연락을 받고 학교 상담실로 왔다. 하늘이 얼굴에 상처가 난 것을 담임선생님이 보고 엄마에게 연락을 취한 것이었다.

엄마는 아빠와 이혼한 뒤로 그동안 쭉 혼자 살다가 최근에 하늘이와 같이 합쳤다고 했다. 그런데 하늘이가 안 좋은 친구들과 어울려 다니며 공부를 등한시하는 것 같아 걱정돼 자주 전화해서 체크를 하는데, 그날따라 종일 전화를 받지 않아 화가 많이 났다고 했다. 길거리에서 마주

처 집으로 들어가자며 팔을 잡아끌었는데 안 따라오려고 소리를 질러 화가 나서 손찌검을 좀 했는데 나중에 후회가 됐다고 했다. 아이가 힘든 건 이해하는데 그래도 엄마의 마음을 너무 몰라줘서 서운하다고 했다.

하늘이는 상담 선생님에게 엄마가 너무 보수적이라고 말했다.

"엄마가 귀 뚫는 것을 반대해 망설이다가 그냥 뚫었어요. 왜냐하면 친구들은 다 하거든요. 공부는 포기했어요. 가망이 없어요. 집중이 안 되고 멍해져요. 지금까지는 억지로 했는데 이제 더 이상 못하겠어요. 학원 끝나고 좀 놀아야 하는데 엄마가 간섭이 너무 심해서 정말 못 견디겠어요. 수학학원에 다니는데 엄마가 나하고 상의도 없이 영어를 추가했어요. 엄마와는 말이 안 통해요. 자기 마음대로 다 해요. 말 안 들으면 외출 금지, 용돈 금지해요. 나는 메이크업 전공하는 특성화 고등학교에 가고 싶어요. 그러려면 메이크업 학원에 다녀야 하는데 말도 못 꺼내요."

그녀는 숨도 안 쉬고 속에 쌓였던 말을 한꺼번에 쏟아냈다.

엄마와 딸은 왜 서로를
이해하지 못할까?

엄마는 자기가 대학을 가지 못한 것이 한이 돼서 하늘이가 공부를 잘했으면 하는 마음이 큰데, 하늘이는 엄마의 말을 듣기 싫어한다. 하늘이에게는 공부보다 친구들이 더 중요하다. 어릴 때부터 부모와 떨어져 할머니하고만 살아 친구가 없어 너무 힘들었기 때문이다. 학원 마치고 일찍 집에 가도 아무도 없는데, 잠시라도 친구들과 어울려 다니고 싶은 것이다. 엄마는 딸의 이런 상황을 이해한다고 하지만, 하늘이는 엄마로부터 이해받는 느낌이 전혀 안 든다. "엄마와는 말이 안 통해요. 자기 마음대로 다 해요"라고 말한다. 엄마도 마음 한편에는 아이 마음을 이해해줘야 한다는 생각은 있다. 하지만 그 목소리는 너무 힘이 약하고 "엄마의 마음을 너무 몰라줘서 서운하다"는 쪽에 무게가 더 실리고 있다.

우리는 엄마와 하늘이 두 사람 모두에게 이해받고 싶은 마음이 얼마나 큰지, 하지만 현실적으로는 그것이 얼마나 이루어지기 힘든 일인지를 생생하게 본다. 이해받지 못한다는 억울함으로 두 사람의 갈등은 앞으로 점점 더 심해질 수 있다. 각자 자신의 욕구를 포기하지 않을 것이기 때문이다.

여기서 흥미로운 점은 하늘이 엄마뿐 아니라 이후 하늘이 상담을 맡았던 상담사의 내면에서도 심한 갈등이 일어났다는 사실이다. 상담사는 하늘이에게는 "학원 마치고 잠시 놀고 싶은 마음조차도 엄마가 이해해 주지 않는 것 같으니 네가 많이 힘들겠다"라며 공감을 해주었다. 다른 한편으로는 하늘이 또래의 딸이 있기에 엄마의 마음과 동일시돼 "공부가 뒤처지면 안 되는데, 게다가 나쁜 아이들과 어울리는 것은 문제잖아?"라는 생각이 들어 어떻게 상담을 해야 할지 고민스러워진 것이다.

내담자를 진심으로 돕고자 하는 상담사조차 타인을 있는 그대로 이해하는 것이 어려운 이유가 무엇일까? 여러 가지가 있겠지만 모든 사람은 각자 서로 가치관과 욕구, 배경이 다르기에 상대방을 이해하는 데는 한계가 있다. 게다가 개인적 편견이나 미해결 과제가 개입되면 더욱 어려워진다.

하늘이 엄마의 경우 자신의 미해결 과제로 인해 하늘이를 있는 그대로 보지 못한다. 즉, 대학을 다니지 못함으로써 겪은 수많은 차별과 아픔이 딸의 외로움과 결핍을 이해하지 못하게 막고 있다. 여기에는 학벌 중심인 한국 사회의 왜곡된 현실도 함께 작용하고 있다. 이 점에서는 하늘이의 상담사마저 자유롭지 못하다는 것이 드러났다.

엄마와 상담사가 하늘이 친구들을 '나쁜 아이들'이라고 단정 짓는 모습을 볼 수 있는데, '나쁜 아이'의 기준은 무엇인가? 외로움을 느끼는 아이? 친구들과 어울리는 아이? 공부하라는 '엄마의 지시'를 따르지 않는 아이? 하늘이 입장에서는 자기 마음을 몰라주는 엄마, 내 의사를 묻지도 않고 자기 마음대로 결정하는 엄마, 화나면 말로 하지 않고 소리부터 지르고 때리는 엄마가 **나쁜** 엄마가 아닐까? 상대방을 '나쁜 사람'으로 규정하는 순간부터 이해는 불가능해진다. **나쁜** 사람으로부터 자기를 보호하기 위해서는 이해가 아니라 싸우는 것이 필요하기 때문이다.

이해는 **나의 가치관, 나의 욕구와 나의 배경**에서 상대방을 보는 것이 아니라, **너의 가치관, 너의 욕구와 너의 배경**에서 보는 것이다. 따라서 그것은 너의 세상을 **맞다, 틀리다**로 판단하는 것이 아니라, 너의 세상을 네가 느끼는 것처럼 그대로 한번 느껴보는 것이다.

상대방의 입장에서
상대방의 마음을 느껴보는 실험

이제 우리가 하늘이의 세상을 하늘이가 느끼는 것처럼 느낄 수 있는지 한번 실험해 보자. 그러려면 우선 마음을 비우고 최대한 감정을 이입해서 내가 하늘이가 돼보는 것이다. 잘 안 되면 잠시 멈추고, 심호흡한 다음 다시 시작해 보는 것이 좋다.

하늘이는 세 살 때쯤 엄마 아빠가 이혼한 후 바로 시골 할머니 댁에 맡겨졌다. 그때는 너무 어려서 엄마 아빠와 함께 지낸 기억도 잘 나지 않는다. 할머니와 둘이 사는데, 동네에 희수라는 친구가 있었다. 종일 함께 놀다가 저녁때가 되면 희수는 엄마가 불러 집으로 들어가고, 하늘이 혼자 골목에 남겨질 때가 있었다. 그럴 때는 참 슬프고 허전했다. 희수와 때로 싸울 때도 있었는데 내키지 않았지만 혼자 남겨지는 것이 싫어 희수에게 양보하기도 했다. 희수는 남동생이 있어 하늘이와 싸워도 놀 친구가 있지만, 하늘이는 혼자였기 때문이었다.

읍내에 있는 초등학교에 다녔는데, 거기서는 친구들이 있어 집에 있을 때보다는 나았다. 공부보다 친구 만나러 가는 것이 좋았다. 읍내에 있는 중학교도 1년 다녔는데 초등학교 때부터 알던 친구들이 있어서 나름 대로 재미있었다. 그러던 어느 날 갑자기 엄마한테서 연락이 와서 서울로 와서 살게 됐다. 그런데 엄마와 함께 살게 된 이후부터 문제가 생겼다. 엄마와는 별로 정도 없는 편인데, 매일 공부하라고 들볶고, 카톡을 보내거나 수시로 전화해 간섭하는 것이 너무 싫었다. 시골에 혼자 계신 할머니가 그리웠다. 할머니는 늘 따뜻하게 대해주셨고, 한 번도 잔소리하거나 야단친 적이 없었다.

희수가 집에 가고 혼자 골목에서 놀고 있을 때, 할머니가 "하늘아, 밥 먹자!" 하고 부르는 소리가 아득하게 들릴 때는 마치 꿈에서 깨어난 사람처럼 화들짝 놀라 집으로 갔던 기억이 난다. 할머니가 계셔서 고맙고 안심됐던 순간들이 주마등처럼 지나가며 눈물이 볼을 적시며 흘러내린다. 서울로 전학 와 한동안은 아는 친구도 없고, 공부도 따라가기 어려워 무척 힘들었다. 하지만 요즘은 친구들이 생겨 같이 어울리는 것이 좋다. 최근에는 메이크업에 관심이 생겨 친구들과 같이 연습도 하는데, 그 시간이 가장 즐겁다. 만일 특성화 고등학교에 갈 수 있다면, 나중에 돈 벌어 할머니를 모실 텐데 하는 생각에 가슴이 설레기도 한다.

그런데 언제부턴가 엄마가 사사건건 간섭하고, 말 안 들으면 욕하고 때리기도 하니 기가 막히고, 차라리 죽고 싶은 마음이 들기도 한다. 지금 와서 시골로 돌아갈 수도 없고 어떻게 해야 좋을지 모르겠다. 하늘이는 상담 선생님이 엄마를 설득해서 내 마음을 좀 이해시키면 좋겠다고 생각한다.

하늘이의 세상은 어떤 모습인가? 하늘이의 슬픔과 외로움, 희망과 설렘, 좌절과 분노, 우울과 헛헛함이 공감가는가? 이해는 단순히 지적 차원만이 아니라 감정으로, 신체감각으로도 경험될 수 있다. 마치 내가 하늘이가 된 양 외롭고, 허전하고, 가슴이 저리거나 먹먹해지는가 하면 갑자기 목구멍으로 뭔가 북받치면서 울음이 터져 나올 수도 있다.

만일 하늘이 엄마가 자신의 미해결 과제를 잠시 내려놓고 선입견 없이 하늘이에게 관심을 가진다면 모녀 사이의 관계는 빠르게 변화할 것이다. 그러기 위해서는 엄마의 문제가 먼저 다루어져야 한다.

사실 하늘이는 여러 면에서 무척 건강한 아이다. 오랫동안 고립된 환경에서 살았는데도 자기에게 필요한 게 무엇인지 잘 알고서 적극적으로 친구들을 사귀며 대인관계 폭을 넓히는가 하면, 장래 직업과 관련해서도 메이크업 관련 특성화 고등학교 진학을 염두에 두고 친구들과 함께 대비하고 있다. 엄마와의 관계에서도 하늘이는 주체적으로 당당히 자기주장을 하는 모습인데, 이는 매우 긍정적으로 봐야 한다. 만일 하늘이가 자기 욕구를 심하게 억압하고 엄마가 시키는 대로만 하는 아이라면, 혹은 너무 위축돼 자기표현도 제대로 못 하고 타인의 눈치만 보는 아이라면 오히려 걱정되는 상태라고 할 것이다.

상담자는 엄마가 보지 못하고 있는 하늘이의 진정한 가치를 발견해 엄마가 볼 수 있도록 안내해 주어야 한다. 그러기 위해서는 상담자 스스로 항상 깨어 있으면서 자신의 미해결 과제나 편견이 시야를 가리지 않도록 주의해야 한다. 그런 치열함 없이 대충 적당히 머리로 상대방을 이해하고 공감해 주는 건 별 의미가 없을 뿐 아니라, 자칫 위험할 수도 있다. 내담자는 상담자로부터 이해받는다는 느낌이 들면 상담자를 믿고 따르는 마음이 생기는데, 나중에 그것이 진실한 이해가 아니었다는 것을 알게 되면 실망과 더불어 큰 상처가 될 것이기 때문이다.

독일의 철학자 프리드리히 니체Friedrich Nietzsche는 이런 **위험한 이해**에 대해 가장 분명하게 경고했다. 그는 "이해받기란 얼마나 어려운가. 하지만 **이해받는다는 것은 하나의 모욕이다**"라고 말했다. 그는 이해받기의 소중함을 말하면서도 사회적 관습이나 타인의 가치관에 굴절돼 개인의 고유성과 정체성이 훼손될 수 있음을 날카롭게 지적한 것이다.

한 내담자는 "이해받는다는 것은 하나의 모욕이다"라는 말에 큰 위로를 느꼈고, 이후 마음이 놀라울 정도로 평온해졌다고 했다. 그는 타인으로부터 이해받고 싶은 마음이 너무나 커서 사람들과 많은 대화를 하기도 하고, 상대방에게 맞춰주기도 하는 등 갖은 노력을 했는데 '결국 안 되는 것인가? 이해받고 싶은 마음을 가진 것 자체가 문제인가? 나는 이해받을 수 없는 사람인가?'라는 생각이 들어 오랫동안 실의에 빠졌다고 했다.

그런데 "이해받는다는 것은 하나의 모욕이다"라는 말은 "**아무도 당신의 심정을 이해했다고 주장해서는 안 된다**"는 뜻으로 받아들여졌고,

그것은 "이해받지 못하는 것은 근원적으로 나의 잘못이 아니라 상대방의 한계이며, 나아가 인간의 한계다"라는 말로 들렸다는 것이다. 즉, "나는 있는 그대로 온전한 존재인데, 사람들의 편견, 욕심, 미해결 과제, 언어소통의 한계 등으로 인해 안타깝게도 이해받지 못하는 것이다"라는 말로 해석이 돼 크게 안심되고 위로가 됐다는 것이었다.

니체가 "이해받는다는 것은 하나의 모욕이다"라고 말한 진의는 "아예 상대방을 이해하려고 하지 말라"는 뜻이라기보다는 "함부로 이해했다고 속단하지 말고, 더 진심으로 이해하기 위해 노력해야 한다"는 의미로 해석해야 한다.

심리상담이 됐던 일상의 대화가 됐던, 상대방의 말이나 행동을 이해하는 과정은 단 한 번에 끝나는 것이 아니다. 상대방의 세상을 어떻게 몇 마디 말로 규정할 수 있겠는가. 참된 이해는 몇 줄의 문장으로 표현될 수 없다. 이해는 판단이 아니라 상호 소통의 과정이다.

경외심을 가지고 열린 마음으로 너의 세상에 한발 한발 조심스럽게 다가가며 묻고 답하고, 다시 묻고 답하며 천천히 너를 알아가는 함께 걸어가는 여행이다. 그 과정에서 때로는 함께 놀라고, 때로는 함께 아파하고, 함께 슬퍼하며, 또 어떤 때는 함께 기뻐하며 함께 춤추고 노래하는 여정이다.

이 여정에서 무엇보다 중요한 것은 상대방 존재를 향한 관심과 애정이다. 이해는 상대방의 행동이 맞다, 틀렸다, 잘했다, 못했다를 판정하는 것이 아니다. 그것은 너의 세상에 대한 순수한 관심이며 이끌림이다. 어린 시절 옆집 친구네 집에 놀러 가는 것과 같다. 그것은 머리로 하기보다는 가슴으로 하는 것에 더 가깝다.

이해는 나와는 다른 존재인 **너**에 대해 알고 싶고, 다가가서 친해지고 싶은 마음이다. 너를 마음으로 받아들여 사랑하고 싶음이다. 우리 사이에 놓인 장애를 걷어내고 **한마음**이 돼 함께 손잡고 노래하며 춤추고 싶음이다. 서로 의견이 달라도 존중하고 허용해 주고, 견뎌주고 기다려주고 싶음이다.

그러나 실제 삶에서 이러한 이해와 수용은 정말 보기 드문 광경이다. 오히려 "저는 아무리 이해하려고 노력해도 ○○ 씨가 도저히 이해가되지 않아요. 선생님은 ○○ 씨가 이해되세요?"라며 제삼자에게 특정인에 대한 자신의 거부감을 지지해 달라고 부탁하는 장면은 어렵지 않게 접할 수 있다.

이런 맥락에서의 이해란 상대방의 행동이 용납될 수 있다, 혹은 없다는 측면에서의 도덕적 판단을 의미한다. 이때 그런 판단을 누가 어떤 기준에서 하는지가 중요한데, 위의 예에서 볼 수 있듯이 판단하는 그 사람이 자기 기준에서 하는 경우가 대부분이다. 그런 경우라면 이해란 너무나 주관적이고 자의적인 행동이며, 자칫 폭력으로 변할 수 있는 위험성을 안고 있다고 하겠다.

이쯤 되면 니체가 "이해받는다는 것은 하나의 모욕이다"라고 한 말의 의미가 더욱 명료해진다. 이해받지 못하는 경우는 말할 나위도 없거니와 이해받는 일조차도 이해를 해주는 사람의 주관적 가치판단에 구속되는 측면이 있으므로 불쾌하고 모욕적인 일이 될 수 있다는 것이다.

이런 맥락에서 니체는 아예 타인으로부터 이해받고 싶어 하지 않는 사람도 있을 수 있으며, 그들에게는 이해받는 것이 하나의 모욕이 된다고 했다. 니체의 경고는 이해를 판단과 평가의 과정으로 생각하는 사람들에게 매우 적절하다. 하지만 앞서 말한 것처럼 **진정한 이해**는 맞다, 틀리다, 좋다, 나쁘다라는 평가나 판단이 아니며, 더구나 주관적 기준에 의해 상대방을 자의적으로 수용하거나 거부하는 행위가 아니다.

이해는 다른 사람의 세상에 대한 **관심**과 **애정**에서 출발해 그 사람의 세상을 그 사람의 배경에서, 그 사람의 눈으로 보고 경험하며 그 사람의 존재를 있는 그대로 만나려는 무한한 **열정***passion*이다. 그것은 인간에 대한 **신뢰**이며 **사랑**이다. 우리 모두에게는 그렇게 이해받고 싶은 꿈이 있다. 그것은 인간 존재의 **신성함**과 **온전성**을 믿기에 가능하다.

아래의 자료는 2006년 5월 20일 성신여자대학교 대강당 운정관에서 500여 명이 참석한 게슈탈트 치료의 세계적 거장 어빙 폴스터*Erving Polster* 박사 초청 학술 대회 〈만남과 대화〉에서 저자가 개인상담 시연을 하고, 이어서 어빙 폴스터 박사가 토론한 상담의 축어록이다. 이 자료는 사전에 내담자 동의를 얻어 녹화했으며, 현재 게슈탈트 미디어를 통해 *DVD*를 구매할 수 있다.

상담자1 네, 반갑습니다.

내담자1 반갑습니다.

상2 지금 기분이 어떠신가요?

내2 사실은 아래에서는 편했거든요. 막상 올라오니까 긴장되는 분위기가 있고요. 그런데 모든 상담이 처음에는 긴장이 되는 거 같아요.

상3 그렇죠. 사실 긴장되는 것은 나도 마찬가지입니다. 긴장이 썩 나쁘게 느껴지지 않고요. 뭔가를 할 때 준비되는 그런 느낌도 좀 있는 것 같아요.

내3 좀 편해졌으면 좋겠죠. 얘기를 하다 보면 편해질 거라고 생각하고요.

상4 네, 나도 그렇게 생각합니다. 그래요, 오늘 도움받고 싶은 문제가 무엇인지 간략히 설명해 주시겠어요?

내4 제가 하고 싶은 일이 있는데 막상 하고 싶은 일을 하려고 보면 주변의 다른 상황들이 제가 하고 싶은 일을 못 하게 하는 것 같아요. 주로 어떤 것이냐면 예를 들면, 5개월 전에 영어 공부, 즉 토플이 꼭 필요해서 공부하거든요. 그런데 두 달 동안 영어에 엄청 집중하다가 갑자기 어느 날 거울을 봤는데 한 번도 그런 느낌이 든 적이 없었는데 제가 못생겨 보이는 거예요. 심하게 못생겨 보이고 그래서 항상 제가 공부하기 전에는 트레이닝복을 사거든요. 그거는 무언가 세팅이 딱 돼 있어야지 제가 집중하기 좋고 제가 옷 같은 다른 것에 신경을 쓰다 보면 공부에 집중을 못 하거든요. 예쁜 트레이닝복을 사면 집중할 수 있을 것이란 믿음 때문에 공부하기 전에 트레이닝복을 사러 다녀요.

트레이닝복 사는 데 한 달이 걸렸어요. 왜냐하면 마음에 드는 걸 사야 하니까요. 트레이닝복을 샀는데 문제는 어느 날 트레이닝복 입은 모습이 너무 초라한 거예요. 예전에는, 나이가 어렸을 때는 트레이닝복을 입어도 산뜻하고 그랬는데 이젠 나이가 들어서 트레이닝복이 그래 보였어요. 그다음부터는 두 달 동안 공부에 집중하고 공부를 스톱했어요. 원래 스톱할 생각은 아니었는데 옷을 사러 다니기 시작했어요. 이제 내 나이에 맞는 옷이 필요하고 생각해서 그때부터 옷을 사기 시작했어요. 이거 사면 저게 부족하고 저거 사면 이게 부족하고, 그래서 사다 보니 200~300만 원어치를 사게 됐어요. 저는 무엇을 하면 한꺼번에 쏟아붓는 게 있거든요. 절 위한 투자라고 생각하면 아낌없이 쏟아붓는 게 있어요. 그러다 보니까 공부를 안 하고 있더라고요. 내 모습이 옷만 치중하니까 되게 허무해요. 만족이 안 되는 거예요.

그리고 제가 하는 것 중에 발레가 있어요. 저는 솔직히 우아하고 이런 것들이 좋은데 제 스스로는 솔직히 제가 여성스럽지 못하다는 콤플렉스가 있거든요. 발레를 할 때는 제가 여성스러워 보이고 예뻐 보이는 때가 가끔 있어요. 그리고 발레를 좋아하게 된 것은 공연을 한 번 했었거든요. 그때의 기분을 잊을 수가 없었고 평생 발레를 해야겠다고 생각했어요.

발레도 하다 보면 대충이 안 돼요. 발레는 취미일 뿐인데, 사실 더 중요한 것은 공부인데 발레를 늘리기 시작해서 공부와 병행을 하다 보니 원래는 주 1회 하다가 잘 안 돼서 주 3회로 늘리고, 주 4회로 늘리고. 욕심을 부리다 보니깐 진짜 해야 되는 건 공부인데, 공부에 집중하지 못하는 제 자신이 좀 한심해 보이죠. 너무 욕심이 많은 것 아닌가, 욕심이 많아서 인생이 피곤한 것 아닌가 싶고, 그래서 최근에 굳은 결심을 했어요. 나 이제 발레를 안 할 거다, 토플을 패스할 때까지 한 4~5개월은 하지 말자.

상5 왜요?

내5 그러면 또 욕심이 생길 거니까. (토플을 패스하려면) 발레를 주

48

1회로 줄여야 하거든요. 주 1회로 줄여서 선생님이 "○○ 씨 그게 안 되네요" 이런 이야기를 들으면 또 욕심이 생겨서 주 2회, 3회 늘리게 되거든요. 심지어는 '개인 강습을 받을까?' 이런 생각을 하고 있거든요. 전공생도 없는 바가 우리 집에 있어요. 사실은 잘하지도 못하는데. 당분간 토플 점수 나올 때까지는 제가 발레 욕심을 안 부리려면 아예 하지 말아야겠다라는 생각이 들어요.

상6 말씀을 듣다 보니까 ○○ 씨는 뭐든지 하려면 확실히 잘해야 한다고 생각을 하시는 것 같네요?

내6 네, 그런 게 있어요. 하려면 잘해야 한다. 수영 같은 것도 속도가 마음에 안 들어서 개인 강습으로 한 달 만에 다 끝내버렸거든요. 접영까지 다 끝내고. 영어학원도 다니다 보면 한 개, 두 개 등록하기 시작해서 하루 종일 풀타임 코스로 하고.

상7 무언가 하면 확실하게 하는 스타일이시네요?

내7 네, 그게 좀 그런 편이어서. 그런데 중요한 것은 제가 진짜 하고자 하는 것에 방해가 된다는 것이죠. 그런 성격이 실상은.

상8 지금 말씀 듣고 보니까 아까 공부를 잘하기 위해서 트레이닝복을 입으면 잘되기 때문에 좋은 것을 사기 위해서 이것저것 고르고 다니면서 한 달을 준비를 했다고 말씀하셨는데, 그런 것이 정말 방해가 될 거 같아요. 원래 목적은 공부를 잘하기 위한 것인데, 수단을 추구하다 보니까 수단 자체가 목적이 돼 버리고 원래 추구했던 목적으로부터 많이 벗어나 있는 모습이 보이네요?

내8 문제는 제가 발레를 안 하려고 결심을 했는데요, 어제 턴 도는 동작이 있었는데 그것을 하고 나니까 선생님이 평상시에는 안 그랬는데 제 손을 잡더니 가르친 보람이 있다고 말씀하시니까 다음에 더 잘해야지 하는 마음이 들었어요. 그런데 벌써 5월이 끝나가잖아요. 6월에는 등록하면 안 되는데.

상9 칭찬을 받고 나니까 좀 더 잘해야 된다, 잘하고 싶다는 생각이 드신 거네요?

내9 다시 그런 마음이. 이게 보통 마음이 아니라 강력한 욕구가 확 (주먹을 쥐어 위로 올리며) 올라와요. 내가 진짜 더 열심히 해야지, 이런 마음 있잖아요. 고민이죠.

상10 좋습니다. 다 좋은데 오늘 도움을 받고 싶은 부분이 뭐라고 그러셨죠?

내10 진짜 원하는 게 있는데, 그걸 하지 않고 다른 데 집중하는 것.

상11 음, 좋은 얘기인데, 혹시 이 자리에 나와서 하고 싶으신 게 있으신데 하고 싶은 것을 바로 하지 않고 왔다 갔다 하는 일이 발생할지도 모르겠다는 생각이 좀 드는데 어떠세요?

내11 제가 이 자리에서.

상12 이 자리에서도, 지금 이야기를 들어보니까 많은 경우에 있어서 본인이 원래 하려고 하는 것을 잘하기 위해서 다른 데로 가다 보니 오히려 더 잘 못하게 되는 그런 경우처럼, 혹시 이 자리에서도 오늘 하고 싶어서 나오신 게 있었을 텐데, 이리 갔다가 저리 갔다가 하다 보면 똑같은 일이 여기서도 발생하지 않을까 그런 생각이 좀 들어요. 어떻게 생각하세요?

내12 그럴 수도 있겠다는 생각도 들고요.

상13 그런 일이 발생한다면 ○○ 씨에게도 굉장히 좌절스러운 일이 될 테고 나한테도 좀 좌절스러운 일이 될 거 같아요. ○○ 씨를 도와주고 싶은 마음이 나에게도 있는데 딴 데로 가는 바람에 일이 성사가 안 된다면 나도 힘들 거 같은데요? 그래요, 그런 일이 발생하지 않기 위해 우리가 무엇을 할 수 있을까요?

내13 교수님이 말씀하신 것은 제가 이렇게 이야기를 하는 것이 사실 이게 중점적인 것이 아니라 다른 것이 있는데 제가 이런 이야기를 한다고.

상14 반드시 그런 뜻은 아니에요. 지금 이야기하는 것을 다 하셔도 좋은데, 본인이 무엇을 이야기하고 싶은지를 알고 있을 것이란 생각이 들어요. 그런데 그 과정에 바로 안 들어가고 이리 갔다 저리 갔다 한참 하다 보면 시간이 다 가버릴 수도 있다는 이야기예요. 그 일이 바깥에서도 많이 발생했기 때문에

50분 시간 내에, 아직은 시간이 얼마 가지 않았지만, 10분밖에 안 갔군요. 여기서는 그런 실수를 안 해볼 수도 있지 않을까, 그렇게 하려면 어떻게 하는 게 좋을까.

내14 제가 나름대로 생각한 원인은 제가 남자 친구를 만나거나 어떤 것을 하면, 사실 1년 전에 남자 친구 만나는 기간 동안 제가 진짜 하고 싶었던 것을 다 놓고, 저에 대한 모든 것을 놓고 남자 친구와 밀착된 관계 때문에 제가 아무것도 못했거든요. 그런 것들과 연관 지어서…. (머리를 긁적이며)

상15 그래요, 그럼 바로 그 얘기로 들어가 볼까요?

내15 예, (고개를 끄덕이며) 그거하고 이거하고 연관성이 좀 있는 거 같아요.

상16 말씀해 보시죠.

내16 음, 사실 옷하고 이런 것을 하기 전에는 항상 남자 친구와 공부였거든요. 그게 항상 갈등이었고 남자 친구를 1년 동안 사귀지 않겠다고 결심한 이래로 생긴 문제는 바로 발레와 옷 같은 외모와 공부예요. 그런 것에는 두려움이 있는 것 같아요. 내가 나이가 자꾸 이렇게 들다 보면 원해도 남자 친구를 못 사귀는 거 아닐까, 내가 결혼을 못 하는 것 아닐까 하는 그런 두려움이 생겼어요. 그리고 사실 결혼에 대한 두려움도 되게 있거든요. 내가 결혼을 하면 내 것을… 내가 막 흔들릴 것 같은 느낌이 좀 있어요.

상17   조금 더 말씀해 보시죠. 결혼을 하면 내가 흔들릴 것 같다는 게 무슨 말씀이신지?

내17   상대방 남자 때문에 내가 하고 싶은 것을 못 하게 될 것이라는 그런 생각이 있는 거죠.

상18   예를 들면?

내18   저는 앞으로 심리학 공부를 계속하고 싶거든요. 제가 하고 싶은 영역이 있고, 그쪽을 계속 공부하려면 최소한 10년 이상을 공부를 해야 돼요. 그런데 남자를 만나면 제 꿈을 포기할 것 같은 두려움 같은 거요. (고개를 끄덕이며) 그러니까 이제는 사귀고 싶은 생각이 있는데 사귀지는 못하겠고 일단은 대략 토플 정도는 패스하고, 미국 가서라고 계획을 잡아놓았는데 만약 가서 내 꿈을 이뤄도 옆에 같이 나눌 사람이 없다면 그게 무의미해질 것 같거든요.

상19   그렇죠.

내19   그러니까 이제 양가감정이 드는 거죠. 이러지도 저러지도… 두 가지 마음이 싸우는 거 같아요.

상20   네, 지금 이야기들이 추상적으로 들리거든요. 오늘 구체적으로 다루고 싶은 문제가 무엇인지 다시 한번 묻겠는데 조금 더 구체화해서 우리가 다루고 싶은 부분이 무엇인지 집어내

보시겠어요?

내20   제가 공부에 집중할 수 있는, 어떻게 하면 집중할 수 있을까?

상21   그것보다도 지금 우리가 이 대화에 어떻게 집중할 수 있는지
에 더 초점을 맞추어보는 게 어떨까요? 지금 나와 대화를 하
는데 나는 ○○ 씨가 오늘 본인이 다루고 싶어 하는 부분에 바
로 직면해서 딴 데로 가지 않고, 그 부분을 다루었으면 하는
마음이에요. 지금 이 자리에서 모든 문제를 다 다룰 수는 없
어요. 지금 이 자리에서 다룰 수 있는 한 가지만 집어서 초점
을 맞추어보죠.

내21   음, 그게 생각보다 어렵네요. 찾는 게 어렵고 또 다른 문제가
생각이 나요. 많은 문제가 제 머릿속에 있고.

상22   어떤 문제가 떠오르는지 한번 말씀해 보세요.

내22   다른 문제인데요?

상23   예, 다른 문제라도 말씀해 보세요.

내23   (계속 생각하며) 아! 이게 어렵네요, 선생님. 아, 제가 정신분석만
해서 자유연상적인 것만 계속 얘기하다 보니 포커스를 어디
에 맞추시니까요. 갑자기 제가 꼼짝달싹을 못하는 느낌이에
요. 제가 생각이 정지돼 버린 느낌이에요.

상24   꼼짝달싹 못하는 그 느낌에 한번 머물러보십시오.

내24   그냥 백지상태예요. 머리가 백지고 정지돼 있어요.

상25 백지상태가 돼보세요.

내25 편안해요.

상26 그 편안함을 한번 느껴보세요.

내26 (골똘히 생각에 잠기며) 한 번도 이런 느낌을 받아본 적이 없거든요. 제가 사실 상담을 많이 했는데.

상27 그 느낌에 한 번 머물러보시겠어요? 느껴보세요.

내27 (가만히 있다가 웃는다.)

상28 지금 웃으시네요. 왜 웃으시죠?

내28 (활짝 웃으며) 아까는 문제가 너무 많은 것 같았거든요. 그리고 계속 말하는 중에 계속 압박하는 느낌이 들면서 많은 문제가 처음에는 있었다가 무엇을 꺼내야 될지도 모르게 있었어요. 그 상태에 머물러보라고 하셨잖아요. 그러니까 내가 별문제 없는 것 아닌가 하는 생각도 들고, 문제가 생각이 안 나요. 그러면서 편안은 해요. 되게 편안하면서 제가 너무 지나치게 생각이 많다는 생각이 들고, 별것도 아닌 문제에 대해서 너무 심리적으로 접근해서 내가 과거에 어떤 경험들이 있었기 때문에 이런 반응을 하는 거고 아무튼 심리적인 것에 모든 초점을 맞추었거든요. 그래서 어떨 때는 머릿속이 혼란스러워서 내가 심리적으로 취약한 사람이 아닌가 하는 두려움이 있었어요. 다른 사람들의 시선이 많이 의식이 됐어요.

상29 지금 다시 무언가를 하고 있죠? 지금 본인이 무엇을 하고 있는지 알아차려 보시겠어요?

내29 지금 제가 무엇을 하고 있는지요? 제가 제 문제에 대해서 포커스를 맞춰서 생각하고 있어요.

상30 설명을 하고 있죠? 나한테.

내30 예.

상31 왜 지금 설명을 하고 있죠?

내31 어, 일단 상담하는 자리이고요. 제가 상담하는 자리이고 얘기해야 하는 자리이고.

상32 난 다르게 생각하는데요.

내32 어떻게 생각하세요?

상33 내담자가 무언가를 해야 하는 자리는 아니라고 생각해요. ○○ 씨가 무언가를 해야 하는 자리는 아니고, 본인이 원하면 무엇이든 할 수 있어요. 본인이 원하지 않는다면 설명하지 않아도 돼요.

내33 그런데 이제 (멋쩍게 웃으며) 제가 살아오면서 힘든 부분이 항상 어느 순간에도 무언가를 해야 한다는 것이거든요.

상34 잠깐 느껴보세요. 무언가 감정이 지금 올라오죠?

내34 올라오죠.

상35 느껴보세요.

내35 억울하죠. (눈시울을 약간 붉히며) 삶이 억울하죠.

상36 느껴보세요. 설명하실 필요 없어요.

내36 (눈시울을 붉히며 고개를 끄덕이며 가만히 있다가) 제가….

상37 말씀하세요.

내37 제가 무엇을 하지 않아도 된다는 말씀이 위로가 되면서 한편으로는 내가 하지 않아도 된다, 또 한편으로는 과거에 나는 왜 애를 쓰면서 살아왔을까. 그런데 애를 쓰지 않고 살면 재미가 없어요. (웃으면서) 사는 게.

상38 좋아요. 그런데 또다시 내게 설명을 시작하시는 것 같아요. 잠깐 한번 머물러보세요.

내38 (눈시울을 붉히며 가만히 있다.)

상39 방금 두 가지가 나타났거든요. 하나는 '내가 늘 무언가를 하지 않으면 안 됐다'라는 과거 이야기를 하면서 슬픈 감정이 올라왔거든요. 그런데 그다음 짧은 순간에 무엇이 올라왔냐면 '나는 그런데 그렇게 살지 않으면 재미가 없어요'라고 이야기하셨거든요. 두 개의 다른 목소리를 느꼈어요. 하나는 ○○ 씨의 마음속에서 '내가 왜 이렇게 늘 무언가를 하지 않으면 안 되는가? 참 슬프다. 억울하다' 그런 목소리가 하나 있고, 또 한편으로는 웃으면서 난 그렇게 하지 않으면 재미가 없다는 그 말이 이상하게 들렸어요. 재미가 없다는 말이 슬픈 감정을 접촉하는 그다음 순간에 팍 튀어나온 게 잘못했다는 이야기가 아니에요. ○○ 씨 속에 있는 다른 목소리예요. 재미가 없다는 그 소리가 무언가 변명하는 것 같은 느낌이 들면서도 글쎄요, 내가 그 순간 멈추게 했거든요. 자기 목소리를 한번 느껴봐라, 그런 뜻에서요. 그래요, 내 이야기가 어떻게 들리세요?

내39 모든 게 정지해 버린 느낌이 일단 들고요. 또 무언가를 설명하고 싶어지는. (웃음을 터뜨린다)

상40 왜 설명하고 싶어지세요? 설명 안 하면 어떻게 될 거 같아요?

내40 상대방에게 이해를 구하고 싶어요.

상41 글쎄요, 이해라는 말이 그럴듯하게 들리는데요, 난 좀 그게 안 믿어지거든요? 무언가 불안처럼 느껴지거든요. 설명하지 않으면 안 좋은 일이 생길 거라는 그런 불안처럼, 그런 불안 같은 것이 나에게 전달이 돼요. 왜냐하면 설명하시는 순간 표정이랄까 목소리랄까 난 편안하게 들리지는 않았거든요.

내41 그런데 이제 제가.

상42 다시 갑시다. 설명을 안 하면 어떤 일이 벌어질 것 같아요?

내42 설명을 안 하면 상대방이 나를 이해 못 해줄 것 같아요.

상43 음, 이해.

내43 나를 수용해 주지 않을 것 같아요.

상44 그래요. 내가 그 말에 접촉하기가 주저되는 이유가 '이해' '수용' 이 말이 참 좋은 말이기 때문에 마치 자기 행동이 정당화될 것 같은 그런 느낌이 들어요. '이해' '수용'이라는 말은 너무 좋은 말이에요. '거부당할 것 같다' 이 표현이라면 차라리 받아들이기 쉬울 것 같아요. 내가 설명하지 않으면 상담자에게 외면당할 것 같다. 그렇게 얘기하는 것과 비슷한 것 같지만 약간 다르거든요.

내44 음, 또 설명하고 싶어요.

상45 좋아요. 설명을 안 하고 있어볼까요? 어떤 일이 벌어지는지 봅시다. 설명을 하지 말아보세요. 나는 ○○ 씨와 대화를 하고 싶거든요. 설명을 듣고 그것을 내가 머릿속에 그리면 ○○ 씨와 나와의 연결성이 끊어져요. 지금 차라리 나한테 물어보세요. '내가 설명을 안 하면 나를 거부하실 것 같다'라든가 뭐든지 ○○ 씨가 설명을 안 하면 내가 어떻게 할 것이라는 것을 미리 혼자서 가정을 해서 믿어버리지 마시고, 나한테 물어보는 것이 좋을 것 같아요. 직접 나한테 대화하는 식으로.

내45 일단 제가 설명을 안 하면요, 무언가 최선을 다하고 있지 않은 느낌이 들고요. 내가 이 자리에서 최선을 다할 수 있다는 것은 내가 나에 대해서 많이 설명하고 무언가 이렇게 많이 얘기를 해야 할 것 같고, 그래야지 무언가 많이 얻어갈 수 있을 것 같아요. 제가 많이 얻어가고 싶은데….

상46 알겠어요. 이해하겠는데요. 그게 보이거든요. 그 말 들으니까 참 반갑거든요. 최선을 다하기 위해서 설명을 하시는 거다. 그 말이 와닿아요. 최선을 다하고 계시는 거다. 그것이 느껴지거든요. 나는 그 최선을 다하는 모습이 좀 안쓰럽고 최선을 다하지 않았으면 좋겠어요. 이 자리에서….

내46 저도 정말로 최선을 다하고 싶지 않거든요. 그런데 최선을 다하지 않으려면요, (목소리가 커지며 흥분한다.) 노력을 해야 돼요. 최선을 다하지 않으려고 노력을 해야 돼요.

상47 잠깐 잠깐, 지금 감정이 올라오고 있죠?

내47 슬퍼요. 되게 슬퍼요. (눈시울을 붉히며)

상48 슬픈 감정을 한번 느껴보시겠어요?

내48 (눈시울을 붉히며.)

상49 아까보다 훨씬 더 슬퍼 보이거든요?

내49 저는 사실 조금 두려움이 있었어요. 올라오기 전에.

상50 어떤 두려움이죠?

내50 울까 봐요. 일단 우는 것이 많이 두렵고. (눈물을 휴지로 닦으며)

상51 지금 우시는 거 같아요, 안 우시는 것 같아요?

내51 울다 만 것 같아요. (내담자가 눈물을 훔치다 웃고 상담자도 웃는다)

상52 (웃으며) 지금 과거 형태로 이야기했는데, 나는 여기 올라오기 전에 두려움이 있었다고 했는데, 지금 두려움이 있어요, 없어요? 바로 지금요?

내52 (한결 표정이 밝아지며) 지금요? 일단 이런 걸로 울어도 이건 괜찮다는 생각이 들고요.

상53 그럼요, 정말 그걸 믿는다면 나는 울 것 같은데요? 말씀을 그렇게 하시지만 믿지 않는 것 같거든요?

내53 (고개를 끄덕이며) 그런데 이제 최선을 다하지 않았으면 좋겠다고 하셨잖아요? 그런데….

상54 아까 전에 왜 눈물이 났는지 한번 이야기해 보시겠어요?

내54 (감정이 올라오며 눈시울이 붉어진다.) 하, (눈물을 흘리며 닦는다.) 항상 살면서 혼자라고 생각했거든요. 솔직히 다른 사람을 못 믿겠어요. 다른 사람을 믿으면 제가 컨트롤당할 것 같은 느낌이 있어요. (울먹이며) 다른 사람에 의해서 제가 하고 싶은 것을 못 할 거다. 항상 저 혼자 있을 때 저는 가장 자유롭고 편했거든요. 물론 저도 사랑받고 싶은 욕구가 있죠.

상55 지금 느낌이 어때요? 혼자 있는 느낌이에요, 함께 있는 느낌이에요?

내55 (고개를 끄덕이며) 지금 혼자 있는 것 같아요.

상56 그래요. 그렇다면 여기서 계속 이야기한다면 혼자 속으로 더 들어갈 가능성이 높아요. 그 얘기를 들으면서 ○○ 씨 감정이

나에게 전달이 됐거든요. 왜 우느냐, 왜 눈물이 나느냐를 물으니까 늘 혼자 있는 것 같다는 그 말이 와닿았거든요. 지금 우시잖아요? 그 감정, 그 외로움, 슬픔이 나에게 전달이 됐어요. 연결된 것처럼 느끼거든요. 어떻게 지금 혼자처럼 느껴요? 지금 이 순간?

내56 (눈물을 흘리며) 지금 같이는 있지만 거리가 느껴져요.

상57 거리가 어떻게 생겼는지 같이 탐색을 해볼까요?

내57 (생각에 잠기며) 글쎄, 누구하고 진짜 가까워지고 그 사람이 나에 대해서⋯. 저는 사실 다른 사람을 많이 공감하지만 다른 사람은 나에게 다가오는 게 일단 안 믿어져요. 내 감정을 공감할 것이 안 믿어져요. 내가 다른 사람을 공감할 수 있지만, 다른 사람이 나를 공감할 것이라는 것은 별로 안 믿어져요.

상58 그러신 것 같아요. 지금 내가 ○○ 씨를 공감할 것이라는 것이 안 믿어지죠?

내58 안 믿어져요.

상59 굉장히 좋은 지점에 우리가 도달한 것 같아요. 딴 데로 갈 필요 없어요. 지금 이 자리가 제일 중요한 자리인 것 같아요. 이 순간 나는 공감이 되거든요. 그런데 안 믿어지신다는 거죠?

내59 예, 안 믿어져요.

상60 내가 어떻게 공감이 되는지 알고 싶으세요?

내60 궁금하죠. 왜냐하면 제가 어떤 설명도 하지 않았고 내 과거에 대해서, 내가 있는 곳, 내 감정을 설명하지 않았는데 어떻게.

상61 설명, 또다시 설명이 나오네요?

내61 (웃으며) 설명, 예.

상62 지금 ○○ 씨는 서로 연결될 수 있는 것이 설명을 통해서 연결될 수 있다고 굳게 믿고 있는 거예요. 나는 설명을 통해서 연결될 수 있다고 생각하지 않아요. 공감이 설명을 통해서 얻어진다고 생각하지 않아요. 나는 ○○ 씨 감정을, 슬픔을 공감할 수 있거든요. 왜냐하면 설명이 아니라 본인이 슬프다는 것을 말로 했고, 표정에 드러나고 있고, 또 왜 슬픈지 얘기했어요. 다른 사람은 믿을 수 없다, 다른 사람을 믿으면 통제당할 것 같고, 그래서 외로웠다. 그 말이 굉장히 와닿았어요. 공감이 돼요. 지금 강한 감정이 올라오고 있죠? 이게 뭐죠?

내62 (눈물을 흘리며 닦는다.) 슬픔이죠. (고개를 끄덕이며)

상63 그 슬픔에 대해서 더 이야기해 주겠어요? 설명 말고, 슬픔에 대해서 조금 더 말해주시겠어요? 무엇이 슬픈지.

내63 무엇이 슬픈지요?

상64 (고개를 끄덕이며) 네.

내64 항상 제가 뭐든지 다 떠맡고 헤쳐나가야 한다는 게 버겁고 힘들고, 나도 누군가에게 기대고 싶은데, 막상 기대면 내가 통제당할 것 같은 두려움이 있으니까 그렇게 하지도 못하겠고, (눈물을 흘리며) 열심히 하다가도 즐겁다가도 버겁다는 생각이 너무 힘들고, 항상 혼자였죠.

상65 다른 사람을 믿지 못하니까, 맡길 수 없으니까, 내가 다 해야 하고, 그 상황이 굉장히 버겁고 힘겹게 느껴졌을 것 같아요.

내65 (고개를 끄덕이며) 예. 그런데 과거에 경험상 전 그랬어요. 사람하고 같이 있을 때 항상 발전적인 삶을 못 살았던 것 같아요. 통제당한다는 느낌이었어요.

상66 그런 느낌이 들어서 어떻게 하셨다고요?

내66 통제당하는 느낌이 있을 때는 (입을 삐죽하며) 남자 친구를 사귈 때는 저를 차버리게 만들어버리거나, 상대방이 나를 버리게 만들고, 나를 질리게 만들고 제 마음에서 사실 헤어져야겠다고 마음을 먹거든요. 제가 제 입으로 말 못 하겠어요. 상대방을 거절하는 것을 제 입으로 못 하겠어요. 그래서 그렇게 하고 이제는 그것도 힘들어서 솔직히 아무도 만나고 싶지 않죠.

상67 나와의 관계에서 혹시, 내가 ○○ 씨를 버리게 만들고 있지는 않은지 점검해 볼까요? 지금?

내67 (웃으며) 지금 이 순간은 솔직히 제일 두려워요. (손을 상담자를 가리키며)

상68 내가 ○○ 씨를 버리게 만들고 있지는 않은지 묻고 싶어요.

내68 (고개를 끄덕이다 웃는다.) 어렵네요, 이건. 교수님이 말씀하신 버린다는 의미는 어떤 의미인가요?

상69 그냥 버리는 거예요. 저 사람이랑 더 이상 이야기하고 싶지 않아.

내69 아, 저에 대해서요? 우리가 같이 얘기하는 대화 속에서?

상70 ○○ 씨와 내가 이야기하다가 '아, ○○ 씨와는 더 이상 이야기하고 싶지 않아'라고 느끼도록 혹시 만들고 있지는 않느냐는 거죠? 질문이에요. 왜냐하면 다른 남자들과의 관계에서 그 남자들이 자기를 버리도록 만들었다고 얘기를 하셨으니까, 혹시 나도 남자고 또 다른 사람이니까 나한테는 혹시 그렇게 하고 있는지 물어보고 싶어요. 지금.

내70 대답하기가 두려운데요. (웃으며) 대답 자체가 두려워요.

상71 두려워서 안 할 수도 있고, 두렵지만 할 수도 있어요.

내71 그러실 거 같아요. 대화 중에서 제 대화에 흥미를 못 느끼고, 대화 그만하고 싶다든가.

상72 내가 그렇게 할지도 모른다는 얘기신데, 내 질문은 그게 아니었고, 아까 그랬잖아요. 남자 친구들이 ○○ 씨를 버리게 만든다고 말했거든요.

내72 제가 지금 그렇게 만들고 있지 않냐고요?

상73 그렇죠. 나를.

내73　그런 것 같지는 않은데요?

상74　그럼 다행이고요. 고맙고요.

내74　(웃으며) 그렇게 말씀하셔서 제가 혹시 순간적으로 되게 겁이 났어요. 내가 혹시 또 그러고 있지는 않나 무의식중에 제가 의도하진 않지만 상대방을 그렇게 만들어버리진 않나 하는 두려움이 좀 있었죠.

상75　그것은 정말 두려워해야 할 일이라는 생각이 들어요. 왜냐하면 본인이 자기도 모르게 상대방이 자기를 버리게 행동을 하고 있다면, 그건 정말 낭패 아니겠어요? 내가 원하지 않아도, 만들지 않아도 상대방이 나를 버릴 수도 있는데, 상대방이 나를 버리게 행동을 한다면 그것은 버림받을 가능성이 더 많겠죠. 굉장히 난 두려워해야 할 일이라고 생각이 드는데, 만약에 그런 일이 일어나고 있다면, 정말 그렇게 하고 있다면 해결책은 한 가지밖에 없어. '아, 내가 그렇게 하고 있구나'를 깨달으면…. 지금 울고 계시는데 감정이 올라오시는 거예요? 어떤 감정이?

내75　제가 가족들에게 그러고 있었구나, 그런 생각이 들었어요.

상76　아하, 어떤 것인지 말씀해 주시겠어요?

내76　(눈시울을 붉히며) 사실 제가 그동안 아빠한테, 저희 아빠가 강압적이고 엄청 보수적이시거든요. 저는 그것이 너무 자유가 억압된 느낌이었어요. 일단, 그렇게 살고 싶지는 않았어요. 그래서 고등학교 졸업한 뒤부터는 독립하고 돈 벌어서 대학 다니고 다 하면서 가족에 대해서 잊어버리고 살았거든요. 그러다가 한 1년 전부터 아버지 돌아가시면서부터 가족들이 같이, 처음에 동생과 살고 그다음에 엄마와 같이 살게 됐는데, 그게 너무나 힘들었어요. 가족들과 같이 산다는 것이. 사실 엄마와 동생에게는 불만이 없었거든요. 처음에는요. 그런데 동생과 엄마한테 너무 막 하거든요. 아주 막 해요.

상77 어떻게 해요?

내77 다 무시하는 거죠. 나 혼자 잘났다고. 그리고 상대방 인생에 함부로 간섭하고, 제가 제일 싫어하는 것이면서. 제가 제일 싫어하는 것이 제 인생에 간섭하는 것이거든요. 나에 대해서 지적하는 것, 내가 받으면 정말 싫어하는 것들을 가족한테 하는 거죠.

상78 그 말씀 하시니까 지금 기분이 어떠세요?

내78 편안해요.

상79 편안해요?

내79 (살짝 웃으며) 예, 사실은 제일 힘들었던 부분이 가족에게 막 대하는 것이었는데, 맨날 심리상담받는다고 하면서 그런 부분에 애를 쓰면서, 사실 제가 관심 있는 분야가 가족 치료와 부부 치료인데, 그런데 정작 제 자신이 제일 안 되는 부분이잖아요. 아이러니한 것이죠. 한편으론 되게 미안하죠. 내가 그렇게 하는 것에 대해서. 그런데 그 행동이 제어가 안 돼요. 상담받아서 좋아진 것은 제가 제 자신에 대해서 행동을 정당화하는 것이고 내가 나를 수용하는 거예요. 그래도 나를 미워하지 않고 그럴 수 없는 것에 대해서 제 자신을 지지하고, 괜찮다고. 이런 것들을 통해 제가 많이 좋아졌다고 느꼈어요. 정신분석 받아서 좋아진 것은 예전에는 저에 대해서 비난을 엄청 많이 했거든요. 지금은 그 비난은 하지 않으니까 많이 좋아졌다. 그런데 오늘 지금 여기서 진짜 제 문제에 대해서는 본 적이 없구나, (살짝 웃으며) 제대로 보지 않으려고 했구나라는 생각이 들어요. 1년 동안 정신분석을 받으면서 어떻게 (눈시울이 붉어지며) 그런 것들이 하나도 안 나왔을까? 이야기를 많이 하고 그렇게 많이 했는데도.

상80 지금 기분이 어떠세요?

내80 기분은 못 느끼겠어요.

상81 아까는 편안하다고 했는데, 지금은 어떠세요?

내81 아무것도 못 느끼는 이 기분이 편안한 것이라고 생각해요.

상82 아까는 생각이 있었어요?

내82 편안하다는 생각이요? 그렇죠. 왜냐하면 편안하다는 것은 저에게 어떤 느낌이냐면 무언가 내가 하지 않아도 되는 느낌이거든요. 최선을 다하지 않고, 애를 쓰지 않아도 되는 느낌이 저에게는 편안한 느낌이거든요.

상83   지금 이 순간은 최선을 다하고 있지 않은 느낌인가요?

내83   그건 아닌데요. 무엇을 해야 한다는 생각은 없어요.

상84   *Beautiful*!

내84   (활짝 웃으며.)

상85   드디어 이 지점에 도착했네요!

내85   그런데 이제….

상86   무언가를 또 준비해야 해요?

내86   아니. 그… 이것은 이 순간의 느낌이라서요. 밖에 나가면 이
       런 느낌 속에… 사실 이것이 연장이 돼야 하는데.

상87   연장이 돼야 한다? 지금 다시 욕심이 많아지는 것 아닌가요?

내87   (웃으며) 그렇죠.

상88   이 편안함을 또 확장하고 싶은 건가요?

내88   (웃으며) 그렇죠. 이 느낌은 처음 느끼는 느낌이거든요. 내가
       무엇을 하지 않아도, 최선을 다하고 있지 않다는 느낌이 아니
       라, 내가 무엇을 하지 않아도 된다는 느낌이거든요.

상89   아주 참 정말 멋있게 표현하신 것 같아요.

내89   이런 느낌은 바깥에서 단 한 번도 느껴보지 못한… 이런 느
       낌은 제 평생 살면서 느껴보지 못했어요.

상90   (활짝 웃으며) *Wonderful*!

내90 그런데 이것을 어떻게 이어나가야 하는 거죠?

상91 가져가고 싶으세요?

내91 가져가고 싶죠.

상92 붙들고 싶죠?

내92 붙들고 싶죠. 이 순간을 많이 연장시키고 싶죠. 제 일상생활에 많이 적용하고 싶고요.

상93 그게 바로 문제의 시작이죠. (웃으며) 아까 ○○○ 선생님이 노래를 부르면서 가사가 너무 마음에 드는데, 아름다운 꽃이 얼마나 아름다운가? 그런데 시들 것이다. 우리 청춘도 얼마나 아름다운가? 그러나 시들 것이다. 그렇지만 아름다운 거예요. 어떻게 보면 없어질 것이기 때문에, 사라질 것이기 때문에 더욱 아름다운 거예요. 더 소중한 것이고 나는 이 순간이 너무 아름답고 소중하게 느껴지거든요. 이것을 붙들려는 경향은 인간의 집착이에요. 우린 잡을 순 없어요. 어떻게 보면 잡으려는 그 마음을 놓아버리는 순간 다시 찾아올 거예요.

내93 (눈시울을 붉히며 고개를 끄덕인다.)

상94 고개를 끄덕이네요?

내94 그것을 정말 정말 간절하게 잡고 싶어 하는 경향이 있는 것 같아요.

상95 네, 그것은 나도 마찬가지예요. 하지만 그것이 너무나 인간적인 속성이에요. 하지만 너무나 인간적이기는 하지만 그것 때문에 고통을 당하는 거예요. 이 순간의 아름다움은 이 순간의 아름다움으로만 우리가 음미하고 놓아버리는 것을 배울 수 있다면, 이런 순간이 조금 더 자주 찾아올 것이라 생각해요.

내95 (고개를 끄덕이며.)

상96 이 정도로 마칠까요?

내96 네.

❖ ❖ ❖

이 상담은 내담자의 이해받고 수용받고 싶은 간절한 욕구가 어떻게 매번 상대방 그리고 자기 자신에게 가닿지 못함으로써 좌절의 연속으로 경험되는지를, 내담자가 들려주는 다양한 에피소드 속에서, 그리고 50분이라는 짧은 공개상담 과정에서도 형태를 바꿔가면서 같은 주제로 짧게 짧게 계속 반복해서 나타나는지를 잘 보여주고 있다.

내담자의 모든 행동은 이해받고 싶은 마음에 초점이 맞춰져 있지만, 정작 내담자의 행동은 이해받는 것과는 멀어지는 방향으로 행동할 때가 많다는 것이 드러났다. 즉, 내담자는 바로 지금 순간에 초점을 맞추기보다는 그것과는 무관한 언저리를 맴도는 행동을 하거나 심지어 타인이 자기를 버리도록 조종하는 행동을 하기도 한다.

상담 과정에서도 내담자는 자기 마음을 바로 표현하지 않고, 지적인 분석이나 설명으로 대체하려는 행동을 반복해서 보여주는데, 이를 보면 마치 내담자는 자신이 정말 원하는 것을 경험하기를 무서워하는 사람처럼 보인다. 이는 니체가 말한 것처럼 타인으로부터 이해받고 싶지 않은 마음을 자신도 모르게 연출하고 있는 것 같다.

물론 깊은 곳에서는 진정으로 이해받고 싶은 마음이 더 큰 동기로 작용하고 있음은 분명하다. 상담자는 내담자가 자신의 이런 모순된 태도가 상호 간의 진정한 이해를 방해하고 있음을 알아차리도록 도와주었고, 내담자는 상담 과정을 통해 차츰 상담자를 신뢰하면서 지금 순간에 집중하게 됐고, 마침내 이해는 함께 대화하며 조율하면서 만나는 과정이라는 것을 깨달을 수 있게 됐다.

[상담 과정에 대한 토론]

폴스터 박사

내가 이 상담에서 두드러지게 느낀 것은 상담의 초점을 맞추는 데는 여러 가지 방법이 있다는 것입니다. 직접 문제를 직면하는 방법 등 여러 가지 방법이 있는데, 나와 김정규 교수는 스타일이 다릅니다. 김정규 교수는 내담자로 하여금 자신의 행동을 발견할 수 있도록 충분한 기회와 시간을 주는 스타일을 선택했습니다. 이 상담에서 선택할 수 있는 길이 있는데, 한 가지는 내담자가 원하는 길로 가게 하는 방법입니다. 내담자가 원하는 것 중 한 가지는 춤추는 것이 있었습니다. (내담자가 원하는 것이 모두 무엇이었는지는 다 기억이 나지 않습니다.) 그리고 다른 것들은 무언가를 준비하기 위한 일들이었습니다. 중요한 기능을 하기 위한 준비 기능에 대한 이야기를 많이 했습니다.

굉장히 신선하고 활기 있는 마음을 가지고 있는 내담자였습니다. 준비를 하는 기능들은 그 자체로는 생명이 있는 일들은 아닙니다. 이런 준비를 하다 보면 정말 자기가 하고 싶었던 것들을 하지 못하게 됩니다. 그것은 창조성이 풍부한 것이기도 하지만 또 한편으로는 방해가 되는 것이기도 합니다. 춤도 추고 이것도 하고 저것도 하고 그 각각은 방향성이 있다거나 완성되는 것이 아닌 그저 기능들입니다. 그리고 때로는 원래 하려는 것을 방해하기도 합니다. 김정규 선생님은 내담자가 원래 하고자 했던 방향으로 머물러 있게 도와주었습니다. 상담자의 적절한 타이밍과 내담자와의 좋은 관계 덕분에 내담자는 (상담을) 잘 받아들일 수 있었습니다.

내담자가 좋은 기분을 거기서 느낄 수 있었을 때, 그것이 내담자에게 아주 의미 있는 일이었습니다. 아직도 전처럼 하지 않으면 안 될 것 같은 기분이 조금은 있지만 언제 그런 기분을 느끼게 되는지 상담자가 잘 인식하게 해주었습니다. 내담자와 관계가 좋고 타이밍이 제대로 되면, 내담자는 거기에 따를 것이고 실제로 그렇게 했습니다. 내담자가 새로운 경험을 한 것이 내담자의 원래 목적인 집중(공부 집중)을 하고 싶은 것에도 맞았기 때문이었습니다. 마지막에는 어떻게 그런 기분을 이어나갈 것인가에 대해서 걱정을 했습니다. 김정규 교수가 그런 기분을 계속 이어나갈 필요가 없고, 다시 그런 기분이 일어날 것이라고 안심을 시켜주었습니다.

무언가를 배운다는 것은 거기에 꼭 매달려 있을 필요는 없는 것이고, 다시 일어날 수 있는 것입니다. 원래의 문제였던 학교 공부에 어떻게 하면 집중을 잘할 수 있을까에 다시 돌아올 수 있었을지가 궁금하고, 만약에 그 문제로 돌아왔다면 다른 것에 대해서 걱정하지 않으면서 원래 목적인 공부하는 것에 어떤 좋은 아이디어가 있었을지도 모르겠습니다. 기본적으로 살아가는 방법에는 여러 가지가 있다는 것을 내담자가 알고 있는 것 같습니다. 참으로 생기가 발랄한 내담자였습니다. 너무도 신선하고 유망해 보이는 내담자였습니다. 자기 자신을 믿기 위해서 많은 노력은 필요가 없고 자신을 믿을 수 있는 능력은 이미 갖고 있습니다. 내담자도 이 사실을 알고 있다고 생각합니다. 제가 관찰한 몇 가지 단상들입니다.

김정규 교수

좋은 피드백을 해주셔서 정말 감사합니다. 선생님께서 이렇게 지적해 주신 포인트 덕분에 공부가 다시 되는 것 같습니다. 지금 순간에 내담자와 온전히 머물러 있기 위해서 굉장히 노력했지만, 선생님께서 말씀하신 것처럼 내담자가 원래 하고자 하는 목표에서 벗어나는 모습을 볼 때마다 제 관찰을 내담자에게 자각시켜 주는 방법을 사용했습니다. 내담자가 처음에는 그 부분을 힘들어했습니다. 꼼짝 못 하겠다는 반응까지 나왔습니다. 정신분석에 익숙해 있는 내담자였기 때문에 그 순간에는 마비된 것 같은 경험을 하는 것 같았습니다.

폴스터 박사

멀리서 보았을 때는 내담자가 별로 어려워하지 않은 것 같았어요. 그리고 아주 기쁘게 받아들이는 것 같았습니다. 내담자가 차이를 알아차리고 기쁘게 느끼는 것처럼 보였습니다. 한 가지 더 이야기하고 싶은 것은 내담자가 산만하게 자꾸 다른 곳으로 가는 것이 원래 목적에 방해가 되긴 했지만, 산만하게 다른 곳으로 가는 행동 자체도 아름답습니다. 이번 상담에서는 산만하게 다른 곳으로 가는 것이 방해로 여겨졌지만, 그런 자유로운 마음을 가진 것도 창조적으로 사용될 수 있다는 것을 명심해야 합니다.

이렇게 생기발랄한 마음이 정말 아름답죠. 이렇게 생기발랄하게 여기저기 관심을 가지는 태도가 자신의 한계점을 넘어서 가는 데 방해가 되지 않게 만들어준다면, 그것은 참 훌륭한 에너지가 될 것입니다. 그래서 한 상황에서 방해로 작용하는 것들이 다른 상황에서는 창조적인 생기가 될 수 있습니다. 생기발랄한 것은 잃어버리면 안 됩니다.

3장

당신의 생각에는 역사가 있다

"사람들은 나를 좋아하지 않아." "나는 부적절한 사람 같아." "세상은 차갑고 냉정한 곳이야." 이는 전형적인 우울증 환자들의 생각이다. 하지만 이런 생각은 평범한 보통의 사람들에게도 뜬금없이 불쑥불쑥 찾아오기도 한다. 우리는 머릿속을 스쳐 지나가는 이런 생각을 대부분 잘 의식하지 못하고 그냥 지나치지만, 의식하지 못한다고 해서 우리에게 아무런 영향을 미치지 않는 것은 아니다. 이런 생각들은 종종 우리의 기분을 요동치게 만든다.

이런 생각이 자주 떠오르는 사람은 어떤 사람들일까? 표정이 우울하고 사회에 부적응하며, 친구가 별로 없고 학력이 낮거나 주변의 평판이 안 좋은 사람들일까? 그렇지 않다. 의외로 평범한 직장인이나 학생들이 이런 생각에 종종 시달린다. 표정이 밝고 사람들과 잘 지내고 학력도 높고 직장에서 유능하다는 평을 받는 사람들 가운데도 적지 않다. 만일 당신의 가까운 동료가 어느 날 술 한잔하면서 이런 생각을 털어놓는다면 당신은 어떤 감정을 느낄 것 같은가? 아마도 깜짝 놀랄 것이다. 그러면서 이렇게 반문할지 모른다.

"아니, 아무개 씨가 그런 생각을 하고 계시다니 믿어지지 않아요. 무엇보다도 그건 사실이 아니잖아요? 이해가 되지 않아요. 일 처리도 확실히 하고, 남에게 폐도 안 끼치고, 인간관계도 너무 좋잖아요?"

그렇다. 이처럼 타인이 보기에는 아무런 문제가 없어 보이지만, 내적으로는 자기 자신을 좋아하지 않는 사람들이 의외로 많다. 타인이 보는 것과는 달리 사람들이 자기 내면에서 느끼는 것은 상당히 다를 수 있다. 밖으로 보이는 모습은 진짜 마음이 아니라 일종의 역할극 같은 것이다. 분석심리학자 칼 융*Carl Jung*은 페르소나*persona*라는 개념을 내놓았는데, 이는 일종의 가면 같은 것이다. 다른 사람들에게 보여주는 모습은 대부분 이런 페르소나다. 속에 있는 진짜 마음은 상당히 다를 수 있다.

이성적으로 생각하면 불합리하지만 좀처럼 벗어나기 어려운 부정적인 생각들이 계속 머릿속에 떠오르는 사람들이 있다. 하지만 자신이 왜 그런 생각을 하고 있는지는 본인도 정확히 모른다. 사람들이 자기도 모르게 하는 이런 부정적인 생각은 매우 다양하다. "실수하면 안 돼" "무시당하면 안 돼" "조심하지 않으면 이용당할 수 있어" "나서지 않는 것이 안전해" "사람들에게 기대하면 실망할 거야" "나는 너무 약해서 혼자 설 수가 없어" "타인에게 인정받아야만 해" "내 주장을 하면 사람들이 떠나갈 거야!" 같은 것들이다.

만일 이런 생각이 계속 지나간다면 무척 힘들 것이다. 평소에 이런 생각을 한다는 걸 모르다가 심리상담을 받으면서 이를 깨닫고 깜짝 놀라는 사람들도 있다. 그런데 이런 생각이 얼마나 사실과 부합하는지 들여다보면, 본인 생각이 많이 과장돼 있으며 정확하지 않다는 것을 깨닫기도 한다. 사람들은 왜 자신도 모르게 이런 생각을 할까? 도대체 이런 생각은 어디서 오는 걸까?

이런 생각은 아무 이유 없이 그냥 생겨나는 게 아니라 반드시 개인적인 역사가 있다. 즉, 과거에 충격적 사건이나 어려운 상황을 경험한 후, 특히 어린 시절의 트라우마가 바탕이 된다. 개인은 그런 끔찍한 경험을 다시 하지 않기 위해 자기 자신과 세상에 대해 많은 생각을 하게 된다. 흔히 이 과정에서 자신과 세상에 대해 부정적인 생각을 함으로써 미래에 발생할 수 있는 위험을 방지하고자 한다.

이런 것들은 어른이 된 시점에서는 현실과 맞지 않거나 과장된 생각일 수 있지만, 한때는 그 개인에게 충분히 의미 있는, 혹은 도움이 됐던 생각일 수 있다. 즉, 당시의 현실로서는 그런 생각이 자연스럽고, 그 상황에 맞는 것이었을 수도 있다. 다만, 그 이후 삶의 현실과 상황이 달라졌다면, 그 생각도 보조를 맞춰 변화시켰어야 했다.

그러나 많은 경우 현실 상황이 달라져도 생각은 잘 바뀌지 않는다. 생각의 속성상 한번 형성된 것은 습관화되면서 좀처럼 잘 변하지 않는 경향이 있기 때문이다. 특히 트라우마를 통해 생겨난 생각은 저항이 매우 강해서 저절로 없어지는 경우는 드물다.

이런 부정적인 생각들이 습관화되면 자주 기분이 저조해질 뿐만 아니라, 신체에도 여러 가지 좋지 않은 영향을 남긴다. 현대인이 겪는 수많은 스트레스와 질병이 이러한 습관적인 부정적 생각들과 관련 있다는 연구는 차고 넘친다.

이런 부정적 사고 패턴이 어떻게 개인의 트라우마와 연관돼 생겨나는지 심리상담 장면을 재구성해서 좀 더 자세히 살펴보도록 하자.

상담자 지난 시간에 '사람들은 나를 좋아하지 않아. 나는 좀 부적절한 사람 같아' 이런 생각들이 종종 떠오른다고 하셨는데, 그것에 대해 좀 더 듣고 싶어요.

내담자 그렇지 않아도 지난 시간 끝나고 돌아가면서 그 말들이 계속 머릿속을 맴돌다 갑자기 떠오른 기억이 하나 있었어요.

상담자 어떤 기억이 났는지 궁금하네요?

내담자 제가요, 연년생 오빠가 하나 있었고, 엄마가 쌍둥이를 낳은 거예요. 제가 먼저 나왔거든요. 그래서 제가 언니예요. 엄마가 저와 제 동생을 같이 키우기 힘들어서 저를 시골 할머니 댁에 보냈어요. 할머니가 줄곧 저를 돌봐주셨는데, 아빠 엄마는 거의 찾아오지 않았어요. 되게 힘들고 외로웠어요. 근데 초등학교 입학할 때쯤 돼서 집으로 왔는데, 집에 오니까 아는 사람이 아무도 없잖아요. 물론 엄마 아빠가 몇 번 와서 얼굴 본 적은 있었지만 낯설었죠. 오빠하고 여동생도 만난 적이 거

82

의 없었고, 제가 이방인인 거죠. 낯설고 뻘쭘했어요. 아빠는 말이 없는 편이셨고, 엄마는 항상 바쁘셨어요.

상담자 당연히 그랬겠죠. 아이를 셋이나 키우다 보니.

내담자 그리고 성격도 좀 냉정한 편이셨어요. 그런데 오빠하고 동생은 서로 되게 친하게 잘 지냈어요. 저는 섞이지 못했어요. 늘 눈치를 봤어요. 누구도 저한테 먼저 다가오는 사람이 없었거든요. 할머니 집으로 돌아가고 싶어서 날마다 아무도 안 보는 데, 화장실 같은 데 가서 울고 그랬어요. 학교에 갔는데 친구들은 유치원에서부터 같이 다녔던 아이들이라 서로 잘 어울렸거든요. 저는 그래서 거기서도 이방인인 거예요. 편치 않았어요. 쉽게 끼어들 수가 없었어요.

상담자 그러셨군요. 많이 힘들었을 것 같네요. 어떻게 이렇게 잘 성장하셨어요? 들어보니까 정말 어려운 상황이었잖아요?

내담자 집에서는 제가 요구를 잘 하지 않았고, 엄마 아빠가 원하는 대로 맞춰드렸어요. 집안일도 나서서 돕고, 공부도 열심히 해서 인정받으려고 했죠. 학교에서도 말썽 피우지 않고 조용하게 지냈어요. 말썽 피우는 애들이 참 부러웠어요. 걔들은 믿는 데가 있어서 저러겠지. 저는 그런 사람이 없다고 생각했어요.

내담자의 이야기를 통해 왜 그녀가 "사람들은 나를 좋아하지 않아!

나는 부적절한 사람 같아"라는 생각을 하게 됐는지 이해할 수 있을 것 같다. 아주 어린 나이에 가족과 떨어져 살았고, 겨우 가족의 품으로 돌아왔을 때도 환영받지 못했고, 학교생활도 쉽지 않았으므로 "사람들은 나를 좋아해!"라고 생각하기 어려웠을 것이다. 자연스럽게 어울리지 못하는 자신이 부적절하게 느껴지는 것도 어쩌면 당연하다고 하겠다.

내담자가 "걔들은 믿는 데가 있어서 저러겠지"라고 생각했다는 대목에서 그녀가 얼마나 외로웠는지 이해가 되고, 늘 자기 혼자서 어려운 상황을 타개해 나가야 한다는 생각을 하니까 항상 조심해야 하고 "세상은 안전하지 않고 위험한 곳이며, 차갑고 냉정한 곳이다"라는 생각을 할 수 있었을 것이다.

이런 생각들은 그 당시로는 상당히 타당했을 뿐만 아니라, 어려운 현실에 적응하는 데 도움이 되기도 했을 것이다. 즉, 이런 부정적인 생각을 함으로써 그녀는 좀 더 적극적으로 노력해서 어려움을 헤쳐나갈 수 있었을 것이다. 실제 그녀는 자기주장이나 요구를 하지 않고, 주변 사람에게 맞춰주는 방식으로 적응 전략을 세웠다.

경험이

생각을 만든다

이 내담자의 경우처럼 사람들이 하는 생각은 대부분 그냥 생겨나는 것이 아니라 반드시 어떤 역사가 있다. 즉, 성장 환경에서의 경험이 자신과 세상의 관계에 관한 생각을 만들어낸다. 한편, 이런 생각은 객관적 사실이라기보다는 매우 주관적이다. 자신의 열악한 환경과 상황에 적응하기 위해 전략적으로 스스로 만들어낸 것이기 때문이다.

이런 측면에서 볼 때 개인이 형성한 생각은 매우 적극적이고 창의적인 노력의 결과물로 볼 수 있다. 다만 상황과 현실이 달라지면 그에 따라 자연스럽게 생각도 변화가 일어나야 하는데, 그렇게 되지 않을 때는 문제가 생긴다.

나는 이 내담자가 어떻게 자신의 성장 과정에서 언급한 사고 패턴을 만들어냈는지 좀 더 자세히 알아보기 위해, 그립GRIP 도구의 그림 상황 카드 한 장을 보여주었다. 여러 명의 학생들이 삼삼오오 짝을 지어 교문을 나서는 장면으로 가운데 두 명의 학생이 손을 잡고 이야기를 나누고 그 뒤에 한 명의 학생이 따로 떨어져 하교하고 있다.

상담자 이 그림을 보면서 어떤 느낌이 드는지 말씀해 주시겠어요?

내담자 (표정이 어두워지며) 어머, 기분이 좀 이상해요. 뭔가 좀 쓸쓸하고 외로운 느낌이 들어요.

상담자 그림 속 장면에서 어떤 것들이 눈에 들어오나요?

내담자 저기 가방을 메고 맨 뒤에 걸어가는 여자아이 있잖아요?

상담자 네, 그 아이를 보니까 뭐가 느껴져요?

내담자 (울 것 같은 표정으로) 가슴이 아파요. 눈물이 나오려고 해요. 마치 제 어릴 적 모습을 보는 것 같아요.

상담자 잠시 지금의 감정에 좀 머물러보시겠어요? 울고 싶으면 우셔도 괜찮아요.

내담자 (몸을 움찔하며) 아니에요. 약해지고 싶지 않아요.

상담자 알겠습니다. 괜찮아요.

내담자 선생님, 좀 창피하단 생각이 들어요.

이 그림을 보는 순간 내담자는 외롭고 쓸쓸했던 어린 시절 기억이 떠올라 울컥하는 감정을 경험했다. 그런데 감정을 꾹꾹 누르고 살아왔던 그녀에게 이 경험은 어색하고 이상했다. 게다가 아직은 낯선 상담자 앞에서 예기치 않게 감정을 내보인 것도 무척 당황스러웠던 것 같다.

이런 장면은 상담 시간에 가끔 나타날 수 있다. 그런 경우 상담자는 신속히 상황을 파악해 내담자를 안정시켜야 한다. 내담자가 미처 준비가 안 된 상태에서 갑자기 감정에 접촉하게 되면, 불쾌한 경험으로 남아 상담에 대한 거부감이 생길 수 있기 때문이다. 평소 자신의 감정을 많이 통제해 온 이 내담자 같은 경우는 특히 세심하게 살펴야 한다. 이런 내담자들은 감정이 드러난 것을 약점이 노출된 것처럼 생각하는 경향이 있기 때문이다. 나는 내담자가 창피하다고 말하는 순간, 나의 개입이 빨랐다는 것을 깨달았다. 그렇다면 얼른 수습하는 것이 최선인데 일단 그녀의 상태를 점검하는 것이 좋겠다고 판단했다.

상담자 창피하다고 말씀하셨는데, 왜 창피한가요?

내담자 제가 너무 초라하게 느껴졌어요. 선생님에게 이런 모습을 들킨 게 싫어요.

상담자 아, 그렇게 느끼셨다니 죄송한 마음이 드네요.

내담자 아니에요, 선생님 잘못은 아니잖아요. 이렇게 느끼는 건 제 문제예요.

상담자 아니에요, 제가 너무 빨리 개입하지 않았나 돌아보게 되네요.

내담자 (잠시 침묵) 그렇게 말씀해 주시니 감사해요. 하지만 제가 너무 조심스러워하는 것도 사실이에요. 제가 사람들을 잘 못 믿거든요. 안 그러려고 해도 참 어려워요.

상담자 사람들을 못 믿겠다는 말씀이 이해가 됩니다. 어릴 때 할머니와 같이 살다가 본가로 왔을 때 적응하는 데 상당히 힘들었잖아요?

나는 그녀의 설명을 듣고 나서 그 마음이 이해가 돼 얼른 사과했다. 그러자 그녀는 상담자 잘못이 아니라며 자기 책임으로 돌리는 모습을 보였다. 그녀와의 관계는 이렇게 수습되는 것처럼 보였지만, 아직 남아 있을 당황스러움과 창피함의 감정을 좀 더 정당화시켜 줄 필요가 있다고 생각해 재차 나의 잘못을 사과했다.

비록 내가 의도한 바는 아니었을지라도 그녀로서는 직면하고 싶지 않은 감정을 갑작스럽게 경험한 것이어서 불쾌한 감정으로 남을 수 있기 때문이었다. 그녀는 나의 이런 배려에 대해 감사를 표하는 동시에 자신의 방어적 행동에 대한 성찰을 보이며, 이 순간부터 상담에 대해 좀 더 열린 태도를 보이기 시작했다.

즉, 자신의 방어적 태도를 인정함과 동시에 그로 인한 애로점까지 개방했다. 이는 상담자에 대한 상당한 신뢰감을 보여준 것이다. 이제 함께 좀 더 깊은 그녀의 내면을 탐색할 준비가 됐음을 알 수 있다. 하지만 그 작업에 앞서 내담자는 아직 취약한 상태에 있으므로 그녀를 충분히 지지하고 수용해 주는 것이 중요하다고 봤다. 그래서 그녀의 어린 시절을 언급하며 그녀의 방어적 태도에 이유가 있음을 인정해 주는 방식으로 개입했다.

내담자   기댈 데가 없다는 생각을 참 많이 했었어요.

상담자   아무도 먼저 다가오는 사람이 없었다고 말씀하셨던 것이 생각나네요.

내담자   네, 정말 그랬어요. 오빠와 동생이 즐겁게 이야기하면서 노는 모습을 저는 물끄러미 바라보기만 했어요.

상담자   많이 외롭고 쓸쓸했을 것 같네요.

내담자 네, 그랬어요. 제가 먼저 말을 걸어보기도 했어요.

상담자 그래요? 그래서 어떻게 됐나요?

내담자 아무 반응도 하지 않았어요. 아이들이라 그랬겠죠. 지금 생각해 보면 이해되기도 해요. 하지만 그때는 많이 아팠어요.

상담자 끼워주지 않았네요?

내담자 네, 이후로도 몇 번 시도를 해봤지만 잘 안 됐어요.

상담자 많이 힘들었겠어요.

내담자 네, 힘들었어요.

상담자 그때 마음이 어떠셨어요?

내담자 사람들이 나를 좋아하지 않는구나, 나는 부적절한 사람이구나, 세상은 차가운 곳이구나, 이런 생각을 많이 하게 됐죠.

상담자 그러셨군요. 이해가 됩니다. 충분히 그런 생각이 들었겠어요.

내담자 선생님이 이해해 주시니까 마음이 편해지네요. 저는 그런 이상한 생각을 하고 있다는 것이 싫었거든요.

우리는 여기서 내담자의 이야기를 통해 그녀가 왜 "**사람들은 나를 좋아하지 않아**" "**나는 부적절한 사람 같아**" "**세상은 차갑고 냉정한 곳이야**"라는 생각을 하게 됐는지, 생각의 역사를 즉, 배경을 알게 됐다. 여기서 역사라고 말하는 것은 철학적으로 말하면 **목적론적 원인**을 말하는 것이다. 이는 자연과학에서 중시하는 **인과론적 원인**과는 달리 어떤 현상의 원인을 행위자의 의도나 목적에서 찾아야 한다는 것이다.

앞서 설명했듯 게슈탈트 이론에서는 생각은 그 자체로서 객관적인 것이 아니라, 개인이 저마다 **나의 세상**을 창조하는 과정에서 적극적이고 능동적으로 **구성해 낸** 결과물(현상)이라고 본다. 즉, 생각이란 개체가 자신이 처한 상황을 적극적으로 타개해 나가기 위한 목적으로 각자 **주관적**으로 만들어낸 것이고, 상황 변화에 따라 얼마든지 새롭게 만들어낼 수 있다는 것이다.

따라서 내담자의 생각은 단순한 **인지 오류**도 아니고, 반대로 현실을 정확히 파악한 것도 아니다. 그것은 단지 내담자가 당시 자신이 처한 열악한 환경에서 살아남기 위해 매우 적극적이고 창의적으로 현실을 **조직화하고 구성해서** 만들어낸 것이었다. 나는 그녀의 생각들이 자신이 살아온 역사적 배경에서 나온 것이므로 충분히 이해돼 지지해 주었다.

당신의 생각은
이상하지 않습니다

상담자의 이러한 개입은 내담자에게 깊은 안도감과 더불어 진정한 '자기 이해'를 가능하게 해준다. 이때 **자기 이해**라는 말은 자기 생각이 옳거나 틀렸다고 판단하는 게 아니라, 자기가 그렇게 생각한 **이유**(배경) 또는 **목적**(의도)을 이해한다는 것이다. 즉, 자신의 마음을 이해한다는 것이다.

우리는 흔히 내담자들이 하는 생각의 맞고 틀림에만 집중한 나머지, 그 생각이 생겨난 이유나 목적이라고 할 수 있는 **마음**을 보지 못한다. 게슈탈트 치료에서는 전자를 **내용***content*이라고 하고, 후자는 **과정***process* 이라고 부르는데, 내담자가 자기 자신에 대해 갖는 중요한 생각들의 경우, 특히 어린 시절에 형성된 것들에 대해서는 **내용**보다는 그 생각을 만들어낸 마음, 즉 **과정**에 반응해 주어야 한다.

한편, 차츰 상담이 진행되면서 과정뿐만 아니라 내용도 다루어줄 필요가 있다. 내담자가 자신에 대해 갖는 생각이 역사적으로는 의미 있고 타당성이 있을지라도 그것이 현재 상황에서도 여전히 의미 있고 타당한지는 모르기 때문이다. 실제로 위 내담자의 사례에서 보았듯 내담자의 생각이 과거 상황과는 부합하는 면이 있지만, 현재 상황과는 잘 맞지 않은 경우가 있다. 이런 경우 그들의 부정적인 사고 패턴은 재검토해 수정할 필요가 있는데, 많은 경우 내담자는 과거의 부정적 사고를 그대로 고수함으로써 고통을 겪는다.

여기서 왜 내담자들이 고통을 감수하면서까지 현재 상황을 외면하고 부정적 사고를 계속 유지하는지 궁금할 것이다. 여러 가지 이유가 있겠지만, 그중 가장 중요한 것은 힘든 상황을 겪으면서 만들어낸 생각들이 대부분 무의식적이기 때문이다. 즉, 자기가 만들어낸 생각이지만 그것들은 습관화(자동화)돼 더 이상 알아차림 없이 행해지기 때문이다.

만약 자기 생각이나 행동을 알아차린다면, 그것이 현실과 잘 부합하는지 검토 후 새로운 상황에 맞게 바꿀 것이다. 그렇다면 습관화(자동화)되는 이유는 무엇일까? 그것은 운전을 배울 때 일어나는 것과 비슷한 현상이다. 즉, 처음에는 동작 하나하나에 세심한 주의를 기울이면서 조심스럽게 학습하지만, 일단 숙달되고 나면 더 이상 세세하게 신경 쓰지 않고 자동화(습관화)시켜 매우 효율적으로 행동할 수 있다. 그렇지만 습관화의 문제는 상황이 변화할 경우 새롭게 행동하지 못하고 이전과 똑같이 행동함으로써 적응에 어려움이 생긴다는 점이다.

우리의 행동(생각)이 무의식으로 이루어지는 원인에는 효율성을 높이기 위한 습관화 외에도 다른 것이 하나 더 있다. 그것은 고정적 생각이 가져다주는 안전감이다. 즉, **자기와 세상의 관계**에 대한 일종의 평가 체계라고 할 수 있는 **부정적 자기개념**을 형성함으로써 마음이 불편한 점도 있지만, 다른 한편으로는 역설적이지만 그런 생각 자체가 안전하다는 느낌을 주는 것이다.

비록 불편한 느낌을 주지만 그 생각은 오랫동안 간직했던 것이기에 몸에 익숙해져 있어 다른 식(긍정적)으로 생각해 보려고 하면 오히려 낯설고 위험하게 느껴진다. 반대로 부정적 자기개념은 과거 힘든 상황을 극복하는 데 도움이 됐던 생각들이므로 그것을 유지하고 있으면 트라우마의 재발을 막아줄 것 같은 느낌이 있는 것이다. 마치 그런 생각들은 자기가 가진 무기처럼 느껴지는 것이다.

20대 후반의 식이장애를 겪던 여성이 있었다. 그녀는 어머니와의 관계에 심한 갈등이 있었는데, 그것을 직면하는 대신 폭식한 후 토해내는 행동을 지속하고 있었다. 상담을 받던 어느 날 그녀는 갑자기 상담을 그만두고 싶다고 말했다. 이유를 물었더니 **"상담을 좀 더 받으면 치료될 것 같아서요"**라고 했다. 나는 어리둥절해서 그게 무슨 뜻이냐고 다시 물었더니, **"치료되면 이제 뭘 해야 할지 막막해요"**라고 대답했다. 그녀는 어머니와의 갈등을 회피하는 방법으로 (무의식적으로) 식이장애를 선택하고 있었는데, 그것이 치료되고 나면 어떻게 해야 할지 몰라 불안하다는 것이었다. 식이장애가 차라리 안전하게 느껴진 것이었다.

무의식 속의 생각을
알아차려라

과거에 형성된 부정적 사고 패턴을 현재 상황에 맞게 변화시키기 위해서는 다음의 방법이 도움이 된다.

1 습관화된 생각 알아차리기

우리가 미처 의식하지 못하는 반복적이고 습관화된 부정적 생각들을 알아차리면, 변화한 상황에 부합하는 새로운 생각을 선택할 수 있다. 알아차지 못하면 자동화돼 돌아가므로 변화가 어렵다. 알아차림은 새로운 조망을 열어준다.

2   부정적 생각의 배경 이해하기

부정적 생각의 역사적 배경을 이해함으로써 자책하거나 수치심에 매몰되는 대신, **자기 이해와 자기 수용**을 할 수 있으며, 또한 부정적 생각의 **맥락적 효용성**을 통찰할 수 있다. 즉, 부정적 생각들이 과거 상황에서는 효용이 있었지만, 현재 맥락(상황)에서는 그렇지 않다는 깨달음을 얻을 수 있다.

3   현재 상황 정확히 보기

과거 시각에 붙들려 있지 말고, 현재 상황을 정확히 보는 것이 필요하다. 내가 늘 해온 생각이 한때는 도움이 됐던 것들이지만 현재 상황에서는 맞지 않을 수 있다. 따라서 그 생각이 지금 상황에서 타당한지 검토해 보는 것이다. 만일 그렇지 않다는 판단이 서면 현재 상황에 맞는 생각이 무엇일지 찾아보는 것이다.

4   새로운 생각 실행해 보기

현재 상황에 맞는 새로운 생각이 하나의 가능성으로서 떠오를 때, 그 생각을 생각으로만 놔둘 때는 효과가 없다. 그것을 실제로 한번 행동으로 옮겨보는 것이 중요하다. 앞서 예로 든 내담자의 경우 "사람들은 나를 좋아하지 않아" "나는 부적절한 사람 같아" "세상은 차 갑고 냉정한 곳이야"라는 부정적인 생각 대신에 "나를 좋아하는 사 람들이 많아" "나는 사람들과 잘 어울려" "세상은 생각보다 따뜻하 고 정이 많은 곳이야'라는 새로운 생각을 실행해 보는 것이다.

"그래, 내가 너무 남한테 맞춰만 주고, 너무 조심하고 그렇게 할 게 아니라, 적극적으로 다른 사람들처럼 내 욕구도 표현해 보고, 내 의 견도 얘기해 보고, 스스럼없이 어울려도 보고, 그렇게 한번 해봐야 겠어"라고 생각하며 이를 실제로 행동해 보는 것이다.

그렇게 함으로써 "내가 이렇게 해도 사람들이 이상하게 받아들이 거나 외면하지 않으며, 오히려 더 관계가 좋아지고, 사람들이 나를 더 환영하는구나"라는 경험을 하면서 차츰 부정적인 생각을 놓아 버리게 된다.

❖ ❖ ❖

다음은 내가 지도한 상담사와 불안 증상이 심한 20대 초반 여성의 상담 내용을 재구성한 것이다.

상담자 오늘 어떤 이야기를 나누고 싶으세요?

내담자 지하철 탈 때 앉아 있으면 좀 덜한데, 서 있거나 통로를 걸을 때 사람들이 자꾸 신경 쓰여요.

상담자 조금 더 자세히 설명해 주실 수 있나요?

내담자 나 혼자 튀는 느낌이에요. 사람들 사이에서 제가 뭔가 눈에 띄는 느낌. 저 사람들은 나를 신경 쓰지 않는데 계속 뭔가 의식하면서 걷고 있고.

상담자 지내는 게 많이 힘들 것 같아요.

내담자 네, 힘들어요. 늘 긴장하니까.

상담자 또 다른 예가 있을까요?

내담자 직장에서도 제가 충분히 할 수 있는 일인데도 누가 옆에서 보고 있으면 뭘 할 수가 없어요. 내가 잘하고 있는 게 맞나? 지금 잘하고 있는지 지켜보고 있는 건가? 그러면서 눈치를 보게 되고, 말 한마디 한마디에 신경이 곤두서고.

(중략)

상담자 항상 다른 사람을 신경 쓰면서 긴장하시는 것 같네요. 만일 조심하지 않으면 어떤 일이 벌어질 수 있을까요?

내담자 글쎄요. 잘 모르겠어요. 욕 먹지 않을까요?

상담자 어떤 욕을 들을까요?

내담자 이상하다, 너만 튄다, 뭐 그런?

상담자 무슨 뜻인지 좀 더 설명해 주실래요?

내담자   사람들하고 다르다, 너만 유별나다.

상담자   실제로 그런 말을 들어본 적 있나요?

내담자   글쎄요. 딱 그런 말은 아니었어도, 욕을 많이 먹었죠.

상담자   누구에게요?

내담자   그렇게 물어보시니 중학교 때 일이 떠오르네요.

상담자   어떤 일이 있었어요?

내담자   어느 날 제가 머리를 짧게 자르고 학교에 갔어요. 사람이 머리를 그렇게 자르고 싶을 때가 있잖아요? (네.) 그런데 '넌 왜 그렇게 머리를 자르고 왔니?'라고 말하는 거예요. (웃음) '남자머리 아니야?' 놀리면서요.

상담자   누가 그런 말을 했어요?

내담자   아이들이요. 그리고 선생님도요. 그냥 연예인 머리 보고 너무 예쁜 거예요. 그래서 하고 싶어서 따라 해봤는데. 좀 그랬어요.

상담자   그래서 어땠어요?

내담자   그때 좀 민망했어요.

상담자   그게 그렇게 이상한가? 그러면 그다음에는 어떻게 됐어요?

내담자   (좀 큰 목소리로) 뭐 이미 자른 머리를 갖다 붙일 수도 없잖아요. 그냥 다녔죠. 뭐 어떡해요. (큰 웃음)

상담자   그 얘기하는 사람들한테는 어떻게 했어요?

내담자   뭐라 그랬더라. 그냥 '아, 네' 그랬던 거 같아요. 선생님도 몇 번 그러셨고요.

상담자 지금 얘기하는 순간의 기분은 어때요?

내담자 그냥, 나 그때 그런 적 있었지.

상담자 저는 듣고 좀 기분 나빴는데.

내담자 음, 감정까지는 자세하게 기억 안 나요.

상담자 그럼, 지금 그 말을 듣는다면 기분이 어떨 거 같아요?

내담자 지금은 그럴 수 있을 거 같아요. 내가 하겠다는데. 네가 그럼 내 머리 자른 거 붙여줘. (웃음) 지금은 그럴 수 있죠.

상담자 지금은 그럴 수 있을 거 같아요? 지금 그때로 돌아가서 아이들이 '너 머리 왜 그렇게 자르고 왔어? 남자 머리 같아!' 이렇게 말하면 어떻게 대답하고 싶으세요?

내담자 그때는 아무래도 못 했을 거예요.

(중략)

상담자 제가 상대방이라고 생각하고, 제가 선생님이나 친구예요. 얘기해 볼게요. 한번 해보세요. 야, 너 머리 잘랐네? 그런데 머리 왜 그렇게 잘랐어? 남자애 머리 같아.

내담자 이상해? (웃음)

상담자 이상한데?

내담자 뭐가 이상해? (웃음)

98

상담자 너무 짧잖아. 머리가 남자애 같다니까.

내담자 어, (민망한 듯 웃음) 민망한데요.

상담자 그러네요. 민망한 감정이 또 느껴지네요?

내담자 음, 내가 자르고 싶어서 자른 건데. 다시 기르면 되지. 음, 그럴 거 같은데.

상담자 다시 기르면 돼? 어, 근데 지금 좀 그런데?

내담자 (웃음) 다시 갖다 붙일 수 있는 거 아니잖아! (웃음) 그렇게 이상하냐? 그냥 웃으면서 넘길 거 같아요. 별로 상처 안 받고. 내가 하고 싶어서 한 거니까.

상담자 아, 그런가? 그래도 좀 그렇다, 야.

내담자 뭔 상관이야?

상담자 아니, 그냥 머리가 좀 이상한 거 같아서.

내담자 (작은 목소리로) 아, 뭐 어쩌라고!

상담자 한 번만 더 말해보실래요? 머리가 좀 이상한 거 같아.

내담자 그래, 알았어.

상담자 아니, 조금 전에 하신 걸로요.

내담자 어쩌라고!

상담자 조금만 더 큰 소리로. 머리 좀 이상한 거 같아!

내담자 (큰 웃음) 어쩌라고!

상담자 좋아요. 얘기하고 나니까 기분 어때요?

내담자 남의 면전에 대고 이런 적은 처음인 거 같아요.

상담자 지금 기분 어때요?

내담자 음, 욕한 느낌? (웃음)

상담자 욕하고 나니까 기분 어때요?

내담자 뭔가 속 시원해요.

상담자 그러네요. 중학교 때의 ○○가 나에게 그렇게 얘기한 사람들에게 '어쩌라고! 내 머리인데!' (내담자 웃음) 그렇게 하고 싶었네요?

내담 그랬던 거 같아요. (눈물) 그때 얘기하면, 그때 맺힌 게 많은가 봐요. (웃음)

상담자 그러네요. 사실 머리 자른 거 큰일 아니에요. 특이한 것도 아니고 별난 것도 아니에요. 내가 잘못한 것도 아니에요.

내담자 걔네가 이상했던 거죠. 선생님도 괜히 한 번씩 와 가지고. 지금은 알죠. 그때 해결하지 못한 게 좀 억울할 뿐.

상담자 그렇죠. 방금 중학교 때의 ○○이를 잠깐 봤어요. 지금 마음이 어때요?

내담자 되게 불쌍한 거 같아요.

상담자 그러네요. 혼자 얼마나 애썼을까. 그렇게 주변에서 뭔가 하나 행동만 해도 이상한 취급하고. 별난 아이 취급해서 내가 정말 이상한지, 정말 튀는 행동을 하고 있는지 얼마나 확인하고 또 확인하고. 또 평가받을까 봐 걱정되고 두렵고 했을까요. 그런데 그 어린 중학생 ○○이를 대신해서 (내담자 웃음) 얘기를 해줬네요? 어쩌라고! 내 머리 가지고 내가 한다는데. 니들이 뭔 상관이야? (내담자 웃음) 그렇게 얘기하고 나니까 지금 마음이 어때요?

내담자 좀 후련했어요. 순간 뭔가 여기서 그 멘솔 사탕 같은 거 먹었을 때처럼 살짝 그런 느낌이 딱 들더라고요. 그러면서 또 사람 면전에 대고 욕한 거 같아서 조금 이상하기도 하고.

상담자 네, 그런데 어쨌든 얘기하고 나니까 뭔가 멘솔 사탕 먹을 때 화해지듯 속이 좀 그런 느낌이 있었네요?

내담자 조금. 네, 살짝 그랬어요.

이 내담자는 사람들로부터 거부당하는 것에 대한 공포심으로 말미암아 항상 자기를 예민하게 관찰하고 의식하는 경향이 있었다. 상담 내용에서 보듯 그녀는 자신도 모르게 사람들이 모인 장소에서는 불안이 심해지고 사람들이 자기를 이상하게 보지 않을까, 자신이 튀어 보이지 않을까, 실수하지 않을까 하는 등의 부정적 생각을 하며 긴장하는 모습을 보였다.

상담자는 내담자의 이런 생각(행동)의 역사적 배경을 알아보기 위해 만일 그렇게 걱정(조심)하지 않으면 어떤 일이 일어날 수 있을지 물었다. 그러자 내담자는 중학교 다닐 때 있었던, 머리를 짧게 잘라 조롱당했던 트라우마 사건을 기억해 냈고, 그것에 대해 상담자와 함께 역할 연기를 하면서 미해결 감정을 다루는 작업을 했다. 내담자는 이 작업에서 상담자의 도움을 받아 평소에 잘 접촉하지 못하던 분노 감정을 접촉하고, 상대방에게 직접 표현하는 실험을 통해 처음으로 자신의 미해결 감정을 성공적으로 해결하는 경험을 했다.

4장

당신은 인정받기 위해 태어났나?

우리는 누구나 타인으로부터 인정받기 위해 끊임없이 노력하며 산다. 하지만 왜 그렇게 노력해야 하는지 의문을 제기하는 사람은 많지 않다. 인정 욕구는 우리에게 너무나 당연한 일로 여겨지기 때문이다. 그러나 그것이 정말 당연한 일인지 생각해 볼 필요가 있다.

　인정받기 위해 애쓸 때 우리의 마음은 대부분 심한 스트레스를 받는다. 인정받지 못할 경우 자신의 존재가 부정당한다고 생각하기 때문이다. 타인에게 인정받지 못하면 과연 우리의 존재는 부정되는 것일까? 반대로 인정받으면 우리의 존재는 정당화되는 것일까? 나의 대답은 둘 다 '아니오'다. 인정받는다는 것의 의미가 다양할 수 있는데, 내가 여기서 말하는 인정의 의미는 타인으로부터의 평가다.

　우리 존재가 타인으로부터 평가받는 것이 과연 가능한 일일까? 한 사람 한 사람의 세상은 그 누구의 세상과도 다른 그 사람만의 우주다. 그것을 타인이 평가한다는 발상 자체가 말이 안 되는 일이다. 하지만 우리는 그것을 너무나 당연시하며 평생을 타인의 인정을 받기 위해 애쓰며 산다. 그렇게 하는 이유는 타인의 인정을 받지 못하면 개인으로서 존중받지 못하고, 자아실현의 기회가 주어지지 않으며, 사회적으로 고립돼 많은 불이익을 감수해야 하고 결국 불행해지겠지만, 인정을 받으면 존중과 보상, 소속감과 사회적 지위를 보장받아 궁극적으로 행복해질 것이라는 희망을 품기 때문이다.

과연 그럴까? 타인에게 인정받으면 모든 보상과 더불어 행복이 찾아올까? 나는 단언컨대 그것은 환상이라고 말하고 싶다. 그렇게 될 수 없는 가장 근본적인 이유는 타인의 인정을 받기 위해 노력한다는 것은 필연적으로 자기 부정을 포함하기 때문이다.

타인의 인정을 받는다는 것은 나 자신으로서 있는 그대로가 아니라 나를 타인의 기준에 맞춤으로써 비로소 받아들여지는 것을 뜻한다. 따라서 이는 지금의 나를 변형시켜야만 가능해지는데, 내가 나를 깎거나 갈아서 다른 형태로 만드는 것이 과연 가능한 일일까? 그리고 그것은 얼마만큼의 시간과 노력을 요하는 일일까?

나의 존재를 바꾼다는 것은 원리적으로 불가능한 일이다. 나를 바꾼다는 것은 이분법적인 발상이다. 즉, 이는 나를 개조하는 행위자로서의 나와 개조 대상인 나를 둘로 나눠서 행해야 하는데, 그것이 어떻게 가능할지 의문이거니와, 만일 성공한다 하더라도 그렇게 해서 바뀐 내가 과연 나라고 할 수 있느냐는 의문과 더불어 그 행위를 수행한 주체로서의 나는 그만 사라지는지, 아니면 여전히 살아남는지, 그렇다면 그는 대체 누구인가라는 등의 의문이 생긴다.

이런 질문을 받으면 사람들은 대부분 눈을 감아버린다.

"그런 건 철학자들에게 맡기고, 우리는 당장 사는 문제부터 해결해야 한다." "다른 사람보다 더 열심히 일해서 자식 공부시키고, 좋은 직장

구하고, 잘 살고 난 다음에 생각해도 늦지 않다."

"공부는 왜 해야 하나요?"라고 묻는 아이들에게도 "대학 들어가고 나서 고민해라!" "일단 취직부터 하고 나서, 결혼부터 하고, 아이부터 낳고, 아이들 다 키워놓고, 독립시키고 나서" 등 대답은 기약 없는 미래의 시점으로 도망간다.

우리는 끝없이 자기를 속이며, 똑같은 거짓말을 자식과 손자들에게도 물려주며 사는 건 아닌지 돌아볼 필요가 있다. 진실을 말하자면 **미래**라는 것은 잡으려고 손을 내밀면 매번 뒤로 물러나며 영원한 갈증과 배고픔에 시달리게 하는 탄탈로스의 연못 같은 것이 아닐까?

달콤하지만 영양가가 없는

인정

우리의 일상생활을 돌아보자. 모두 열심히 노력하며 산다. 아이들은 학교에서 어른들은 직장에서, 모두 오늘보다 나은 내일을 위해 새벽부터 밤까지 노력하며 산다. 우리의 마음에는 **현재의 나로서는 안 된다**라는 생각이 기본으로 깔려 있다. 더 노력해서 **지금보다 나은** 그리고 **남들보다 나은** 내가 돼야만 남들로부터 인정받을 수 있다는 생각에 사로잡혀 있다.

타인으로부터의 인정은 이처럼 매일매일 끝없는 자기 부정을 요구한다. 다른 사람과 비교하고 경쟁하며 성취 중심으로 살다 보면 현재는 부정당하고, 미래 중심으로 살 수밖에 없다. 그런데 미래는 머릿속에서만 존재하는 가상세계다. 미래는 오지 않는다. 절대로 올 수가 없다.

우리는 노력해서 언젠가 사람들로부터 인정받으면, 미래의 그 시점에 행복해질 거라 믿는다. 그러나 그런 날은 오지 않는다. 미래는 실재가 아니기 때문이다. 정말로 존재하는 것은 지금뿐이다. 지금 행복하지 않으면 영원히 행복해질 수 없다. 행복은 지금 순간과 접촉하며 삶과 연결될 때 느껴지는 생생하게 살아 있는 느낌이다. 평생 행복을 훗날로 미루고만 살던 사람이 어느 날 '성공'이 찾아오면 행복해질까?

행복을 **미래의 꿈**으로만 생각하며 살던 사람은 아마 그날이 오더라도 행복을 다시 미래로 연기하려 들 가능성이 높다. 지금 사는 법을 배우지 않았기 때문이다. 소위 '성공한 사람들' 사이에서 그런 사람들을 찾는 건 별로 어렵지 않다.

다른 사람들(친구, 가족, 동료, 매스컴)이 이구동성으로 그들의 성공을 인정해 주어도 그들은 아직 멀었다고 느낀다. 왜 그럴까? 그들은 행복을 못 느끼기 때문이다. 만일 자신이 정말로 성공했다면 행복을 느낄 텐데, 그렇지 않으므로 아직 성공하지 못했다고 결론을 내리는 것이다. 그러고는 다음 날도, 그다음 날도 성공을 향해 달려나간다.

행복은 어떤 모습으로 오는지 상상해 보자. 여기 단란한 가족이 있다. 오빠는 엄마 무릎에 앉아 있고, 여동생은 아빠 앞에서 재롱을 부리고 있으며, 가족의 시선은 모두 딸아이에게 맞춰져 있다. 이들은 지금 기분이 어떨까? 그렇다. 모두 매우 행복하다.

한 장면을 더 상상해 보자. 학교 교실이다. 한 학생이 앞으로 불려 나가 선생님에게 꾸중을 듣고 있다. 이들은 어떤 기분일까? 모두 긴장되고 위축되고 불안해 보인다. 그들은 한 사람을 노려보거나 눈을 감거나 눈 둘 곳을 몰라서 분산되고 있다. 모두 행복한 마음이 아니다. 이 두 장면의 차이는 무엇일까? 두 장면의 제목을 각각 어떻게 달면 좋을까?

조건 없는 사랑만이

행복이다

내가 생각해 본 첫 번째 장면의 제목은 **사랑**이고, 두 번째 장면은 **평가**란 단어가 떠오른다. 사랑에서는 가족이 서로 사랑하고 있는 그대로 수용해 주며 서로 연결된 상태임에 반해, 평가에서는 한 존재로서 있는 그대로 수용받지 못하고, 평가와 비난을 받는 상황이다. 이 장면에서 구성원은 모두 불안하고 서로 분열돼 있다.

만약 두 번째 장면에서 한 학생이 야단맞는 것이 아니라 상을 받는 장면이라면 다를까? 상을 받는 아이는 기분이 좋겠지만, 나머지 아이 중에는 부러움과 질투, 소외감, 불안 같은 감정을 느끼는 아이들이 있지 않을까? 심지어는 상을 받는 학생조차도 다음에는 과연 또 상을 받을 수 있을까 하고 걱정할 수도 있지 않을까? 그렇다면 어느 누구도 행복한 사람은 없을지도 모른다.

우리에게 정말 필요한 것은 **사랑**이지, **인정**이나 **평가**가 아니라는 것은 분명하다. 그런데 왜 우리는 사랑 대신 인정받으려고 그렇게 애를 쓰며 사는 것일까? 있는 그대로 부모님이나 사회로부터 사랑받았다면, 우리는 인정받으려고 그렇게 안달복달하지는 않을 것이다. 우리는 있는 그대로 사랑받는 것이 불가능하다고 생각해서 인정이라도 받기 위해 노력하는 것이다.

그러면 부모나 사회는 왜 아이들이나 청소년들을 있는 그대로 온전히 사랑해 주지 못할까? 그것은 그들 스스로 자신의 부모나 사회로부터 그런 경험을 제공받지 못했고, 오히려 비난받고 평가당하면서 입은 상처들이 해결되지 않은 채 마음 깊숙이 남아 있기 때문이다.

이런 상처들은 우리의 무의식에 남아 세상을 **있는** 그대로 보지 못하게 방해해 왜곡 인식하게 만든다. 이런 방해꾼에는 내사, 투사, 융합, 반전 같은 것들이 있는데, 우리가 이것들을 잘 알아차리면 그 해로운 영향에서 벗어나 나 자신과 타인을 있는 그대로 보고, 서로 진실하게 만나며, 사랑하고 배려하며 살 수 있게 될 것이다.

개체는 환경과의 접촉을 통해 자신에게 필요한 것을 외부로부터 받아들여 소화하고 동화시킴으로써 성장해 나갈 수 있다. 이때 개체는 그 것들을 그냥 받아들이는 게 아니라 공격성을 사용해서 그 구조를 파괴해 자신이 흡수할 수 있는 형태로 바꾸어 사용하는데, 게슈탈트 치료의 창시자 프리츠 펄스*Fritz Perls*는 이를 **치아 공격성**이라고 불렀다.

이는 음식물 섭취 행동에서 전형적으로 관찰할 수 있지만, 개체와 환경 간의 관계에서도 그대로 적용된다. 예컨대, 건강한 개체는 부모나 타인과의 관계에서 그들의 주장이나 가치관을 그냥 받아들이는 것이 아니라 자신에게 맞는지 따져보고 비판적으로 받아들인다. 즉, 치아 공격성을 사용해 그것들을 파괴해 자신에게 맞는 형태로 변형시켜 동화하거나 해로운 것은 아예 받아들이지 않고 뱉어버린다.

그런데 환경으로부터 이러한 공격성 사용이 제지당하면 권위자의 주장이나 가치관이 걸러지지 않고 내부로 들어와 개체의 행동이나 사고방식에 악영향을 미치는데, 이를 **내사***introjection*라고 부른다. 내사에는 '착해야 해' '순종해야 해' '모범이 돼야 해' '성공해야 해' '성실해야 해' '튀면 안 돼' '얕보이지 마' '남을 믿지 마' '약한 모습 보이지 마' '남한테 지면 안 돼' 등 다양한 것들이 있다.

내사가 심하면 그것에 휘둘려 개체는 자신의 고유한 삶을 살지 못한다. 아이들의 마음은 아직 글씨가 쓰이지 않은 하얀 백지와 같은데, 그 위에 부모와 사회가 아이에게 맞는지 안 맞는지 고려하지 않은 채 자기 욕심대로 아무거나 써놓는다면 두고두고 아이들 삶의 장애물로 작용한다.

개체는 내사로 말미암아 고정된 **부적응적 행동** 패턴을 개발하고, 습관적이고 자동화된 행동을 한다. 그렇게 되면 매 상황에서 발생하는 자신의 다양한 욕구에 따라 행동하지 못하고, 내사된 규칙과 도덕적 명령에 따라 그것이 자기 삶인 줄 착각하고 살아간다. 또 이물질을 파괴하고 동화하는 데 사용해야 할 공격성이 자기 자신에게 향해 자신을 파괴하거나, 혹은 외부로 투사돼 **편집증적 공포심**을 갖게 되는 문제가 생긴다.

내사가 심한 사람은 자신의 욕구가 무엇인지 잘 모른 채 타인의 기대에 맞춰 사는 데 익숙해 있다. 그들은 대개 모범생으로 윗사람의 마음에 들게 행동하지만, 정작 자기 자신이 무엇을 원하는지 모른다. 그들은 스스로 자기 삶의 목표를 정해 창의적인 삶을 사는 것을 두려워한다. 이들의 행동은 피상적이고 깊은 대인관계를 맺지 못하며, 타인의 **기대**에 따른 자신의 **역할**이 무엇일지 생각해 거기에 맞는 **연극**을 하며 산다.

이들의 행동은 조급하고 참을성이 부족하다. 천천히 씹으며 자기 것으로 소화하기보다 타인의 것을 그냥 받아 삼키는 태도를 보인다. 스스로 판단해 선택하고 책임지기보다는 권위 있는 사람 혹은 자기가 속한 집단이 대신 결정을 내려주기를 바라며, 그것을 **무비판적**으로 받아들인다. 그런 사람들의 행동은 자기가 무엇을 하고 **싶은가**가 아니라, 다른 사람이 자기를 어떻게 **평가할까**를 더 의식하면서 행동한다.

그들은 대체로 타인과 사회로부터 인정은 받지만, 내면세계는 미해결 과제로 인해 분열돼 있다. 즉, 내사된 도덕적 명령과 이에 반발하는 내면의 목소리가 서로 싸우는 이른바 **자기 고문 게임**에 빠지거나 혹은 내사된 것을 타인에게 투사하고서 타인과 갈등을 일으키기도 한다. 이러한 내사는 자신과 타인 간의 경계가 불명확해지면서 **내면의 분열**과 함께 **부적응**을 초래한다.

펄스는 신경증의 원인을 부모나 사회의 병적인 가치관과 동일시한 결과로 보았다. 좋은 가치관과의 동일시는 개체가 쉽게 동화해 자기 것으로 만들 수 있는 데 반해, 나쁜 가치관과 동일시한 것은 쉽게 소화할 수 없으므로 그냥 내사된 상태로 남아 개체의 통합성을 방해하고 장애를 일으킨다고 했다.

게슈탈트 치료에서는 내담자의 무의식 속에 있는 **해로운 내사**를 찾아내어 그것과 분리될 수 있도록 도와준다. 예컨대 상사의 무리한 요구에 대해 싫으면서도 계속 복종하며 자신의 욕구를 잘 표현하지 못하는 내담자가 있다면, 빈 의자에 상사가 앉아 있다고 상상하면서 그에게 "**싫습니다**"란 표현을 해보도록 안내해 주는 작업을 할 수 있다. 이때 상담자는 내담자가 갖는 두려움이 무엇인지, 또 그 배경에 어떤 과거 경험들이 작용하고 있는지 발견하도록 돕는다. 이런 작업을 하다 보면, 흔히 과거에 부모와의 관계에서 있었던 트라우마가 떠오르면서 내사가 일어 났던 과정이 드러난다. 예컨대 "내 말을 듣지 않으면 자식으로 인정하지 않겠다" "집에서 쫓아내겠다" "다시는 안 보겠다" 같은 협박이나 비난의 말들이 기억나면서 어떻게 내사가 일어났는지 알 수 있게 된다.

나와 타인의 진실을 왜곡하는

투사

내사가 개인의 내면에 형성된 행동규범이나 가치관 같은 것이라면, 투사projection는 생각이나 욕구 또는 감정을 자기 것으로 느끼지 못하고 타인의 것으로 잘못 지각하는 것을 뜻한다. 예를 들면, 자기가 타인에 대해 분노 감정을 가지고 있으면서 오히려 상대방이 자기에게 그런 감 정을 가지고 있다고 느끼거나, 자기가 자신에게 부정적인 감정을 가지 고 있으면서 타인이 자기를 그렇게 볼 것이라고 생각하는 것 등이다.

개체가 투사를 하는 것은 그렇게 함으로써 자신의 욕구가 좌절되는 것보다 고통을 덜 받기 때문이다. 즉, 개체가 자신 속의 받아들이기 힘 든 부분들을 부정해 버리고, 그것을 타인의 것으로 돌려버림으로써 심 리적 부담을 덜 수 있기 때문이다.

이러한 투사는 내사의 영향에 의해 생긴다. 즉, 개체에 내사된 가치관이나 도덕적 규범이 특정한 욕구나 감정 혹은 생각을 허용하지 않으므로 이를 타인의 것으로 지각한다는 것이다. 예컨대, 다른 사람이 자기를 미워하며 싫어한다고 생각하는 사람은 사실은 자기가 그 사람을 미워하는 것일 수가 있다. 왜냐하면 자신이 타인에 대해 부정적 감정을 갖는 것이 (내사의 영향으로) 도덕적 차원에서 용납이 안 되기 때문이다.

대인관계 갈등은 흔히 자신의 내면에서 받아들일 수 없는 부분을 타인에게 투사함으로써 나타난다. 말하자면, 우리는 악을 자신의 안에 있는 것으로 인정하기보다는 자신 밖에 있는 것으로 보는 것이 편하므로 타인을 악한 존재로 규정하고 그들과 대립 갈등을 일으킨다는 것이다.

다른 사람의 특정한 행동에 대해 지나치게 민감하게 반응하며 그것에 대해 심하게 부정적인 반응을 보이는 사람의 심리에도 투사가 개입돼 있을 수 있다. 그것은 자신이 하고 싶은 행동이지만 내사된 가치관 때문에 억압하고 있는데, 이 행동을 타인이 하는 것을 보면 자신의 억압된 충동이 통제를 벗어나려 하는 것으로 느껴져 지나치게 민감하게 반응하는 것이다.

한 내담자가 있었다. 그녀는 나이에 비해 매우 침착하고 조신하며, 항상 모범적이고 자신의 욕구나 주장을 남 앞에 내세우는 법이 없는 매우 헌신적인 여성이었다. 그녀는 모든 일을 묵묵히 해내었고, 타인에게 불편을 끼치는 일이 좀처럼 없었다. 그런데 최근 그녀는 함께 지내는 룸메이트가 가끔 떼를 쓰거나 응석을 부리는 행동을 하는데, 그것이 몹시 거슬려 속으로 막 짜증을 낸다고 했다. 그녀의 어린 시절을 탐색해 봤더니 그녀가 여섯 살 때 조카가 태어나서 자기가 더 이상 집안의 귀염둥이 노릇을 할 수 없게 돼 일찍 '조숙하고 철든' 아이가 됐다고 했다.

우리는 그녀가 룸메이트의 응석 부리는 행동에 대해 갖는 불쾌감은 그녀 자신의 억압된 응석 욕구가 룸메이트에게 투사돼 나타나는 것에 대한 불쾌감임을 알 수 있다. 일반적으로 사람들은 자신의 욕구나 행동 경향이 존재하기 때문에 다른 사람의 욕구나 행동 경향을 쉽게 감지한다. 예컨대, 욕심이 많은 사람이 다른 사람의 욕심을 쉽게 알아보고, 뽐내고 싶은 욕구가 많은 사람이 타인의 뽐내는 행동을 빨리 눈치챈다.

그러나 투사 자체가 병적인 것은 아니다. 오히려 투사는 인간에게 없어서는 안 될 중요한 능력이다. 이 능력이 없으면 타인을 이해할 수도 없다. 인간은 자신의 심리를 근거로 해서 타인을 이해할 수 있기 때문이다. 문제는 자신의 투사를 모르고 있을 때 발생한다. 즉, 자신의 악을 타인에게 투사해 싸우거나, 자신의 잠재력과 창조적인 힘을 타인에게 투사해서 스스로 소외될 때 생긴다.

투사는 정치, 종교, 도덕, 사회, 경제, 문화, 예술 등 모든 인간의 행위에서 나타나는 현상이다. 특히 종교 현상에서 나타나는 투사의 문제는 많은 철학자와 심리학자의 관심 대상이었는데, 니체가 대표적이다. 그는 사람들이 자신의 인격에서 받아들이기 힘든 부분을 억압하고, 이를 외부의 대상에 투사해 악마라는 이름을 붙이고 그것과 싸운다고 말했다. 그는 이러한 억압된 부분을 우리의 내면에 있는 **야수**das innere Vieh 혹은 **그림자**Schatten라고 불렀다. 그런데 이러한 '야수' 혹은 '그림자'는 우리 안에 존재하는 인간의 본성 가운데 중요한 부분으로서 **야성**(野性)을 뜻하는데, 이는 바로 인간 삶의 원동력이며 인간이 인간다울 수 있는 가장 중요한 근원이라고 했다.

그에 의하면 기독교의 영향으로 사람들이 내부 인격을 신과 악마로 분열시켜놓고 싸움으로써 내전 상태에 빠지게 되며, 그 때문에 죄책감에서 벗어날 수가 없다고 했다. 그는 고대 희랍종교에서는 이러한 인간 내면에 있는 야수가 여러 가지 종교 행사와 예술 활동에서 동일시를 통해 승화됐으나, 기독교에서는 항상 이를 통제하거나 외부로 투사해 버림으로써 우리 내면세계가 분열돼버렸다고 비판했다.

융도 이러한 투사 문제에 대해 지대한 관심을 보였다. 그는 니체의 견해와 많은 유사점을 보였는데, 특히 **그림자** 개념을 그대로 수용하고 있다. 니체와 함께 그는 자기로부터 수용되지 않은 인격의 부분을 **그림자**라고 했는데, 이는 우리의 타인에 대한 견해를 흐리고 객관적인 판단을 저해하므로 위험한 것으로 보았다.

융에 따르면 우리는 그림자를 외부에 투사해 버림으로써 인격의 한 부분을 소외하게 되며, 이렇게 억압된 부분은 우리에게 부메랑이 돼 보복을 가해온다고 했다. 따라서 이를 자각하고 받아들여 통합하는 것이 매우 중요하다.

그도 우리의 내면세계에 끼친 기독교의 영향에 대해 많은 관심을 보였는데, 특히 대속의 의미를 투사와 관련해서 해석했다. 즉, 그리스도를 통한 대속은 우리의 죄를 밖으로 투사하는 데서 비롯된 것으로서 이는 자신의 죄에 대한 책임 회피를 뜻한다고 했다. 그는 루드비히 포이어바흐Ludwig Feuerbach와 함께 최고선das höchste Gut으로서의 하나님에 대한 표상도 우리의 선함과 아름다움 그리고 진실을 외부에 투사한 것이라는 사실을 지적하면서 "우리가 만일 최고선과 최고악을 밖에 투사해 버린다면 우리의 영혼은 비어 있는 것이 아니겠는가?"라고 반문했다.

게슈탈트 치료에서는 우리의 생각과 감정, 욕구, 행동이 우리 자신의 창조물이라는 것을 자각하고 이해할 때 비로소 좀 더 책임감 있는 삶을 살아갈 수 있다고 말한다. 즉, 좋든 싫든 우리 삶은 각자 자신의 작품이라는 사실을 받아들여야만 실존적 삶을 살아갈 수 있다는 것이다.

투사는 자신의 유기체 욕구를 자각하고 접촉하며 해소하는 과정을 방해하는 동시에 타인과의 접촉도 방해한다. 즉, 타인의 존재를 있는 그대로 바로 보지 못하게 하고, 내 생각, 내 욕구로 상대방을 인식하게 만듦으로써 그들을 진정으로 만나지 못하게 한다. 타인과 진정한 접촉을 하기 위해서는 나 자신의 내부를 먼저 점검해 볼 필요가 있다.

융합*confluence*이란 가까운 사이의 두 **사람**(혹은 그 이상)이 서로 간에 어떤 차이도 없이 일심동체가 되기를 바라는 심리다. 이러한 관계에 있는 사람들은 서로 강한 유대감을 느끼며 매우 밀착돼 있다. 이들은 자신들의 관계를 매우 이상적으로 생각하며, 그러한 관계를 깨뜨리려는 상대방의 행위를 배신으로 규정하고 비난을 퍼붓는다.

융합 관계는 흔히 가족 관계나 연인 관계, 친구 사이, 혹은 일부 정치나 사회, 종교단체 같은 데서 관찰할 수 있는데, 서로 **독립적 관계**를 인정하지 않고 생각이 다르거나 자신만의 욕구나 감정을 드러내면 매우 불편하게 여기고 배척의 대상이 된다.

융합 관계에 있는 사람들은 표면적으로는 매우 사이가 좋고, 서로 친해 보이지만 내면적으로는 홀로 서지 못하고 서로 의존하는 관계다. 이들은 자신의 개체성을 희생해 마치 우리라는 보호막 안에 안주하는 것처럼 보인다. 이런 관계를 벗어나려는 움직임에 대해 매우 예민하게 반응하며, 서로 간의 어떤 갈등이나 불일치도 용납하지 않는다.

융합은 관계를 안정적으로 유지하기 위해 각자의 **경계**를 인정하지 않는 행동이다. 그렇게 함으로써 마찰을 피할 수는 있지만, 관계에서 '새로움'을 경험하지 못한다. 새로움이란 서로 다른 개체가 만나는 과정에서 생겨나는 것인데, 개인의 경계(차이)를 인정하지 않으면 유기체의 생명력에서 오는 신선함은 사라지고 공허한 관념만 남게 된다.

융합 관계에 있는 사람들은 서로 아무런 새로움도 없이 그냥 서로에게 의지해 지루하고 생기 없는 삶을 산다. 융합으로 인해 자신의 경계를 갖지 못할 때 개체는 자신의 욕구와 감정을 전경으로 떠올려 해소할 수가 없고, 따라서 그러한 삶은 계속 미해결 과제를 쌓는다.

만일 융합 관계에 있는 사람들에게 의견 불일치가 생기면 그들은 대화를 통해 서로 의견을 조정하거나 의견이 다르다는 데 합의할 능력이 없다. 그들은 온갖 수단을 다 써서 융합 관계를 회복하려 하지만, 그것이 여의치 않으면 **고립** 속으로 도망친다.

융합 관계를 유지하려면 자신을 다른 사람에게 맞추거나, 아니면 다른 사람을 자기에게 맞추도록 만들어야 한다. 전자의 경우는 자신의 욕구를 억압하고 순종적인 사람이 돼 그냥 관계의 유지를 위해 모든 걸 희생하는 것이고, 후자는 상대방을 설득하거나 강요하거나 협박해 억지로 관계를 유지하는 것이다. 어느 경우든 양쪽 모두 편하지 않으므로 서로 간에 진정한 평화는 없다.

흔히 융합 관계는 공허감이나 고독감을 피하기 위한 목적으로 시작되고, 또한 유지되는 측면이 있다. 즉, 다른 사람에게 기대지 않으면 혼자서는 자립하기 어렵다고 믿어 융합 관계를 추구하는 것이다. 그들에게 혼자 있는 것은 큰 공포감을 가져다주므로 차라리 자신의 독립성을 포기하더라도 타인과 하나가 되는 것이 안전하다고 믿는 것이다.

두 사람의 융합 관계를 보면 보통 한 사람은 보호하는 위치에 있고, 다른 한 사람은 보호받는 위치에 있지만, 후자는 물론이고 전자도 은연중에 자신이 버림받을지 모른다는 공포심을 갖고 있다. 그는 다만 이를 알아차리지 못하고 있을 뿐이다. 이러한 관계에 놓이게 되면 두 사람 다 관계에 문제가 생긴다.

울타리 없이 서로 한 덩어리가 돼 살기 때문에 외로움이나 공허감을 피할 수는 있겠지만 서로 독립된 개체로서의 유기체적 삶을 살지 못하므로 생생하게 살아 있는 느낌이 없다. 그들은 단지 차가운 외부 대기에 직접 노출되지 않기 위해 두껍고 단단한 껍질을 만들어 그 속에 웅크리고 있을 뿐이다.

건강한 개인은 각자 독립적인 개체이면서도 서로 연결돼 있어, 결코 고립되거나 소외되지 않는다. 비유를 든다면 우리 한 사람 한 사람은 마치 몸속의 세포와 같다. 우리 몸에 수많은 세포가 있지만, 그것들 하나하나는 다 세포막이라는 경계가 있어 다른 세포들과 서로 독립적이다. 하지만 따로 떨어져 있지 않고 서로 연결돼 유기적 관계를 맺으며 필요한 것들을 서로 교환하며 산다. 이처럼 세포들은 서로 독립적이면서도 연결돼 조화롭게 살아가는 공동체와 같다.

독립적인 개체로 상대방과 만날 때, 개인은 기쁨과 즐거움뿐 아니라 슬픔과 고통도 함께 경험한다. 생생한 만남(접촉)은 융합 관계와는 달리 우리를 모험적이고 역동적으로 살게 한다. 때로는 걷잡을 수 없는 감정의 소용돌이 속으로 몰아넣기도 하지만, 동시에 그로 인해 생동감 있고 창조적인 유기체의 삶으로 피어나게 한다.

건강한 관계는 아무리 가까운 사이라 할지라도 상대방을 **나와는 다**른 개체라는 사실을 인정해 주고 서로 존중해 주는 독립적인 관계다. 서로 사랑하고 배려하고 아껴주면서도 동시에 서로의 **경계**를 인정해 주고, 서로 다름이 **서운함**이 아니라 **당연함**으로 **의연함**으로 수용되는 평등하고 민주적이며 공동체적 관계이다.

대체로 한국인을 포함한 동양인은 서구인에 비해 **융합 경향**이 높은 편이다. 이는 집단주의 문화와 개인주의 문화의 차이에서 비롯한 것이라 할 수 있다. 즉, 동양 문화는 서양 문화와 비교해 개인의 주체성보다는 집단의 이익과 질서를 더 중시하는 분위기와 연관 있는 것 같다. 이는 반드시 부정적이라고 볼 수는 없으나 앞서 말한 것처럼 심해지면 개인의 부적응을 초래할 수 있다.

그런데 《논어》에 나오는 공자의 다음 글귀를 보면 공자가 건강한 대인관계를 어떻게 봤는지 우리가 알고 있는 동양 문화의 전통과는 사뭇 다르다는 것을 알 수 있다.

"자왈(子曰) 군자(君子) 화이부동(和而不同), 소인(小人) 동이불화(同而不和)."

인격이 성숙한 사람은 서로 생각과 행동이 같지 않더라도 타인과 조화롭게 잘 지내지만, 미성숙한 사람은 겉으로는 생각과 행동을 똑같이 하지만 속으로는 서로 화합하지 못한다. 우리는 여기서 공자가 개체의 독립적 행동을 성숙한 행동으로 보았지만, 융합 관계는 미성숙한 것으로 봤다는 사실을 알 수 있다. 공자의 이러한 태도는 이후 성리학의 전통이 됐고 조선의 학자들에게도 그대로 이어졌다. 그렇다면 오늘날 우리가 흔히 볼 수 있는 한국인들의 **융합 경향성**은 우리의 문화적 전통이 아니었을지 모른다는 생각이 든다.

사실 조선 선비들의 꼿꼿한 선비 정신은 융합과는 거리가 멀다. 퇴계 이황과 고봉 기대승의 10여 년에 걸친 학술 토론은 서로를 지극히 존중하면서도 한 치의 양보도 없는 세계사에서도 유래를 찾기 힘들 정도의 격렬한 논쟁이었는데, 이는 조선의 높은 정신문화를 가늠하게 하는 좋은 사례라고 할 수 있다.

또 우리 역사에서 최초로 근대정신을 확립한 수운 최제우와 해월 최시형의 동학사상을 보더라도 융합 관계와는 거리가 먼 매우 주체적이고 자립적이면서도 공동체적 지향점을 지닌, 우리 민족의 정신적 토대를 마련해 준 사상이었다고 할 수 있다.

　우리가 경험하는 오늘날 한국인의 융합 경향은 조선 말의 혼란된 정치와 일제강점기를 거치고, 6.25 전쟁을 겪은 것, 수십 년간 군사독재 정치를 경험하고, 도시화와 산업화를 거치는 과정에 우리의 건강한 정신적 풍토를 많이 손상당한 것과 무관하지 않을 것이다.

집단의 구성원을 병들게 만드는 융합

　융합은 경계선 성격장애 환자들에게 많이 나타난다. 이런 내담자의 성장 과정을 보면 부모 자식 관계가 지나치게 밀착돼 있고, 분명한 경계가 형성돼 있지 않다. 부모가 자식에게 필요한 것들을 알아서 다 조달해 주기 때문에 정작 자식은 자신이 무엇이 필요한지, 무엇을 하고 싶은지 잘 모른다. 단지 그들은 부모만 쳐다보면 되는 식으로 자라왔기 때문에 자신의 욕구가 무엇인지, 심지어 자기 자신이 누구인지조차 모르게 된다.

　이러한 내담자에게는 부모 특히, 어머니와 사이에 경계를 그어주는 작업을 해야 한다. 즉, 자기 자신의 욕구를 자각하고 자신의 행동에 대해 책임지는 것을 가르치는 한편, 부족한 자신감을 극복할 수 있도록 도와주어야 한다.

집단에서 이런 내담자를 상담할 때는 내담자가 다른 사람들과 다른 것은 잘못된 것이 아니라는 사실을 깨닫도록 도와줘야 한다. 그리고 각자 서로 다른 개체로서 자기 욕구와 관심을 갖는 것은 상대방을 **배신**하는 것이 아니라, **자연스럽고 당연한** 일이라는 것을 느끼도록 해주어야 한다. 그러기 위해 상담자는 내담자에게 자주 "지금 어떻게 느끼십니까?" "지금 무엇을 하고 싶으십니까?" 등의 질문을 해 내담자 자신이 유일하고 독특한 개체임을 느끼도록 해주어야 한다.

흔히 상담에서 내담자가 성장과 발전을 모색해 나가는 도중 내사된 부모의 메시지가 나타나 내담자의 독립 시도에 찬물을 끼얹기도 한다. 예컨대 꿈에 부모가 나타나서 내담자의 독립을 경고하는 다음과 같은 메시지가 마치 내면의 목소리처럼 들려오기도 한다.

"사랑하는 부모님을 배신하거나 매도해서는 안 된다."

"부모님은 나를 위해 모든 것을 희생하셨는데, 혹시 내가 잘못 생각하고 있는 것은 아닐까?"

"나는 부모님의 보호를 필요로 해! 나는 혼자 일어설 능력이 없어!"

"지금껏 부모님 말씀에 순종하면서 아무 문제가 없었는데, 내가 괜히 모험하는 것은 아닐까?"

이러한 저항에 부딪치면 내담자는 대개 심한 죄책감을 느끼고 좌절해 부모에게서 독립해 나가는 것을 포기하기도 한다. 이때 상담자는 인

내심을 가지고 내담자의 두려움과 죄책감을 이해해 주는 동시에, 내담자가 다시 도전하도록 용기를 북돋워주어야 한다.

자기 자신이 융합 관계에 있는지 알아볼 수 있는 간단한 방법이 있다. 상대방이 내가 원하는 대로 하지 않으면 화가 나거나 배신감을 느낀다면 융합 관계를 의심해 볼 필요가 있다. 펄스는 우리의 대인관계가 융합 관계인지 알아보기 위해 아래와 같은 실험을 제안했다.

"당신이 어떤 일로 해서 죄책감이나 짜증을 느끼는 사람이 있는지 살펴보십시오. 만일 다른 사람과의 관계에서도 똑같은 일로 죄책감이나 짜증을 느끼게 됩니까? 만일 그렇지 않다면 지금 당신이 죄책감이나 짜증을 느끼는 사람과 융합 관계에 있다고 볼 수 있습니다. 만일 당신이 이러한 관계를 청산하고자 한다면, 죄책감이나 분노감으로 자신을 괴롭히는 대신에 자신의 접촉 영역을 확대할 방법을 강구해 보십시오."

타인이나 환경에 반응하지 않고
나에게만 반응하는 반전

우리가 서로를 있는 그대로 만나는 것을 방해하는 또 다른 요소로서 반전이 있다. **반전**retroflection은 개체가 타인에게 하고 싶은 행동을 자기 자신에게 하는 것, 혹은 타인이 자기에게 해주기를 바라는 행동을 자신에게 하는 것을 뜻한다. 즉, 타인과 상호작용하는 대신 자기 자신을 행동의 대상으로 삼는 것을 말한다. 예컨대 타인에게 화를 내는 대신 자신에게 화를 내거나 타인으로부터 위로받는 대신 자기를 위로하는 행동을 하는 것이다.

이런 행동은 개체가 성장한 환경이 억압적이거나 비우호적이어서 자연스러운 접촉 행동을 할 수 없을 때 나타난다. 흥미로운 사실은 원래 개체의 욕구를 억압한 것은 환경이었지만, 지금은 개체 자신이 환경을 대신해 자신의 욕구를 억압한다는 사실이다.

이는 개체가 부모나 환경의 태도를 자신의 인격 속으로 내사했기 때문에 일어나는 현상이다. 이때 개체는 내사로 인해 내면세계가 두 부분으로 분열돼 한쪽은 행위자로 다른 쪽은 피행위자가 된다. 그래서 원래는 개체와 환경 간의 갈등이었던 것이 이제는 개체의 내부 갈등으로 바뀌게 된 것이다. 이러한 과정은 처음에는 의식적으로 행해지지만, 나중에는 차츰 습관화돼 마침내 무의식적으로 된다.

반전은 환경과 접촉하는 대신에 자기 자신과 관계하는 현상이므로 심리적 장애를 일으킨다. 반전에서는 기껏해야 자기 자신의 일부와 접촉하고 있을 뿐, 타인이나 환경 혹은 자신의 억압된 측면과는 관계를 맺지 못한다. 그래서 반전을 보이는 내담자는 타인과의 접촉을 통해 체험할 수 있는 생생함을 느끼지 못한다. 이런 사람은 타인과 있을 때도 속으로 내적 대화를 하거나 딴생각을 하면서 타인과 만나지 못한다.

반전을 보이는 내담자는 상담에서도 상담자와 말하는 것을 피하거나 딴생각을 함으로써 상담자와 만나지 못한다. 이때 그들은 흔히 "나는 나 자신이 부끄럽다" "나 자신에게 화가 난다" "나 자신에게 말한다" "나 자신을 보살펴야 한다" "나 자신을 달랜다" "나 자신을 스스로 통제해야만 한다" 같은 말을 자주 한다.

성장 과정에서 부모가 지나치게 엄격해 자녀의 욕구나 감정을 잘 수용하지 않거나, 혹은 반대로 부모가 너무 병약하거나 어려운 상황에 있어서 자녀가 그들에게 어떤 비판을 하거나 요구를 할 수 없을 때 아이들은 자신의 욕구 충족을 포기하고 감정이나 욕구를 억제하게 되는데, 반전은 이런 행동이 반복됨으로써 형성된다.

이때 개체의 내부에서는 에너지가 밖으로 나가려고 하지만, 스스로 이를 억제함으로써 행동으로 표출되지 못한다. 여기서 밖으로 나가려는 에너지와 이를 통제하려는 에너지가 서로 대치돼 팽팽한 내적 긴장 상태가 생긴다. 반전은 내적인 충동을 신체적 긴장을 통해 막는 것이라 할 수 있다.

반전은 사회적으로 용납되지 않는 욕구나 충동을 통제하는 효과를 갖는 동시에 방향이 잘못되기는 하지만 이익이 있다. 예컨대 부모에게 화를 내는 대신 자신에게 화를 냄으로써 처벌을 피할 수 있고, 또한 자신을 공격함으로써 일종의 가학증 같은 쾌감을 얻게 되며, 타인을 공격하는 것보다 죄책감을 덜 가질 수 있는 이점이 있다.

개체가 타인이 자기에게 해주기를 바라는 것을 스스로에게 하는 것도 반전이다. 예컨대 타인이 자기에게 관심 보이기를 바라는 것이 있다면 타인과 접촉하는 대신에 스스로 자기에게 그 행동을 하는 것이다. 이런 현상도 성장 과정의 가족관계에서 형성된다. 즉, 부모가 아이에게 필요한 것을 충족시켜주지 않으면 아이는 이런 환경에서 스스로 자기를 돌보는 것을 학습한다.

이런 아이들은 자기가 필요한 것을 타인에게 요구하는 대신 스스로 필요한 것을 찾아 해결하는 데 익숙해진다. 이런 사람은 나중에 자라서 값비싼 음식과 옷, 자동차를 사서 스스로 호강시킨다.

하지만 아무리 자신을 돌본다고 해도 내심으로는 '나의 부모는 나를 사랑하지 않아! 나는 사랑스러운 존재가 아닌가 봐'라는 생각을 유지하기 때문에 내적 공허감을 지니고 산다. 더 문제는 사람들이 모두 자기 부모와 같지 않다는 사실을 검증해 보려 하지 않는다는 데 있다. 그들은 사람들이 다 자기 부모처럼 자기를 좋아하지 않을 것이라 미리 단정하고 스스로 돌보는 데만 신경 쓴다.

자기를 스스로 돌보는 사람은 그래도 나은 편이다. 어떤 사람은 환경이 자기에게 해주지 않는 행동을 자기 자신에게도 허용하지 않고, 늘 자신을 감시하며 욕구를 억압하는 경향이 있다. 이들은 다른 사람과의 상호작용을 통해 자신의 욕구를 충족하는 것을 포기할 뿐 아니라, 자기를 너무 억압하고 소외시킨 나머지 자기 자신이 가까운 느낌이 들지 않고 마치 이상한 물건처럼 느껴진다.

강박 증상에 나타나는 현상도 반전과 관련해 이해할 수 있다. 강박 증상은 사회적으로 용납되기 힘든 욕구나 충동을 행동으로 옮기려는 부분과 이를 제지하려는 부분 사이에 벌어지는 싸움의 결과 나타나는 증상이라고 볼 수 있는데, 여기서 개체는 욕구를 표출하려는 부분과 이를 억압하는 부분으로 분열된다.

이때 유기체의 억압된 욕구가 해소되지 않으면 유기체는 끊임없이 이를 의식의 표면으로 떠올리려고 노력하지만, 내면의 다른 부분은 이를 위협으로 느끼기 때문에 계속 억압함으로써 내면의 자기 부분들 사이에는 지속적인 내전 상태가 벌어지게 되며, 이것이 강박 증상으로 나타난다. 강박 증상은 겉으로 봐서는 자신이나 타인에게 무의미해 보이는 행동을 끊임없이 반복하는 현상인데, 이는 해소되지 않은 유기체 욕구와 이를 반전시키는 자기와의 싸움에서 비롯된 것이다.

반전의 또 다른 형태는 열등의식이다. 열등의식은 자기 자신을 부정적으로 평가하고 비난하는 행동으로, 이는 원래 타인에 대한 자신의 평가 행동을 자기 자신에게 겨눈 것이라 할 수 있다. 이런 맥락에서 열등의식은 숨겨진 교만이라고도 할 수 있다.

우리가 타인을 바라볼 때는 대체로 그들의 가치를 객관적으로 평가할 수 있으나 자기 자신을 바라볼 때는 어느 한쪽 측면에 집착해 올바른 평가를 하지 못한다. 특히 열등의식이 개입될 때는 더욱 그렇다. 그것은 자신에 대한 평가 기준이 타인에 대한 평가 기준보다 더 높기 때문이다.

자의식이라 불리는 자기관찰도 반전의 한 형태다. 자기관찰은 자기를 관찰자와 관찰 대상으로 나누어 자기를 대상화하는 것이다. 이때 개체는 외부환경과 관계하는 대신 자기 자신과 관계함으로써 환경과 만나지 못하고 자기 속에 갇힌다.

자기관찰의 극단적 형태를 건강 염려증에서도 발견할 수 있는데, 이들은 끊임없이 자신의 신체 상태를 관찰하면서 건강에 집착한다. 그 결과 환경과의 교류에 사용돼야 할 에너지를 자기 자신에게 반전시킴으로써 삶의 생생함을 못 느낀다.

만성두통이나 고혈압, 소화기 장애, 호흡기 장애 등 여러 가지 정신·신체 질환들은 반전으로 인해 발생한다. 슬픔이나 분노 감정을 억압하거나 밖으로 향하려는 자연스러운 운동에너지를 억제하면 신체 긴장으로 바뀌어 신체적 고통과 불편으로 나타나는 것이다.

반전을 하게 되면 근육 운동만 느껴질 뿐 원래의 유기체 욕구나 감정은 느껴지지 않는다. 억압된 유기체 에너지가 신체 근육의 긴장 상태로 나타나 표출되는 현상을 빌헬름 라이히*Wilhelm Reich*는 **인격 무장**이라고 불렀는데, 이는 만성적인 반전을 하면 신체가 마치 딱딱한 갑옷처럼 돼 방어막을 형성한다고 해 붙인 이름이다.

우울증도 이러한 반전된 분노 감정과 관련해 나타나는 증상이다. 흔히 우울증 환자들은 사랑하는 사람에 대한 분노나 불만감을 표현하지 못하고, 그것을 자기 자신에게 반전시킴으로써 죄책감에 빠지고 우울하게 된다. 반전이 심해지면 자살 기도를 하기도 하는데, 자살은 개체가 타인에 대한 적개심을 송두리째 자신에게 향하게 함으로써 자신을 파괴하는 행동이라 할 수 있다.

그런데 반전을 할 수 있는 능력은 인간의 고유한 능력이며, 반전이 항상 병적인 것만은 아니다. 인간이 문명을 발전시킬 수 있었던 것은 자기 자신을 관찰자와 피관찰자로 나누어 자신의 행동에 대해 평가하고, 새로운 방향을 설정할 수 있는 능력이 있었기 때문이라고 할 수 있다. 만일 개체가 자신의 적개심이나 지나친 자신감을 통제하지 않으면 생명이 위험할 수도 있다. 상황에 따라 욕구의 직접적인 표출이 자신에게 불이익을 줄 수 있으며, 타인에게도 해를 끼칠 수 있다. 따라서 개체가 자신의 행동을 의식적으로 통제하는 것은 건강한 심리 작용이라 할 수 있다. 다만 이러한 행동이 **만성화**되고 **무의식적**으로 돼, 개인의 **의식적 통제**를 벗어나 상황과 관계없이 계속될 때 병적이라고 할 수 있다.

사람들이 좀처럼 반전 행동에서 벗어나지 못하는 것은 새로운 경험에 대한 두려움 때문이다. 사람들은 자신의 과거 경험을 바탕으로 타인에게 어떤 감정이나 욕구를 표현했다가 거부당할 수도 있다는 염려로 인해, 차라리 자신의 감정이나 욕구를 억압하고 참는 것이 낫다고 생각해 버리는 경향이 있다.

상담에서는 반전 행동을 하는 내담자에게 빈 의자에 앉아 있는 원래 대상에게 분노 감정을 직접 표현해 보라고 요구한다. 흔히 내담자들은 이런 실험을 통해 이제까지 항상 자신에게 반전시켜왔던 분노 감정을 상대방에게 직접 표현해도 염려했던 것과는 달리 상대방과의 관계에 파탄이 오지 않으며, 오히려 더 활발한 접촉과 함께 관계가 개선된다는 것을 알고서 놀란다.

우리는 반전을 하는 순간 자기도 모르게 호흡을 멈추므로 호흡을 잘 관찰함으로써 우리의 반전 행동을 알아차릴 수 있다. 이때 호흡을 멈추는 것을 알아차리면 다시 자연스러운 호흡으로 돌아갈 수 있으며, 억압했던 욕구나 충동을 다시 접촉하고 완결 지을 수 있게 된다. 그렇지만 억지로 호흡을 연습할 필요는 없다. 스스로 자연스러운 호흡을 방해하고 있다는 것을 깨달으면 그 행동을 멈추게 되고, 그러면 다시 자연스러운 호흡으로 돌아가게 된다.

다음은 프리츠 펄스와 조세프 징커Joseph Zinker가 고안한 호흡 관찰법이다.

"먼저 숨을 대여섯 번 길게 내쉬세요. 그러고는 부드럽게 숨을 쉬세요. 이때 억지로 하지 말고 자연스럽게 하세요. 코와 목구멍 그리고 머릿속으로 공기의 흐름이 전해지는 것을 느껴보세요. 그리고 숨이 팔다리로 퍼져가는 것을 느껴보세요. 또 숨이 내장 속으로, 근육 속으로 그리고 온몸 구석구석까지 흘러 들어가는 것을 느껴보세요. 숨을 쉴 때 가슴이 팽창하고 움츠러드는 것을 느껴보세요. 이때 느껴지는 신체감각을 알아차려 보세요.

숨을 깊이 그리고 천천히 쉬면서 호흡을 관찰하세요. 숨을 쉬면서 의식이 어디에 머물러 있는지 느껴보세요. 신체의 어느 부위가 초점에 떠오르나요? 입술, 얼굴, 생식기, 가슴, 어깨, 신체의 어느 부위가 긴장돼 있는지 알아차려 보세요.

다시 가볍게 숨을 쉬면서 에너지가 가장 많이 몰려 있는 신체 부위에 의식을 집중해 보세요. 따뜻한 숨을 보내 이 부분의 굳은 근육을 풀어 녹여준다는 기분으로 깊이 호흡해 보세요. 그리고 그 부위에 어떤 행동이든 한번 해보라고 속삭여보세요. 어떤 근육 운동이 혹은 행동이 나타나나요? 근육의 움직임과 에너지 활동의 변화를 관찰해 보세요."

이러한 연습은 신체감각에 대한 자각을 높여주고, 그로 인해 자신의 억압된 감정이나 욕구를 발견해 내는 계기가 될 수도 있다. 하지만 이런 실험은 전문가의 도움을 받는 것이 좋다. 마지막으로 반전 행동에 대한 페트루스카 클락슨*Petrūska Clarkson*의 치료 방법을 소개한다.

1 근육의 사용

내담자를 바닥에 눕게 하고 자신의 신체를 느끼도록 해준다. 고의로 이완시키거나 혹은 긴장하지 않고 신체 자체의 리듬을 느껴보도록 한다. 그냥 가만히 신체 각 부위를 자각해 보는 것이다. 건강한 사람의 근육은 긴장돼 있지도 늘어져 있지도 않다. 균형이 잡혀 있고 지지를 잘하고 있으며 언제든지 잘 반응할 수 있는 상태에 있다.

내담자에게 자신의 호흡을 자각하면서 신체 내부로부터 오는 감각을 느껴보게 한다. 이때 불안과 호흡의 관계를 자각하도록 주의를 환기해 주는 것이 필요하다. 즉, 내담자가 어떻게 스스로 자연스러운 호흡을 방해해서 자신의 신체를 긴장시키는지 자각하게 함으로써 자신의 반응과 행동에 대해 스스로 책임질 수 있도록 도와주어야 한다.

2 행동 방향의 수정

상담자는 내담자의 반전을 알아차리도록 해주는 한편, 자신의 욕구나 충동의 방향을 바로 찾도록 도와주어야 한다. 즉, 자신에게 사랑을 베풀지 않는 부모에 대한 분노 감정을 억압하는 대신에 이를 자각하고 부모에게(최소한 빈 의자를 놓고서 상징적으로라도) 향하게 하도록 해주어야 한다.

흔히 내담자는 "모든 부모님은 자식을 사랑한다. 따라서 부모님의 어떠한 행동도 모두 자식을 위한 것이다"라는 순진무구한 신화를 간직하고 있다. 그래서 부모의 사랑을 얻는 데 실패하면 그 원인을 자신에게로 돌리고 질책한다.

내담자는 부모도 인간이므로 실수할 수 있고, 또 잘못을 저지를 수도 있다는 사실을 명확히 인식하는 것이 필요하다. 내담자가 부모에 대해 가졌던 정당한 분노 감정을 표현할 수 있을 때, 이를 해소하고 통합할 수 있으며 나중에 진정으로 부모를 용서하고 화해할 수 있게 된다. "부모님은 완전하다"라는 신화를 고수하고 있으면 분노 감정을 해소할 수 없으며, 결국 반전을 통한 감정과 행동의 왜곡이 일어날 수밖에 없다.

이러한 반전 행동의 치료로서 에너지의 방향을 바로잡아주는 것이 필요하다. 즉, 자신에게 향한 공격을 부모나 환경 등 공격 충동의 원래 방향으로 향하게 해주는 것이다. 예컨대, 부모로부터 방치된 내담자의 경우 자신을 벌하는 대신 부모를 벌하는 장면을 상상하게 해 공격 충동의 표출 방향을 바꿔줄 수 있다.

이런 작업은 흔히 갑작스러운 에너지의 폭발로 나타날 수도 있고, 또한 장시간에 걸쳐서 서서히 표출돼 정화될 수도 있는데, 이러한 작업은 되도록 서서히 진행하는 것이 좋다. 즉, 처음에는 신체 알아차림을 통해 근육의 긴장과 호흡곤란을 자각하고, 다음에는 그러한 방어 행동을 통해 억압하고 있는 자신의 감정이나 충동을 알아차린 후 에너지를 조금씩 밖으로 표출하면서 통합하는 것이다.

3 억압해 온 행동의 실행

내담자는 부모나 환경에 대한 분노 감정으로 인해 한편으로는 부모에게 화를 내고 공격하고 싶은 마음이 있으나, 다른 한편으로는 그들로부터의 보복을 두려워한다. 그래서 이에 대한 해결책으로 자기를 비난하고 질책하는데, 이 과정에서 호흡곤란과 함께 정신 신체 증상을 경험한다. 이런 내담자에게 베개를 상징적 공격 대상으로 정하고, 손으로 움켜쥐거나 주먹으로 때리는 동작을 하면서 억압된 감정을 행동으로 표출하는 것이 필요하다.

이런 실험은 처음에는 어색하고 두렵게 느껴지지만, 상담자가 격려해 줌으로써 내담자는 차츰 자발적으로 할 수 있게 된다. 이런 방법을 좋아하지 않는 내담자도 있으므로 이를 모든 내담자에게 강요해서는 안 된다. 어떤 특정한 방법을 사용하느냐, 않느냐보다 내담자가 이제껏 억압해 온 행동을 표현할 적절한 창조적 실험을 만들어낼 수 있느냐가 더 중요하다.

4 감정 정화

반전을 해소하는 방법 중 감정 표현이나 감정 정화법이 중요하다. 아리스토텔레스에 의하면 감정 정화catharsis는 깨끗이 씻는 것을 뜻한다. 연극이나 예술 행위를 통해 혹은 언어적 표현이나 신체 행위를 통해 억압된 감정을 의식의 표면에 떠올려 표출시킴으로써 감정이 깨끗해진다는 것이다. 이러한 감정 정화를 통해 오랫동안 억눌러 왔던 감정을 밖으로 뿜어냄으로써 미해결 과제를 해소할 수 있다.

그런데 이런 작업은 내적 지지와 외적 지지가 충분히 있을 때 실시해야 한다. 즉, 내담자가 자신이 어떤 행동을 하더라도 상담자나 집단원들이 다 이해하고 수용해 줄 것이라는 믿음이 생겼을 때 가장 효과가 좋다.

이런 작업을 하는 동안 강한 신체적·생리적 감정 정화 현상이 나타날 수도 있다. 즉, 오랫동안 억압을 통해 긴장돼 있던 근육과 세포가 풀리면서 에너지가 한꺼번에 방출돼 몸을 심하게 떨거나 온몸으로 통곡하는 경우다.

5장

세상에서 가장 여울한 일

우리는 살면서 이런저런 힘든 일을 많이 겪는다. 그중에서 가장 고통스러운 일은 무엇일까? 아마도 살면서 인간관계에서 오해받는 일이 아닐까 싶다. 내가 한 말이나 행동의 진의가 잘못 전달돼 그럴 수도 있고, 어떤 경우에는 악의적 왜곡으로 인해 오해받는 일도 있을 것이다.

어느 경우든 오해받는 일은 정말 괴로운 일이다. 그것은 나의 존재가 부정당하는 결과를 줄 수 있기 때문이다. 심리상담에 오는 내담자들은 과거 어린 시절에 겪었던 트라우마로 인해 문제가 생겨나는 경우가 많은데, 그중에서도 오해와 관련된 것이 참으로 많다.

오해는

트라우마를 남긴다

한 내담자가 떠오른다. 집에 둔 돈을 훔쳤다고 오해해서 엄마가 경찰서에 신고까지 하려고 했다. 내담자는 초등학생이었는데, 너무 놀라서 엄마한테 자기가 하지 않았다고 울면서 매달렸는데 소용이 없었다고 했다. 알고보니 언니가 훔쳐간 것이었고, 그때 크게 충격을 받아 나중에는 내가 훔치지 않았나 의심할 정도로 불안과 결벽증이 생겼다고 했다. 물론 엄마가 고의로 그렇게 한 것은 아니었지만, 오해받았던 그 사건은 내담자의 삶에 크게 영향을 주었다.

심리적 문제를 만들어내는 온갖 트라우마가 있지만 인간관계에서의 오해로 인한 문제가 가장 아프고 오랫동안 상처로 남는다. 여기서 잠시 장면을 하나 생각해 보자. 게슈탈트 관계성 향상 프로그램GRIP의 일부로, 주로 감정 억압이 심한 내담자의 감정 접촉을 도와주는 데 사용된다.

〈장면〉

여자아이가 고개를 푹 숙이고 있고, 엄마는 아이가 아주 미워 죽겠다는 표정을 지으면서 사납게 노려보고 있다. 이 아이는 대체 무슨 잘못을 했을까?

내담자들에게 이 장면을 보여주거나 이야기해 주면 이런 대답을 종종 듣는다. "바람 피운 남편을 닮아서 쟤가 꼴도 보기 싫다." "저 아이를 임신하는 바람에 내 인생이 꼬였다. 그래서 보기 싫다." "나를 닮아서 성격이 너무 내향적이어서 싫다." 아무런 잘못이 없는 아이에게 엄마가 자기 문제를 전가하는 것이다. 남편과의 문제 혹은 자기 경험을 투사해서 나오는 행동인데, 아이는 지금 영문도 모른 채 엄마에게 구박을 받고 있다. 이 상황에서 아이가 최소한 "나는 억울하다. 나는 아무 잘못이 없다"

라고 생각만이라도 할 수 있으면 나을 텐데, 구박당하면서 자란 아이들은 그렇게 하지 못한다. 오히려 자기한테 문제가 있다고 생각하는 경향이 있다.

사랑받고 자란 아이들은 이런 경험을 할 일이 별로 없겠지만, 만일 그런 일이 발생하더라도 "엄마가 오늘 좀 예민한 것 같아. 무슨 안 좋은 일이 있나 봐. 도대체 왜 그러지?"라며 엄마 행동에 문제를 제기하지, 자기 탓으로는 잘 돌리지 않는다.

그런데 장면 속의 아이가 그렇게 하지 못하는 이유는 지능이 낮아서가 아니다. 사랑받지 못한 아이들은 자기 자신을 긍정적으로 생각하기가 어렵다. 자기 경험의 범위를 넘어서 생각하는 건 아이들은 말할 것도 없고, 어른에게도 쉽지 않다. 이런 아이들은 대부분 자기한테 문제가 있다고 생각하는데, 실제로 아이들에게 "너한테 문제가 있다"라고 대놓고 말하는 부모도 있다.

부모의 이런 반응은 그렇지 않아도 겁먹은 아이의 자기 존중감에 심한 상처를 준다. 이런 말을 듣고 자란 아이는 "사람들은 나를 좋아하지 않을 거야. 문제 있는 아이를 누가 좋아하겠어?" "우리 부모도 나를 안 좋아하는데, 누가 나를 받아주겠어?"라고 생각한다. 이런 생각은 **반대되는 경험**을 충분히 할 때까지 계속 미해결 과제로 남아 내담자를 괴롭힐 것이다.

가해자는 이런 트라우마 사건들을 시간이 지나면서 대부분 잊어버리지만, 피해자인 아이의 가슴속에는 오랫동안 남아 삶의 중요한 순간마다 **기시감**으로 나타나면서 아이를 움츠러들게 만든다. 이런 일은 참으로 억울하다고 하겠다. 자기 잘못이 아님에도 불구하고 타인의 희생양이 돼 진정한 자신의 삶을 살지 못하기 때문이다.

심리상담에 온 내담자들은 이런 부당한 트라우마 사건을 찾아내어 다루면서 자신에 대한 올바른 인식을 회복해 간다. 하지만 오랫동안 반복적으로 경험한 트라우마일 경우 자신에 대한 부정적 인식이 쉽게 바뀌지 않는데, 그때 흔히 내담자들은 "그런 내가 지겹다"라며 자기를 공격하기도 한다. 이런 일은 더욱 억울한 일이다. 왜냐하면 부정적 인식이 쉽게 바뀌지 않는 것은 트라우마로 인한 것인데, 그것을 자기 탓으로 돌리는 행위는 이중으로 억울한 일이 될 것이기 때문이다.

사랑 대신 인정이라도
받고 싶은 마음

〈장면〉

이 장면은 분위기가 좀 다르다. 아이가 뭔가를 엄마에게 말하고 있는데, 엄마는 전혀 듣지 못하고 있다. 엄마의 눈은 허공을 향하고 있다. 엄마가 우울증이 있는지도 모르겠다. 아니면 무슨 걱정거리가 생겼는지도 모른다. 어쨌건 엄마는 아이와 상호

작용이 잘 이루어지지 않는다. 이 아이는 자기 자신에 대해서 어떻게 느낄까? 이 아이가 자기 자신을 사랑스러운 존재라고 느낄 수 있을까?

내담자 중 한 사람은 어릴 때 엄마에게 무슨 말을 하다보면 어느 순간 엄마가 안 듣고 있다는 느낌이 들곤 했는데, 어느 날은 문득 "내가 하는 말이 엄마에게 안 들리는 걸까? 혹시 내가 벙어리인가?"라는 생각이 들어 무서웠다고 했다. 이런 아이들도 구박받으며 자란 아이들과 마찬가지로 자기 존중감을 형성하기가 어렵고, 항상 타인을 의식하고 평가에 취약하다.

누가 조금만 부정적인 얘기를 해도 금방 위축되고, 다른 사람의 인정을 받기 위해 늘 자기 욕구를 누르고, 사람들에게 맞추며 자기를 희생하는 삶을 산다. 이 아이들은 있는 그대로 사랑받은 경험이 잘 없었기 때문에 "엄마 말 잘 듣고 청소라도 거들고, 열심히 공부해서 인정받아야겠다" "사랑 대신 인정이라도 받겠다"라는 목표로 산다.

이런 식으로 살다보면 늘 자기 것을 양보하고, 하고 싶은 말이 있어도 참고 사는 것이 습관화되고 만다. 그런데 참 슬픈 것은 이런 아이들은 다른 사람이 칭찬을 해도 못 받아들인다는 사실이다. 친구가 칭찬해주면 "아니야. 나 그런 아이 아니야. 네가 날 잘 몰라서 그렇게 말하는 거야"라고 말하곤 한다. 칭찬받기 위해, 인정받기 위해 그렇게 노력한 결과물이 당도했는데, 이를 받지를 못하는 것이다.

온갖 고생을 해서 바라던 순간이 왔는데, 그것을 누리지 못하다니 얼마나 억울한 일인가? 이런 아이들의 불행은 거기서 그치지 않는다. 이 아이들은 자책이 무척 심하다. 어떤 일이 조금만 잘못돼도, 자기 잘못이 아닌데 모두 제 잘못이라고 말한다. 상대방이 "네 잘못이 아니야!" 라고 말해도 믿지 않고 "아니야, 내가 더 잘했어야 하는데, 미안해!"라고 말하거나, 속으로 "내가 좀 더 양보했어야 해!" "걔한테 좀 더 맞춰줬어 야 했어!"라는 식으로 자책한다.

이런 것이 2차, 3차 가해라 할 수 있다. 즉, 자기가 자기한테 자꾸 상처주는 행동을 하는 것이다. 그런데 자기가 이렇게 하고 있다는 사실을 알아차리지 못하고 습관적으로 계속한다. 안 좋은 일이 생길 때마다 늘 자기 잘못으로 이런 일이 생겼다는 식으로 자책하면서 자신을 무가치한 존재라고 여긴다.

세상에 무가치한 사람이 있을까? 이런 내담자를 만나면 참 마음이 아프다. 정말 착한 사람들이고 열심히 사는 사람들인데, 다른 사람들도 다 인정해 주는데 정작 자신은 자기를 인정해 주지 않는다. 세상에서 가장 억울한 일이 바로 이런 일들이 아닐까?

다음은 내가 슈퍼비전을 해준 상담자의 사례로 자존감이 아주 낮은 50대 중반 여성이었다. 어린 시절부터 엄마에게 지속적인 신체 구타, 언어 폭력을 당하면서 자란 사람인데, 결혼 후에 자기 자녀들에게도 폭력을 많이 가했다. 자신의 그런 행동에 대해 심하게 자책하며, 앞으로 그러지 말아야지 하면서도 그 행동을 멈출 수가 없었다.

그녀는 심한 우울증 상태에 있었고, 자살 충동을 자주 느낀다고 했다. 어렸을 때 엄마가 속상한 일이 있으면 매번 분풀이로 자기를 때렸다고 한다. 그러면서 엄마가 자주 했던 말이 "너는 열흘에 한 번씩은 맞아야 사람이 된다"였다고 한다. 그녀는 맞을 때가 됐는데 엄마가 안 때리면 불안해졌으며, 맞고 나면 비로소 마음이 편해지는 경험을 했다고 한다. 엄마는 주로 아빠와 갈등이 있었는데, 그 불만을 내담자에게 쏟아부은 것이다. 내담자는 그런 엄마의 화풀이 대상이 되면서 억울하다는 생각보다는 자기한테 뭔가 문제가 있다는 생각을 많이 하며 자랐다고 한다.

이런 자책하는 경향은 평범하게 자란 아이에게도 관찰된다. 즉, 부모가 싸우거나 이혼하는 상황이 되면 아이들은 자기에게 책임이 있다고 생각한다. 자기가 조금만 더 착했더라면, 엄마 말을 더 잘 들었더라면 부모님 사이가 좋았을 텐데 하고 생각하는 것이다. 아직 현실 판단

능력이 발달하지 않은 아이들이 자기 책임을 과하게 가져가는 배경은 역설적이지만 아이들의 무기력감에서 비롯하는 면이 있다.

즉, 부모의 갈등은 자녀에게 심한 불안감과 무기력감을 느끼게 하는데, 아이는 그런 힘든 상황을 극복하기 위해 자신에게 비현실적인 능력이 있다고 믿는 것이다. 마치 자신이 좀 더 착해지거나 좀 더 노력하면 상황을 바꿀 수 있을 거라고 믿는다. 그래서 좀 더 노력하라며 자신을 야단치고 독려하는데, 그런 행동이 자책으로 나타나는 것이다.

당연히 이런 자책은 비현실적이고 효과가 없다. 하지만 아이들은 자책을 통해 일종의 통제감을 느끼므로 계속 자신에게 가혹한 선택을 한다. 학대를 받고 자란 아이들에게는 이런 경향이 더 심하게 나타나는데, 공격자와의 동일시를 통해 얻는 가학적 쾌감도 함께 작용한다.

이 내담자에게 가장 힘든 것이 언제냐고 물었는데, 그녀는 "자식들이 속 썩일 때"라고 답했다. 그런데 자식들이 속을 썩였다는 것이 구체적으로 어떤 행동을 두고 한 말이었는지 분명하지 않다. 여러 가지 가능성이 있겠지만, 그냥 자연스러운 아이들의 행동인데도 용납하지 못했을 수 있다. 예컨대 아이들이 싸우거나 소리 지르며 집 안을 뛰어다니는 등 자기가 어렸을 때 허용받지 못했던 행동을 하는 것을 보면 화가 날 수 있다. 자신의 그런 행동에 대해 부모님이 화를 냈으니까 그런 행동을 하면 안 된다는 생각이 내사됐을 수 있다. 응석을 부린다거나 떼를 쓰는 행동도 어렸을 때 허용받지 못했다면, 그것이 내사돼 자녀의 비슷한 행동에 대해서 속 썩인다고 느낄 수 있다.

여기서 놀라운 점은 자기가 어렸을 때 부모에게 속 썩이는 행동을 했을 때 부모가 폭언과 폭행을 했던 것처럼 내담자 자신도 지금 똑같이 자신의 아이들에게 폭언과 폭행을 하고 있다는 사실이다. 즉, 학대를 대물림하고 있다는 것이다. 그녀도 자신의 행동에 문제가 있다는 것은 알고 있는 것 같았다. 그렇지 않다면 자신의 행동에 그렇게 심하게 자책하지는 않을 것이다. 즉, 스스로 생각해도 아이들의 행동이 정말로 몹쓸 행동이 아니라는 것을 알기 때문에 괴로워하는 것이다. 하지만 자책 행동이 그녀를 멈추지는 못하므로 더욱 괴로울 것이다.

그러면 자책은 왜 효과가 없을까? 그것은 반성과는 달리 알아차림 없이 자동으로 일어나는 행동이기 때문이다. 반성은 자신의 행동을 차분히 돌아보며 문제점을 파악하고 합리적 대안을 찾아내는 건강한 행동이다. 반면 이 내담자의 자책은 반성 수준을 넘어서 자기를 질타하고 학대하는 자기파괴적 행동에 가깝다. 그녀의 내면에서 어떤 일이 벌어지고 있는지 알아보기 위해 상담자는 두 의자 작업을 했다.

내 안의 또 다른 나를
만나는 법

게슈탈트 치료 중에 두 의자*Two Chair* 기법이라는 것이 있다. 두 의자 기법은 우리 마음속에 두 개의 자아가 분열돼 있는 상태로 존재하는 현상을 외부로 드러나도록 돕는 방법이다. 흔히 우리 내면에는 두 개의 상반된 목소리가 존재하는데, 하나는 가해자이고 다른 하나는 피해자이다. 가해자는 비난하는 목소리이고 피해자는 우리의 본래 자아다.

자책은 자기를 비난하는 가해자 목소리로 나타나지만 피해자는 부당한 가해자의 목소리에 당당하게 자기 입장을 주장하지 못하는 경우가 많다. 그런 경우에는 변호사가 피해자를 대신해서 말해주듯 상담자가 내담자를 대변해 줄 수 있다.

내담자의 심한 자책을 다루기 위해 두 의자 기법을 적용한 상담 장면을 소개한다. 자책이 심한 내담자는 종종 가해자 목소리가 너무 강해서 자기를 제대로 방어하지 못하고 심한 비난을 들으면서도 가만히 당하고 있는 경우가 많은데, 이 내담자도 그런 상황이었다.

내담자 그러니까 네가 잘했어야지!

상담자 나만 잘못하고 당신은 잘하는 거예요?

내담자 아니, 너는 왜 유독 혼자만 상처받고 모든 사람을 적으로 만드는 거야?

상담자 당신은 늘 비난만 했지, 내가 얼마나 아팠는지 물어본 적 있어요?

내담자 네가 잘되길 바라니까 그렇지!

상담자 야단만 치고 몰아댈 때는 당신이 너무 잔인하게 느껴져요.

내담자 안타까우니까 그러는 거야!

내담자는 이 말을 하고 갑자기 흐느끼며 울음을 터뜨렸다. 자신의 피해자를 대신해 말하는 상담자의 표정을 보면서 자기 자신이 그동안 얼마나 힘들었을까 이해가 되면서 울컥한 것이었다. 가해자의 목소리에 가려서 그동안 피해자로의 자신의 감정을 접촉하지 못하고 있다가 상담자 모습을 통해 자기 자신을 만난 것이다.

상담자 그러면 안타깝다고 말해줘. 당신은 날 항상 바보 같다고 욕만 하잖아!

내담자 네가 잘해 봐. 내가 그러나!

상담자 지금도 또 비난하잖아. 나를 있는 그대로 좀 받아줘.

여기서 내담자는 다시 울음을 터뜨렸다.

대화가 얼마 진행되지 않았지만 내담자에게 매우 강력한 자기 통찰
이 생기는 순간이었다. 그러면서 처음으로 자신을 안타까워하고 불쌍하
게 생각하는 마음이 일어난 것이다. 상담자가 내담자의 내면에서 제대
로 목소리를 내지 못하는 피해자의 목소리를 대신 내주니까 내담자가
자기 마음을 돌아볼 수 있는 여유가 생긴 것이다.

이 작업을 하고 난 다음에 내담자는 "나 혼자서는 이렇게 못했을 것
같은데 선생님이 도와주셔서, 제 마음을 이렇게 알게 됐어요. 앞으로는
나를 비난하는 목소리가 들리면 나 자신을 옹호하는 말을 해주고 싶어
요"라고 말하면서 이 회기를 마쳤다.

이 작업은 내담자에게 자신의 내면에서 지금까지 어떤 일이 반복적
으로 일어나고 있었는지를 처음으로 명료하게 알아차리게 해준 무척
의미 있는 시간이었다. 즉, 자신의 어린 시절 상처가 자기 잘못이 아니
었음에도 잘못된 **내사**와 **자책**을 통해 끝없는 **자기부정**으로 이어졌고,
그것은 자녀와의 관계에서도 반복됨으로써 **자기파괴적**인 행동의 악순
환을 벗어나지 못하고, 마침내 극단적인 행동에 대한 충동마저 느끼게
됐다는 사실을 어렴풋이 깨달았던 것으로 보인다.

내담자는 상담이 계속되면서 어린 시절의 트라우마에 대한 작업과

함께 내사된 목소리가 부당하다는 사실을 점점 더 분명하게 깨닫게 될 것이고, 자책하는 가해자 목소리에 대해서도 좀 더 분명히 자기 목소리를 낼 수 있게 될 것이다. 이렇게 자기 본래의 모습을 발견하고 수용받는 경험이 쌓이면서 자녀와의 관계에서도 변화가 생겨날 것이다. 즉, 자신의 억압된 욕구와 감정을 수용할 수 있게 되면서 자녀의 속 썩이는 행동에 대해서도 달리 볼 수 있게 될 것이다.

이 내담자와의 상담에서 본 것처럼 어린 시절에 받았던 상처들이 내사돼 스스로 가해자가 되고, 자신에게 2차, 3차 가해를 하는 일들이 참 많이 일어난다. 이 사례에서 본 것처럼 자기 오해를 통해 **자기 비난**과 **자기학대**가 생겨나고, 이는 상처를 대물림하는 일로 이어진다. 세상에 이것보다 더 억울한 일이 어디 있을까?

소크라테스가 했던 "너 자신을 알라"라는 말은 여러 차원에서 의미심장한 말이지만, 나는 이 말을 "당신 자신에 대한 오해에서 벗어나라"라는 말로 풀이하고 싶다. 우리는 대부분 자기 자신을 잘 안다고 생각하는데, 나는 그것이 큰 착각이라고 생각한다. 내가 상담자로서 지난 35년간 만난 사람들 가운데 자신을 잘 알고 있다고 느껴지는 사람은 거의 없었다. 반대로 오히려 거의 모두가 자기를 오해하고 있었다.

세상에서 가장 억울한 일은 자기 자신을 오해하는 일이다. 그것은 타인으로부터 오해받는 것보다 열 배, 백 배는 더 억울한 일이다. 타인으로부터 받는 오해는 적극적으로 해명해 풀 수도 있고, 그냥 놔둬도 해결되는 경우도 많다. 하지만 자기 자신으로부터 받는 오해는 발견하기도 어렵거니와 고치기는 더 어렵다.

자신에 대한 오해는 처음에는 대부분 타인으로부터 오해받은 경험을 통해 생겨나지만, 나중에는 자기를 오해하고, 자기 비난과 자학 그리고 자녀를 포함한 타인에게도 확대 재생산됨으로써 세상에서 가장 비극적인 결과를 낳는다.

6장

지도 위를 걷기

우리는 살다 보면 종종 어려운 일들을 만나게 된다. 이때 우리는 가족이나 친구들 혹은 지인의 도움을 받아 해결한다. 하지만 사정이 여의치 않으면 혼자 해결해야만 하는 상황도 있다. 당신은 그럴 때 어떤 식으로 해결을 하는가? 내가 자주 쓰는 방법은 뒷산 숲길을 산책하면서 혼자 조용히 생각을 정리해 보거나 차를 몰고 드라이브를 하다 보면 가끔 새로운 시각이 열리는 경험을 한다. 누구나 비슷하지 않을까 싶다. 자, 여기서 잠시 두 장면을 생각해 보자.

〈장면〉

중년의 남자가 혼자서 숲길을 걷고 있다. 이 남자는 무슨 생각을 하고 있을까? 당신도 이 길을 잠시 산책해 보자. 마음을 비우고 숲길을 걸어보라. 마음이 어떻게 변화하는지 알아차려보라.

〈장면〉

여자 혼자서 바닷가에서 바람을 쐬고 있다. 이 여성은 지금 무슨 생각을 하고 있을까? 보기만 해도 시원하고 편안한 분위기가 느껴지지 않는가? 이처럼 일상을 잠시 떠나서 새로운 환경에 들어가면 우리는 마음이 깨어나는 경험을 하게 된다.

우리가 늘 머무는 공간에서는 주변 사물이나 환경이 너무나 익숙해져 거기에 별로 주의를 기울이지 않는다. 즉, 환경을 잘 접촉하지 않는다. 그럴 때는 늘 하던 생각 속에 빠져들어 같은 생각 속을 맴돌기 쉽다. 오랜 시간 같은 생각을 반복하다 보면 새로운 아이디어가 떠오르기보다는 부정적인 생각의 패턴 속에 갇혀 점점 현실과 멀어지고 우울증이나 불안증 같은 문제를 일으킬 수도 있다.

그런데 어떤 계기가 있어 환경을 바꾸거나 혹은 같은 환경이라도 다른 관점에서 볼 수 있으면, 창조적인 생각이 떠오르면서 방향 전환이 가능하다. 생각은 마치 지도와 같다. 지도는 여행할 때 매우 유용한 도구다. 지도가 있으면 목적지를 정하고, 경유지를 알아보고, 목적지에 잘 도착했는지 확인하는 등 여러 가지로 편리하다. 그러나 일단 목적지에 도착하면 더 이상 지도는 필요 없다. 이제 걸어 다니면서 구경하고 체험하고 피곤하면 숙소에 가서 쉬면 된다.

생각이라는 것도 우리가 어떤 새로운 활동을 시작할 때는 그 목적을 정하고 계획을 세우는 데 필요하다. 하지만 일단 활동을 시작하면 생각은 내려놓고 그 활동에 집중해야 한다. 그런데 우리는 종종 활동 자체보다는 **생각**에 몰두해 생각의 숲에서 길을 잃는다.

여행하면서 지도를 얼마나 자주 사용하는지, 어떤 목적으로 사용하는지에 따라 우리의 여행 방식을 대략 세 가지로 나눌 수 있다.

첫 번째는 지도 같은 것은 아예 보지도 않고 무작정 떠나는 방법이다. 즉, 특별히 여행 목표를 정하거나 세부 계획을 세우지 않고 그냥 자유롭게 마음 가는 대로, 발길 가는 대로 가는 것이다. 이런 방법도 좋다. 어차피 여행의 목적이 일상을 떠나 기분 전환을 하는 것이라면, 목표나 계획 같은 것도 번잡스럽게 느껴질 수 있기 때문이다. 다만 사전 정보나 계획 없이 떠나다 보면 우연적 요소에 너무 영향을 받아 자칫 혼란스러움과 실망감으로 끝날 수도 있다. 물론 그런 것도 하나의 소중한 경험이기에 결코 나쁘다고만 할 수는 없다.

두 번째는 목적지에 도착할 때까지만 지도를 사용하고, 도착하고 나면 더 이상 지도를 보지 않는 방법이다. 어떤 계획을 세우고 준비하고 그에 따라 여행하지만, 지도의 의미는 목적지에 잘 도착했는지 확인하는 것으로 달성된 것이다. 지도의 본래 목적을 잘 활용하면서도 그것 자체에는 특별한 의미 부여를 하지 않는 것이다. 이 방법이 셋 중에서 가장 바람직하다고 하겠다.

세 번째는 지도 자체를 매우 중시함으로써 목적지에 도착하고도 한

시도 손에서 지도를 내려놓지 않고 가는 곳마다 계속 확인하는 방법이다. 이런 경우 지도의 원래 용도인 장소 확인을 넘어서 위치의 정확성이 목적이 돼버림으로써 여행의 본질을 망각한 경우라 하겠다. 그런데 우리의 삶에서도 이런 일이 일어날 수 있다. 즉, 원래 **수단**에 지나지 않았던 **생각**에 너무 집착함으로써 삶의 의미가 왜곡되는 것이다. 여행은 반드시 **이렇게 해야** 한다거나 **저렇게 해야** 한다는 것이 따로 없는데, 마치 삶에서는 반드시 **이렇게** 혹은 **저렇게** 살아야만 할 것 같은 생각에 붙들려 사는 것이다. 이는 **지도 위를 걷는 것**을 여행이라고 착각하는 것과 같다고 하겠다.

심리상담을 찾아오는 내담자의 행동을 가만히 관찰해 보면 본인은 잘 의식하지 못하지만 마치 **지도 위를 걷는** 사람처럼 **생각** 속에 **빠져** 사는 경우가 많다. 내담자만 그런 것이 아니라 상담자도 여간 조심하지 않으면 자기도 모르게 **함께 지도 위를 걷는** 상황이 벌어질 수가 있다. 상담 사례를 하나 살펴보겠다.

생각 속에 빠지면

벌어지는 일들

30대 초반의 강박 신경증을 보인 남자 내담자와의 상담을 재구성해서 짧게 제시한다. 대화가 오간 자세한 부분들을 생략하고 중간 부분만 소개하겠다.

상담자 벽이 생기는 것 같다고요?

내담자 그게 벽이죠.

상담자 그런 의미의 벽을 쌓게 될 것 같으세요?

내담자 아니죠. 그런 벽은 세상 살아가면서 다 있는 벽이고, 그건 미련한 벽이죠. 그러지 말아야죠.

상담자 내가 미련한 벽을 쌓았다. 이런 생각인가요?

내담자 영리한 벽을 쌓자. 그런 게 있겠죠.

상담자 미련한 벽은 언제부터 쌓으신 거 같으세요?

내담자 미련한 벽이요? 제가 사회생활 시작했을 때부터. 이전에는 벽이 없었죠. 벽을 쌓으면서도 무너지고, 그런 스타일이었죠.

상담자와 내담자가 지금 무슨 이야기를 하고 있는지 당신은 잘 이해가 되지 않을 것이다. 하지만 상담자와 내담자는 마치 서로 얘기가 잘 통하는 양 대화하고 있다. 생각에 빠진 사람들은 이렇게 추상적인 언어를 사용하면서 자신이 쓰는 언어들이 **현실**인 것으로 착각한다. **지도** 위를 걸어 다니면서 그것이 **여행**인 것으로 여기는 것이다.

위의 사례처럼 심하지는 않더라도 상담자와 내담자 사이에 오가는 대화에 **추상적 개념**이 난무하는 경우가 많다. 상담자가 깨어 있지 않으면 쉽게 내담자와 함께 개념의 홍수에 휩쓸리게 된다. 일반인의 대화에서도 이런 현상은 어렵지 않게 관찰할 수 있다.

우리가 이처럼 관념적이고 추상적인 대화를 하는 이유는 관념의 세계로 들어감으로써 현실 접촉을 피할 수 있기 때문이다. 바꾸어 말하면 현실을 마주하는 것이 싫어서 **관념**(개념, 생각)의 세계로 도망가는 것이라고 할 수 있다.

현실이란 무엇인가? 지금 순간의 생생한 감각, 생각, 감정, 욕구, 신체 상태, 이미지, 행동 등이다. 이런 것을 있는 그대로, 우리의 의식에 나타나는 대로, 매 순간 알아차리고 상대방에게 표현하고 서로 반응하는 것이다. 그것은 생각을 통해 해석이나 이름 붙이기를 하는 것이 아닌, 생각이 끼어들기 전의 생생한 현상들을 알아차리고 표현하고 교류하는 것이다.

현실은 **지금 순간**에만 존재한다. 생각은 과거와 미래를 왔다 갔다 하며 현실을 **추상화**하는 작업을 한다. 추상화란 현실을 요약해 개념으로 만드는 것이다. 즉, 생각으로 만들어버리는 것이다. 생각이 현실을 만나는 순간 현실은 과거나 미래가 돼 죽어버린다.

생각 자체는 감각이나 감정, 욕구, 신체 상태 등과 마찬가지로 하나의 현실이지만 생각을 '하는' 순간 현실인 생각은 괴물로 변해서 다른 현실들도 함께 다 죽어버린다. 그래서 생각을 **알아차리는 것**과 생각을 **하는 것**을 구분하는 것이 중요하다. 전자는 현실로서의 생각을

162

마음의 눈으로 보는(알아차리는) 것이고, 후자는 생각과 나를 동일시하는 것이다.

생각을 그냥 생각(현실)으로 알아차리고 바라보는 것은 괜찮으나 생각과 동일시하는, 즉 나의 주의가 생각과 하나가 돼버리는 순간 현실은 축소되고 왜곡돼 문제를 일으킬 수 있다. 모든 생각들이 다 해로운 것은 아니지만, 반복적이고 부정적이며 습관적인 생각들이 문제가 된다. 그것들을 강하게 동일시(붙드는 것)하는 순간 현실은 왜곡되고 문제가 생긴다.

우리가 일상생활에서 하는 말들도 추상적이고 관념적인 경우가 많다. 직무 수행을 위해서는 그런 대화가 효율적일 수 있으나, 일상의 대화에서도 똑같은 방식으로 한다면 문제가 된다. 즉, 활력과 생생함이 사라지고 삶의 본질이 왜곡돼 의미 상실로 이어질 수 있다. 심리상담에서는 추상적이고 관념적 언어로 인해 가려지고 왜곡된 삶의 생생함과 실존이 대화 과정에서 다시 살아나 꽃 피우게 된다. 잠시 문학 작품을 통해 이런 과정을 함께 살펴보겠다.

나의 말과 그 대화에 무엇이 담겼나?

다음은 내가 쓴 심리 치료 소설 《뉴런 하우스》의 한 장면이다. 《뉴런 하우스》는 한 무명 독지가의 도움을 받아 매우 저렴한 비용으로 전문 심리상담자를 포함해서 아홉 명이 함께 셰어하우스 공동체에서 살면서 매주 2회의 집단상담을 하는 이야기를 소설로 쓴 것이다. 소개할 대목은 셰어하우스 구성원이며 닉네임이 수선화인 여성이 지난번 집단상담에서 자신의 감정이 세게 건드려졌던 일로 집단 리더인 나그네에게 개인상담을 요청해서 처음으로 상담을 하게 된 장면이다.

수선화 제가 찾아온 것은 다름이 아니고, 지난 화요일에 있었던 일 때문이에요. 기억하실지 모르지만, 그날 바람님이 새벽님에게 안겨 울 때 제가 밖으로 나갔잖아요?

나는 그 장면을 떠올린다. 바람이 새벽에게 안겨 울음을 터뜨렸다. 그것을 지켜보던 여러 님들이 함께 눈물을 흘리고 있을 때 수선화가 갑자기 자리에서 벌떡 일어나 손으로 입을 가리며 문밖으로 나갔지. 맞아! 그때 수선화가 왜 밖으로 나갔는지 나도 궁금했다.

나그네 네, 기억납니다. 그때 정말 왜 밖으로 나가셨어요?

수선화 저도 잘 모르겠어요. 갑자기 울컥하면서 감정이 올라왔는데, 그때 제가 무슨 감정이었는지 잘 모르겠어요. 사실 그 때문에 찾아온 거예요.

이렇게 말하는 그녀의 표정은 약간 화난 사람의 그것처럼 눈에 힘이 들어가 있다.

나그네 그런데 수선화님, 지금 그 말씀을 하시면서 약간 화난 사람처럼 보이네요?

나는 비록 그녀가 자신의 울컥했던 감정을 이해하기 위해 찾아왔다지만, 정작 그 말을 하면서는 슬픔보다는 분노가 더 표면에 올라와 있으므로 거기에 주목한다.

수선화 그러게요. 제 목소리가 좀 올라갔네요. 사실 그날 제 방으로 올라가서 혼자서 좀 울었는데 화가 났었어요.

나그네 아, 그래요? 왜 화가 나셨나요? 아니 그보다 누구에게 화가 나셨나요?

수선화 글쎄요, 잘 모르겠어요. 제 자신에게 화가 났던 것 같아요.

이렇게 말하면서 그녀의 표정이 굳어진다. 나는 수선화의 분노가 분명히 슬픔과 관련 있을 거란 생각이 든다. 하지만 그 이상은 잘 모르겠다. 그녀와 함께 분노 감정을 탐색하다 보면 어디선가 연결 고리가 나타날 것이다.

나그네 좀 더 자세히 말씀해 주실래요? 왜 자신에게 화가 나셨나요?

수선화 울고 있는 제 자신이 바보 같았어요.

나그네 어떤 점에서요?

수선화 왜 우는지 이해가 안 됐으니까요!

이렇게 말하는 그녀의 표정은 점점 사나워지고, 목소리는 더욱 날카로워진다. 나는 수선화의 내면이 서로 대립된 두 부분으로 나뉘어져 있음을 발견한다. 울고 있는 자기(하인)와 그런 자신에 대해 화를 내고 있는 자기(상전)가 그것이다. 상전은 규범을 통해서 하인의 행동을 통제하려고 한다. 하지만 하인은 우리의 본능에서 비롯된 부분이므로 근원적인 통제는 불가능하다. 상전의 구박을 받으면서도 하인은 어떻게든 저항하면서 틈만 나면 고개를 내민다. 그것 때문에 상전은 더욱 화가 난다. 나는 수선화가 자신의 내면을 탐색하도록 도와주어야겠다고 생각한다.

나그네   수선화님 속에 두 개의 목소리가 있는 것처럼 보이거든요. 슬퍼서 눈물을 흘리는 수선화님과 그것에 대해서 이해하기 싫어하는 수선화님 말입니다. 어떠세요?

수선화   슬퍼하는 저는 잘 모르겠고, 못마땅해하는 저는 느껴져요.

그녀가 어리둥절한 눈으로 나를 쳐다본다.

나그네   좋습니다. 여기 이 의자에 울고 있는 수선화님이 앉아 있다고 상상해 보세요.

나는 그녀의 왼쪽에 있는 의자를 오른쪽으로 돌려놓으며, 손으로 그 의자를 가리킨다. 그리고 그녀의 의자는 왼쪽으로 돌려 왼쪽에 있는 의자를 정면으로 보고 앉도록 안내한다.

나그네   자, 그럼 이제 여기 앉아 울고 있는 수선화님에게 '왜 우는지 이해가 안 가. 바보 같아'라고 말씀해 보세요!

그녀는 나의 이런 낯선 제안에 처음엔 조금 어색해하는 것 같더니 금방 몰입하면서 맞은편 의자를 향해 거침없이 내뱉는다.

수선화   바보같이 왜 울어? 이해가 안 돼. 그게 울 일이야?

상전인 그녀의 목소리 톤이 올라가며 사나운 기운이 뻗친다.

나그네 좋습니다. 잘하셨습니다. 그럼 이제 이쪽으로 옮겨 앉으셔서 울고 있는 수선화님이 돼서 대답해 보시겠어요?

나의 지시에 그녀는 별 저항 없이 맞은편 하인의 자리로 가서 말한다.

수선화 나도 모르겠어. 그냥 눈물이 나와. 나도 속상해….

그녀는 왜 그날 저녁 눈물이 났는지 정확히 기억하지 못하고 있다. 서슬이 퍼런 상전 앞이라 위축돼 생각이 안 날 수도 있다. 나는 그녀가 자신의 슬픈 감정을 접촉할 수 있도록 도와줘야겠다고 생각한다.

나그네 지난 화요일 저녁에 바람님이 새벽님에게 안겨 올 때, 어떤 것이 떠올랐나요?

나는 그녀에게 부드러운 음성으로 묻는다.

수선화 모르겠어요. 갑자기 저도 모르게 울컥했는데 이유를 잘 모르겠어요.

이 말을 하면서 그녀의 눈가가 붉어지는가 싶더니 갑자기 눈물이 한 방울 뚝 떨어진다.

나그네 지금 좀 슬퍼 보이네요. 뭐가 느껴지세요?

그녀는 머리를 숙인 채 고개를 가로젓는다. 나는 그녀의 이러한 동작이 나의 질문에 대한 대답인지, 아니면 슬픈 감정을 느끼는 것이 싫어서 저항하는 몸짓인지 알 수가 없다. 어느 경우든 그녀의 내면에서 지금 뭔가 중요한 프로세스가 일어나고 있는 것은 분명한 사실이다. 그녀가 자신의 이러한 프로세스를 알아차리고 접촉하는 것이 매우 중요하다.

나그네 지금 뭔가를 느끼고 계시네요? 그것이 뭐든 느껴보세요. 가
로막지 말고 허용해 보세요. 어떤 것들이 떠오르나요?

그녀는 고개를 숙인 채 상체를 약간씩 움직이며 눈물을 떨군다.

수선화 새벽님의 눈이, 울고 있는 눈이 보여요!

이렇게 말하면서 그녀의 상체가 좀 더 크게 흔들리기 시작한다.

나그네 새벽님의 울고 있는 눈을 보니 어떤 감정이 느껴지나요?

수선화 모르겠어요!

이렇게 말하면서 그녀의 목소리가 갑자기 냉랭해진다. 표정도 딱딱
해지면서 고개를 들어 나를 정면으로 쳐다본다.

수선화 저 이런 것 싫어요! 이런 걸 왜 해야 하는지 모르겠어요.

무슨 일일까? 나는 움찔한다. 조금 전까지만 해도 자신의 슬픈 감정
에 아주 가까이 다가갔었는데, 한순간에 접촉이 차단되면서 전혀 다른
상태로 바뀌어버린 것이 잘 이해가 되지 않는다. 나는 지금 그녀의 내면
에 일어나고 있는 프로세스를 탐색해 봐야겠다고 생각한다.

나그네 무슨 말씀이신지 설명을 좀 해주시겠어요?

수선화 왜 이렇게 울고 짜고 해야 하는지 모르겠어요.

나그네 그 말은 이쪽에 있는 수선화님의 목소리 같은데, 다시 이쪽으
로 옮겨와 앉으시죠.

나는 그녀가 상전의 목소리를 낼 수 있도록 도와주기로 한다.

나그네 자, 조금 전에 하셨던 말을 저기에 앉아서 울고 있는 수선화
에게 직접 말해보세요.

수선화 너, 지금 너답지 않게 굴고 있어. 왜 그렇게 마음이 약해졌어?
꼴 보기 싫어 그만해!

자신의 진짜 감정과

접촉하기

위의 대화를 보면 두 사람의 내면에서, 그리고 두 사람 사이에서 일
어나는 생생한 **지금 순간의 현실**이 있는 그대로 세밀하게 관찰되고, 또
서로의 관계에서 표현되면서 다루어지고 있다. 상담자와 내담자의 언어
는 매우 구체적이고 지금 순간에 자각되는 현실을 최대한 생생하게 포
착하고 공유하고 있다.

상담자는 내담자가 준비됐다고 여겨질 때 억압된 무의식 과정까지
도 접촉할 수 있도록 돕고 있다. 내담자는 대부분 처음에는 이런 작업이
위험하다고 느껴 거리를 둔다. 하지만 차츰 상담자를 신뢰하면서 마음
이 열리면 불편한 감정도 표현한다. 그러면서 자신도 몰랐던 내면의 움
직임과 변화가 섬세하게 자각되고, 이는 상담자의 공감을 통해 안정된
연결감으로 이어진다. 그러면서 상담자와 내담자는 차츰 오랜 친구처럼
서로 친밀한 대화를 주고받는 관계로 발전해 나간다.

이 과정은 함께 조용한 숲길을 걸으면서 이전에 해보지 못했던 전혀 새로운 여행으로 경험된다. 추상적이고 관념적 언어로 인해 가려졌던 과거 여행과는 달리 **지금 여기**의 생생함과 실존이 **준비**(생각, 지도) 없이 즉흥적으로 표현되고, 받아들여지고, 경험되는 풍요로운 삶의 향연이 된다.

상담자와 내담자는 처음 가는 숲길을 지도를 던져버리고, 함께 서로의 **마음**(현실)을 알아차리면서 보조를 맞추어 걸어가고 있다. 걸음을 옮길 때마다 새로운 풍경이 나타난다. 그 과정에서 둘은 함께 놀라기도 하고, 간혹 두려운 감정이 들기도 하며, 때로는 강한 호기심이 생기기도 하면서 함께 탐험가가 된다. 그러면서 조금씩 친해지며 점점 서로를 신뢰하게 되고, 마침내 깊은 얘기도 나누는 여행의 동반자가 된다.

우리가 본 부분은 상담자와 내담자가 서로 신뢰를 쌓아가며 차츰 여행의 길동무가 돼가는 과정의 첫 장면이다. 여행의 시작 단계이므로 내담자는 아직 두려움과 갈등을 안고 있고, 여행길에서 만난 상담자를 충분히 신뢰하지 못하고 있다. 하지만 상담자의 진지한 관심과 애정을 느끼기 시작했고, 무엇보다 진솔한 대화에 이끌려 어느덧 자신도 모르게 깊은 감정을 드러내면서 관계가 돈독해져 가고 있다.

이 여행이 어디로 갈지 어떻게 끝날지 내담자는 깊이 생각하지 않는다. 순간순간의 새로운 풍경과 사건에 이끌려 때로는 놀라기도 하고, 때로는 화가 나거나 슬퍼지기도 하지만, 그때그때의 **현실**에 깊이 몰입돼 여행을 멈출 수가 없다. 정해진 목적지가 따로 없으며, 여행 자체가 목적이 됐다. 흘러가는 대로 흐름에 몸을 내맡기며, 다만 함께 흘러가는 것이다.

쾌락이나 고통은 삶이라는 **여행**의 본질이 아니다. 따라서 그것들을 추구하거나 피하는 것이 여행의 목표가 될 수 없다. 그것들은 여행의 과정에서 자연스럽게 나타났다가 잠시 머물다가 사라지는 현상에 불과하다. 삶은 쾌락이나 고통보다 더 큰 무엇이다. 그것은 삶 자체이고 실존이다.

삶의 목적은 그것을 사는 것이다. 진정한 삶을 사는 것이다. 안전하기 위해 생각 속으로 도망치지 않고, 나타나는 대로의 현실을 피하지 않고 용감하게 마주하며 실존하는 것이다. 그 과정에서 당연히 즐거움이나 슬픔, 분노, 외로움, 때로는 후회나 회한도 만날 수 있다. 하지만 그 모든 것은 삶이라는 신비가 펼쳐지는 과정에 잠시 나타날 수 있는 것들이다.

삶의 목적은 편하게 살거나, 아니면 반대로 되도록 많이 고생해 보는 데 있지 않다. 그것들은 모두 **우연적 현상**일 뿐 진정한 **본질**이 아니다. 삶의 의미는 있는 그대로의 실존, 거짓이 아닌 참된 삶을 사는 것이다. 즐거움이든 기쁨이든 슬픔이든 분노든 외로움이든 죄책감이든 어떤 것도 '좋은 것' '나쁜 것'으로 판단하지 않고, 나타나는 대로 직면하며 사는 것이다.

어떤 것도 좋다고 붙들거나 싫다고 피하지 않고, 허용하면서 생생하게 만나며 진짜 삶을 사는 것이다. 생각(지도)은 그것들을 있는 그대로 수용하기를 거부하고, 좋은 것은 붙들고 싫은 것은 피하려는 계산적 이성(표상적 사고)의 산물이다. 생각을 통해 안전한 삶을 살려는 계산은 음식 먹는 것을 상상하면서 음식을 먹는다고 착각하는 것이다. 지도 위를 걷는 것을 여행이라 착각하는 것이다. 삶은 표상적 사고가 멈출 때 생생하게 드러나는 실존이다. 표상적 사고는 삶의 껍질(옷)에 불과하다. 우리는 단지 옷을 본 것을 삶을 살았다고 착각하면서 제대로 여행을 떠나보지도 못한 채 여행을 끝내는지 모른다.

7장

감정의 두 얼굴

우리는 누구나 매일 수많은 감정을 경험하면서 산다. 삶이라는 것은 어떻게 보면 우리가 느끼는 감정으로 이루어져 있다고도 할 수 있다. 그런데 자신의 감정을 대체로 잘 느끼고 표현하며 사는 사람들이 있는가 하면, 그것을 억압하거나 차단해서 자기감정이 무엇인지 느끼지 못하는 사람들도 많다.

감정은 마치 전자제품에 장착된 센서에 비유할 수 있다. 센서가 제대로 작동하지 않으면 전자기기가 제 기능을 발휘할 수 없듯이 자신의 감정을 느끼지 못하는 사람은 환경에 잘 적응할 수 없는 상태가 된다. 예컨대, 타인의 심정을 잘 이해하지 못하거나 오해하는 등 여러 가지 문제를 일으킬 수 있다. 그렇게 되면 대인관계에서 원활한 의사소통이 안 될 뿐 아니라, 우울증이나 불안장애 또는 정신·신체 증상을 겪을 수도 있다.

우리의 감정은 겉으로 드러나는 **표면 감정**과 그 아래에 있는 **심층 감정**으로 나눌 수 있는데, 전자는 우리가 비교적 쉽게 인식할 수 있으나 후자는 억압되거나 차단돼 자각이 안 되는 경우가 있다. 우리가 자신의 감정으로 알고 있는 것들은 대부분 표면 감정인데, 심층 감정은 그 아래에 있어 잘 드러나지 않는다. 표면 감정은 대체로 우리가 어느 정도 허용하는 감정이지만, 심층 감정은 용납하기 힘든 감정이 많다. 어떤 감정이 표면 감정이 되고, 어떤 감정이 심층 감정이 되는지는 사람마다 다르다. 예컨대, 어떤 사람은 두려운 감정의 표현은 괜찮지만 분노 감정은 위험하다고 느끼며, 반대로 어떤 사람은 분노 감정은 괜찮지만 두려움을 인정하는 것은 안 된다고 생각한다.

표면 감정과 심층 감정은 서로 일치할 때도 있지만, 서로 일치하지 않을 때도 있다. 둘이 일치할 때는 별로 문제가 안 되지만 불일치할 경우는 문제가 될 수 있다. 예컨대 갈등 관계에 있는 어떤 사람에 대한 감정을 물으면 "아무렇지 않아요"라고 자신의 부정적인 감정을 부인하면서도 목소리가 떨린다거나 표정이 굳어지는 모습을 보이는 사람들이 있다. 그들은 심층 감정인 두려움이나 분노, 수치심 등 부정적인 감정을 인정하고 싶지 않은 경우라 하겠다.

이처럼 표면 감정과 심층 감정이 서로 일치하지 않는 것은 부정적인 심층 감정을 소외시켜버렸기 때문에 나타나는 현상이다. 그렇게 되면 자기 자신과는 물론이고 타인과의 관계에서도 단절이 일어나 대인관계에서 어려움이 생긴다. 이런 현상은 대부분 무의식적으로 일어나므로 심리상담 등 특별한 계기가 없이 저절로 변화하는 경우는 드물다.

표면 감정과 심층 감정이 어떤 식으로 일상생활에서 문제가 될 수 있는지 장면을 생각해 보자.

부부의 심층 감정에는
무엇이 들어 있을까?

〈장면〉

남편이 설거지를 하고 있고, 아내는 옆에서 남편에게 화를 내고 있다. 아내는 왜 남편에게 화를 내는 것일까? 남편의 성격이 좀 무뚝뚝한 사람일 수 있다. 그래서 아내는 남편이 자기한테 관심이 없는 것이 아닌가, 마음이 떠난 것이 아닌가 하고 불안한 마음이 올라왔는데, 자기 불안을 바로 말하기 싫어서 남편이 너무 차갑다거나 감정이 없는 사람이라고 비난하는 것일 수도 있다.

보는 사람의 관점에 따라서 남편은 무던하고 안정적인 사람일 수도 있는데, 왜 아내는 남편한테 이렇게 비난을 하고 있을까? 아내는 어렸을 때 매우 권위적이고 차가웠던 아버지가 싫어 남편의 다정한 모습에 끌려 결혼했는데, 나중에 보니 연애할 때와는 달리 남편 얼굴에 싫었던 아버지의 모습이 겹쳐 보여 화가 난 것일 수도 있다. 사실은 남편의 행동은 결혼 전이나 후에 크게 달라진 것이 없을 수도 있는데, 아내의 미해결 감정인 '버림받는 공포'가 억압돼 **심층 감정**으로 남고, 그 대신 **표면 감정**인 분노 감정이 건드려져 남편에게 표출된 것일 수 있다. 즉, 아버지에 대한 공포 감정이 아직 해결되지 못한 상태에서 무의식에 숨겨지고, 표면에 있는 분노 감정을 아버지 대신 남편에게 쏟아내는 것이라 할 수 있다.

그녀는 왜 남편에게 "나에게 좀 더 따뜻하게 대해줬으면 좋겠어!"라든가 "당신이 내게 관심이 없어진 것 같아 불안해!"라고 표현하는 대신 "당신은 냉정한 인간이다" "당신은 감정이 없는 사람이다"라고 비난할까? 그녀는 분노를 표현하는 것이 자신의 심층 감정인 버림받는 공포를 표현하는 것보다 안전하다고 생각하는 것이다. 즉, 약점이라고 생각되는 공포감을 내보이는 것보다 분노 감정을 표출함으로써 자존심을 상하지 않고 상대방 행동을 조종할 수 있다고 믿는 것이다. 그러나 실제로는 분노 감정을 표현함으로써 관계가 나빠지고 부부 사이는 점점 멀어질 수 있다. 진솔하게 속마음을 있는 그대로 표현하기 위해서는 훨씬 많은 용기가 필요하다.

남편은 화내는 아내 앞에서 쩔쩔매면서 꼼짝 못 한다. 그런 표정을 보고 아내는 또 다른 오해를 할 수도 있다. 즉, "내가 이렇게 화를 내는데도 아무 반응을 보이지 않는 것을 보면, 저 사람은 애정이 식은 거야. 마음이 떠난 게 분명해!"라는 생각을 할 수 있다. 그러면 아내는 남편을 더 사납게 몰아세울지도 모른다.

남편이 무표정한 모습을 보이는 것은 아무 감정이 없기 때문이 아니라, 너무 무서워서 몸이 굳은 것일 수도 있다. 어렸을 때 어머니가 냉정하고 거부적이어서 어머니가 화를 내면 얼어붙어 아무런 반응도 하지 못했던 경험이 화내는 아내 앞에서 재연되는 것일 수 있다. 즉, 남편의 표면 감정은 무덤덤한 것처럼 보이지만, 심층 감정은 굉장한 두려움일 수 있다.

그리고 그 아래에는 심한 좌절감과 함께 강한 분노가 있을지도 모른다. 어머니로부터 사랑받지 못했던 서러움, 외로움, 슬픔 같은 것도 있을 수 있다. 이런 사람이 심리상담에 온다면 무표정하고 무덤덤한 표면 감정 아래에 있는 공포 감정을 접촉하고 표현하도록 도와줘야 한다. 그리고 나서는 그의 또 다른 심층 감정들인 외로움, 슬픔 같은 것을 하나씩 만나도록 해줘야 할 것이다.

오래 외면한
심층 감정을 찾는 법

우리 마음속에서 표면 감정과 심층 감정이 어떤 식으로 상호작용해서 복잡한 심리 현상을 빚어내는지 실제 상담 사례를 통해 좀 더 자세히 살펴보도록 하자. 이는 내가 지도한 상담자가 상담했던 사례를 재구성한 것이다. 내담자는 40대 초반 여성으로 그녀는 사람을 잘 못 믿겠다고 호소를 했다. 누가 자기하고 함께 아는 다른 사람에 대해 그 사람이 없는 자리에서 뒷담화를 하면 매우 당황스러운 느낌이 들면서 "저 사람은 다른 사람을 만나면 내 흉도 보겠구나"라는 생각이 들어 심한 거부감이 느껴지며 다시는 그 사람을 안 보고 싶은 심정이 된다는 것이었다. 이런 마음이 생기는 것에 대해서는 누구나 어느 정도 공감할 수 있을 것이다. 하지만 그녀의 경우는 반응이 너무 과한 정도였기에 자세히 들여다볼 필요가 있었다.

상담자 뒷담화하는 사람들이 그토록 싫은 이유가 뭐죠?

내담자 잘 모르겠어요. 사실 그런 감정을 느끼는 것이 저도 몹시 불편하고 힘들거든요.

상담자 그런 사람을 만나면 어떤 느낌이 들어요?

내담자 좀 무서운 것 같아요.

상담자 어떤 게 무서운가요?

내담자 막연히 '믿었다가 상처받지 않을까?' 하는 생각이 들어요.

상담자 어떤 식으로 상처를 받을 것 같아요?

내담자 그러니까 잘 모르겠어요.

이렇게 말하면서 그녀의 눈가에 눈물이 비쳤다. 상담자와 내담자의 대화가 평범하게 흘러가는 것 같아도 대화 도중에 의미 있는 감정 변화가 나타나면 상담자는 내담자의 정서 프로세스에 주목하고 질문을 통해 그 감정의 의미를 탐색해야 한다. 그래서 이 대목에서 상담자는 내담자에게 감정 변화가 일어난 것을 자각하고, 그 의미에 대해 내담자가 탐색하도록 질문을 했다.

상담자 지금 눈가에 눈물이 좀 맺히는 것 같네요?
내담자 갑자기 엄마 얼굴이 떠올라요.

이렇게 말하면서 그녀는 초등학교 때 부모님이 자주 싸웠던 일과 그때의 경험에 대해 털어놓았다. 그녀의 아빠는 냉정하고 화를 잘 내는 사람이어서 주로 엄마한테 많이 의지하고, 엄마를 가깝게 느끼는 상황이었다고 했다. 그런데 어느 날 학교에 다녀와서 집에 아무도 없어서 우연히 엄마 일기장을 보게 됐는데, 거기서 "이제 남편하고는 도저히 안 되겠다. 이혼하면 딸은 남편에게 맡겨야 할 것 같다"라고 쓴 것을 보았다는 것이다. 그녀는 그때까지 엄마를 믿고서 엄마와 자기가 참 가깝다고 생각했는데, 그 일기장을 본 순간 크게 충격을 받았다.

상담자 그 순간 어떤 감정을 느꼈어요?
내담자 엄마만 믿었었는데 너무 놀랐어요.

상담자 그랬을 것 같아요. 그때 무척 배신감이 들었을 것 같네요?

내담자 엄마가 낯설어졌어요. 엄마와 한동안 말을 안 했어요. 늘 울 컥울컥했는데, 밖으로 내색은 하지 않았어요.

심층 감정인 분노를 가리기 위해

인정하지 않는 배신감

그녀에게 던진 "무척 배신감이 들었을 것 같다"는 상담자의 공감에 내담자는 "네, 정말 크게 실망했어요. 심한 배신감이 들었어요"라고 대답할 법도 한데 그렇게 하지 않고, 다만 "엄마가 낯설어졌어요"라는 말로 대답할 뿐이었다.

그녀는 엄마에 대한 분노 감정을 접촉하기가 무서워, 이를 회피함으로써 **낯설어진 느낌**으로 경험한 것이다. 엄마 일기장을 봤을 그 순간에도 그녀는 아마 비슷한 방식으로 분노 감정을 처리했을 것이다. 즉, 분노 감정을 바로 접촉하기가 무서워 회피함으로써 자신으로부터 소외된 낯설어진 느낌을 경험했을 것이다. 이는 아마 그녀가 타인과의 관계에서 종종 반복해서 느끼는 감정일 것이다.

억압된 분노 감정은 투사돼 타인에 대한 불신과 두려움으로 왜곡 지각되고, 분노 감정이 차단된 빈자리는 **이질적이고 낯설고 공허한 느낌**으로 다가오곤 했을 것이다. 또 함께 차단된 슬픈 감정이나 외로움의 감정도 일체 밖으로 내색하지 않음으로써, 해결되지 않은 채 혼자 있을 때면 울컥울컥하는 식으로 밖으로 삐져나왔을 것이다.

상담자는 내담자가 심층 감정인 슬픔을 차단하고 있는 것을 보고서, 질문을 통해 내담자가 왜 그렇게 하는지 함께 탐색해 보았다.

상담자 왜 엄마한테 슬픈 감정을 보이지 않았어요?

내담자 엄마가 힘들어질까 봐요. 제가 울면 엄마가 얼마나 힘들어질까 걱정이 돼서 제 감정을 드러내지 않았어요.

상담자 그래서 엄마하고 어떻게 지냈어요?

내담자 엄마한테 늘 미소를 지으며 웃어드렸어요.

내담자는 엄마가 힘들어질까 봐 자신의 슬픔마저 외면했다. 엄마에 대한 배신감과 분노를 억눌렀던 것처럼, 똑같은 이유로 슬픔마저 차단한 것이다. 즉, 버림받지 않기 위해 배신감과 분노에 이어 슬픔마저 의식 밖으로 몰아냈다. 대신 밝은 모습으로 꾸며서 엄마한테 늘 미소 지으며 웃어드렸다는 것이다. 그뿐 아니라 엄마가 힘들지 않게 설거지도 도와드리고 심부름도 잘하고 자기감정은 누르면서 혹시라도 자기를 버릴까 봐 엄마한테 모든 것을 맞추는 방식으로 행동했다. 왜 그랬을까? 자세한 이야기가 없어 명확하진 않지만, 아마도 울고 떼쓰고 화낼 수 있을 만큼 엄마에 대한 신뢰가 충분하지 않았을 것이다.

가족 중 유일하게 의지하고 있던 대상인 어머니 일기장을 본 사건은 당시 아이가 감당하기 어려운 충격적 사건이었음이 분명하다. 하지만 정말 문제가 되는 것은 그때의 충격 자체보다는 그 사건 이후로 아이가 선택했던 행동 패턴들이 변하지 않고 현재에도 무의식에서 계속 유지되고 있는 부분이다.

즉, 자신의 심층 감정을 접촉하고 밖으로 표현하는 것은 위험하다는 믿음을 계속 유지하고 있는 점이다. 그녀는 어린 시절의 환상인 "내 감정을 그대로 표출하면 아무도 받아주지 않을 거야. 그들은 나를 외면하고 떠날 거야! 내 감정을 다스리고 타인에게 맞춰줘야 버림받지 않을 거야!"라는 신념을 강하게 붙들고 있다. 그래서 상담자 앞에서도 어린 시절의 감정인 엄마에 대한 배신감과 분노 감정을 직면하지 않는 것이다.

하지만 이제 상담자 앞에서 눈물을 보이는 것은 작은 변화의 조짐이라고 할 수 있다. 즉, 상담자에 대한 신뢰가 조금씩 생겨나는 것이다. 내담자의 눈물을 보면서 상담자는 그 의미를 탐색해 본다.

상담자 지금 얘기하시면서 어떤 감정이 느껴지세요?

내담자 (눈물을 닦으면서) 슬프네요. 그때는 정말 힘들었어요.

상담자 그때의 어렸던 자기 모습을 떠올리면 그 아이가 어떻게 느껴지세요?

내담자 참 안쓰러워요. 얼마나 애쓰면서 살았는지 불쌍하단 생각이
들어요.

이 대목에서 내담자는 차츰 자신의 심층 감정인 슬픔과 외로움을 자
각하고 접촉하면서 수용하는 태도로 바뀌고 있다. 이는 내담자가 상담
자의 따뜻한 관심과 애정, 공감적 지지를 경험함으로써 일어나는 변화
라고 볼 수 있다. 무엇보다 상담자에 대한 신뢰가 형성되면서 그 앞에서
자신의 심층 감정인 슬픔과 외로움을 내보일 수 있게 된 것은 상당한 진
전이라고 할 수 있다. 그러나 아직 그녀는 자신의 심층 감정 중에 가장
중요한 미해결 과제인 엄마에 대한 분노 감정은 회피하고 있으므로 상
담자는 이에 대한 직면을 시도한다.

상담자 엄마 일기장을 보았을 때 엄마한테 화가 안 났습니까?
내담자 잘 모르겠어요. 화가 났는지 안 났는지 잘 모르겠어요.

내담자는 여전히 엄마에 대한 분노 감정을 억압하고 있다. 그녀에
게는 분노 감정을 직면한다는 것은 아직은 감당하기 어려운 일인 것
같다. 그런데 여기서 흥미로운 대목은 그녀가 이토록 분노 감정을 직
면하기 어려워하는 것과 뒷담화하는 사람들에 대한 지나친 경계심 사
이에는 어떤 연결성이 있어 보인다는 점이다. 두 사건은 별개의 스토

리지만 뒷담화하는 사람에 대한 불편한 감정을 이야기하다가 갑자기 어릴 적 엄마와 관련된 사건이 떠올랐다는 것은 우연이라고 보기 어렵다. 표면적으로는 두 사건은 아무 관련이 없어 보이지만 심층적으로는 연결 고리가 있다고 본다. 즉, 두 사건은 모두 상처받는 것과 관련된 주제를 내포하고 있으며, 또한 해결되지 않은 배신감과 분노가 깔려 있다.

내담자의 엄마에 대한 감정은 억압된 배신감과 분노 감정이지만, 타인과의 관계에서는 불신감과 경계심으로 나타나고 있다. 여기서 우리는 엄마와의 관계에서 미해결된 감정인 배신감과 분노 감정이 타인과의 관계에서는 위장되고 변형된 형태인 불신감과 경계심으로 나타나고 있음을 알 수 있다.

이는 엄마와의 관계에서 받은 상처가 치유되지 않음으로써 타인과의 관계에서 왜곡된 감정으로 나타나고 있지만, 내담자는 아직 두 사건의 연결성에 대해서는 통찰이 없는 상태다. 먼저 엄마와의 미해결 감정을 다루고 나면, 그다음으로 타인과의 관계에서 나타나는 문제도 다룰 수 있게 될 것이다.

엄마와의 관계에서 내담자에게 가장 중요한 감정은 분노다. 엄마를 믿었다가 뒤통수를 맞은 데 대한 배신감과 분노가 이루 말할 수 없을 정도로 컸을 것이다. 당시 이를 엄마에게 직접 표현하고 사과를 받는 것이 매우 필요했다. 하지만 그때는 물론 지금도 내담자는 그렇게 하지 못하고 있다. 왜일까?

엄마와 내담자 사이에 충분히 강한 신뢰감이 없었기 때문이다. 아빠와 비교해서 상대적으로 엄마가 더 편했을 뿐, 그렇다고 엄마에 대한 든든한 믿음이 있었던 것은 아니었기에 일기장 내용을 갖고서 엄마에게 따지기는 어려웠던 것 같다. 아마도 잦은 부부싸움을 목격하며 내담자는 상당히 불안정한 상태에서 자랐을 것 같다.

자기 존중감이 부족한 그녀로서는 분노 감정의 표출이 위험하게 느껴졌을 것이고, 반대로 자신의 분노 감정을 차단하는 것이 그나마 남아 있는 엄마와의 관계를 유지할 수 있는 차선책이라 생각하고, 그것을 마음속 깊은 곳에 감추기로 한 것이다. 그런데 엄마한테만 숨기지 않고 자기 자신한테도 숨겨버렸다. 자기 속에 그런 것이 있다는 것을 알고 있으면 마치 집 안에 폭탄을 두고 사는 것처럼 얼마나 불안하겠는가? 그래서 그것을 자기 자신도 찾지 못할 정도로 깊이 감추었을 것이다.

하지만 이렇게 억압된 감정은 그 자리에 가만히 있지 못한다. 밖으로 투사돼 좀 더 안전하게 만들려는 시도가 마음 작용으로 생겨난다. 그렇게 해서 나타난 감정이 두려움과 거부감이다. 즉, 엄마에 대한 억압된 분노 감정이 타인에게 투사가 돼 그 사람이 자기를 해칠지 모른다는 두려움으로 경험되는 것이다.

서로 가깝게 아는 사이인데, 그 사람이 없을 때 그 사람의 뒷담화를 하는 사람이 타깃이 된 것은 이 내담자에게는 어쩌면 매우 자연스러운 현상이라고 할 수 있다. 가까운 사람에 대해 뒷담화하는 사람은 자신이 엄마에게서 겪었던 상처를 연상시키기에 필요한 모든 조건을 다 갖춘 대상이기 때문이다. 즉, 그녀의 눈에는 뒷담화하는 사람은 함께 있을 때는 무척 친한 관계인 것처럼 하다가 그 사람이 없는 곳에서는 뒤통수를 치는 행동을 한다는 점에서 엄마의 행동과 매우 유사하게 보이는 것이다. 그런 사람은 언제든 배신할 수 있다는 생각이 들고, 그런 사람에 대한 분노 감정은 심한 공포와 혐오감으로 경험될 수 있다.

이는 엄마에 대한 해결되지 않은 분노 감정이 그 사람에게 투사돼서 그가 자기한테 어떤 해를 가할지 모른다는 공포와 혐오감으로 나타난다. 이는 자신의 위험한 분노 감정을 통제하면서도 외부로부터의 위해도 예방해 주는 느낌이 들 수 있다. 하지만 이는 단지 또다시 상처받지 않으려는 내담자의 오래된 주제의 반복에 지나지 않는다. 자신의 중요한 감정을 자기 것이 아닌 것으로 부정하고, 그것을 외부로 투사해 타인의 것으로 오해해 버리는 것은 일시적인 안도감을 줄 수는 있을지라도 장기적으로 진정한 문제해결을 가져다주지는 않는다.

이 내담자에게 가장 중요한 감정은 분노 감정인데, 이를 부정하고 외부로 투사하는 건 자기 문제를 밖으로 옮기는 행위로서, 마치 집에서 잃은 물건을 밖에서 찾으려는 것과 같다. 내담자가 어린 시절 엄마에게 느낀 배신감과 분노 감정은 그 자체로는 무척 건강하고 자연스러운 감정이다. 그것은 부당하게 입은 피해를 가해자로부터 보상받기를 원하는 정당한 감정이라고 할 수 있다. 당시 일기장을 통해 엄마의 내심을 읽은 사건이 아이에게는 너무 큰 충격이라서, 그리고 자기를 지지해 줄 사람이 없다고 여겨져 황급히 묻어버렸지만, 내담자가 경험했던 배신감과 분노 감정은 **이해**와 **사과**라는 합당한 보상을 받기 전에는 그냥 사라질 수 없는 중요한 감정이다.

부당한 일에 분노하는 것은
정당하다

사람이 살다 보면 부당하게 억울한 일을 당하는 경우가 있는데, 그럴 때 느끼는 분노 감정은 상대방을 공격하는 것과는 다르다. 그것은 정당하고 건강한 감정이다. 유기체를 보호하기 위한 본능적인 감정이다.

상대방으로부터 이해와 사과를 받을 때 분노 감정은 해결된다.

만일 그것이 여의치 않을 때는 대신에 신뢰할 수 있는 타인이나 상담자로부터 공감과 지지를 받아 해결할 필요가 있다. 그마저 어려운 경우라면 최소한 자신에게 그 감정의 정당성을 인정받고 이해받을 필요가 있다. 하지만 많은 사람들이 자신에게 이해받지 못하는 억울한 상태에 자신을 방치함으로써 감정의 문제는 더욱 악화된다.

정당한 분노를 표현하는 것은 정신 건강에서 매우 중요하다. 상대방의 행동을 부당하게 느낄 때 "당신의 행동이 나를 존중하지 않는 것 같아서 화가 나요!"라고 말하는 것은 상대방을 공격하는 것이 아니다. 이는 어떤 상황에 대한 자신의 지각과 그에 대한 자신의 감정을 표현하는 것이므로 상대방과의 합리적 소통을 위해 매우 도움이 되는 부분이다.

그런데 이 내담자의 경우처럼 실제 삶 속에서 중요한 감정인 분노를 차단하고 억압해 버리면 예상치 않은 곳에서 문제가 생길 수 있다. 즉, 대인관계에서 과도한 공포라는 매우 취약한 상태에 놓일 수 있게 된다.

감정을 차단하는 행동은 분노 감정에만 나타나는 것이 아니다. 슬픔, 외로움, 죄책감, 수치심, 두려움 그리고 기쁨이나 즐거움의 감정에서도 나타난다. 어떤 감정이든 그것들이 차단되면 많은 문제가 생겨난다. 감정의 종류와 관계없이 그것들을 있는 그대로 알아차리고 허용해 주는 것이 중요하다.

감정은 삶에서 우리가 어떤 행동을 해야 할 필요가 있는지를 알려주는 센서와 같은데, 감정을 잘 모르고 산다는 것은 전자제품의 센서에 반창고를 붙이고 사는 것에 비유할 수 있다. 의외로 많은 사람들이 자신의 감정 센서를 닫아놓고 산다. 문제가 생기면 그때 가서 부랴부랴 찾아보면 예외 없이 감정 센서가 막혀 있는 것을 알게 된다.

문제가 생기기 전에 우리 내면에 감정이 있다는 사실을 아는 것이 무척 중요하다. 감정을 모르는 상태에서 하는 행동은 마치 나침반 없이 항해하는 것과 같다. 그런 사람들은 행동의 방향성이 없으므로 필요한 욕구를 원활히 해결할 수 없다.

자신의 감정을 잘 알아차리지 못하는 사람은 다른 사람들이 하는 행동을 관찰하면서 도움을 받을 수 있다. 예컨대, 불편한 감정을 자연스럽게 표현해 해결하는 사람을 보면 "나는 지금까지 내 감정을 저렇게 표현해 본 적이 없었구나. 나도 저 사람처럼 표현해 볼 수 있지 않을까?"라고 돌아볼 수도 있을 것이다. 물론 상담자와 대화하면서 전문적인 도움을 받아 자신의 감정을 하나씩 알아차리고 표현하는 것도 무척 도움이 된다.

다른 사람들의 행동을 관찰하면서 자신이 억압하고 있는 감정에 대해서 조금씩 알게 되면, 실제로 표현을 통해 감정을 해소하고 싶어진다. 그 순서는 표면에 있는 감정부터 먼저 연습하고, 차츰 심층 감정에 대해서도 하는 것이 좋다. 감정 표현은 처음에는 마음속으로 혼자 연습해 보는 식으로 하다가 나중에는 상담자 또는 가까운 사람들에게 해보고, 마침내 어떤 상황이 되면 모르는 사람들에게도 분명하게 감정 표현을 할 수 있게 될 것이다.

8장

내 안에 불청객이 있다

우리가 미처 알아차리지 못해도 우리 마음속에는 늘 수없이 많은 생각이 지나간다. 해야 할 일을 알려주는 생각, 주변에 일어난 사건들에 대한 이런저런 해석, 내가 한 행위에 대한 평가 혹은 미래에 일어날 일에 대한 예측이나 기대, 사람과의 관계에 대한 논평 같은 것들이다. 예컨대, "오늘은 밀린 빨래를 해야지!" "저기에 차를 세워두면 어떡해?" "저 사람은 옷을 센스 있게 입었네?" "비가 올 것 같은데?" "저분은 인상이 참 좋아! 호감이 가네" 같은 것들이다.

생각은
문제가 되지 않는다

대부분 이런 생각은 사소한 일상적인 것들로 그다지 문제가 되지 않는다. 특히 마음이 편안할 때 떠오르는 생각은 더욱 그렇다. 하지만 자세히 관찰해 보면 개중에는 우리 몸과 마음을 지속적으로 불안하게 혹은 우울하게 만드는 생각들이 있다. 이런 생각들은 대부분 부정적이고 반복적인 패턴을 이루고 있으며, 우리 자신도 모르게 습관적으로 하는 것이다. 이런 생각은 주로 우리 자신의 행동이나 상태 혹은 존재에 대한 언급으로 비판적이고 평가적인 내용이 많다.

이런 목소리가 어떤 식으로 우리 마음속에 불청객으로 찾아오는지 한 장면을 생각해 보자.

〈장면〉

한 여인이 이마에 손을 짚고서 멍한 표정으로 앉아 있다. 큰아이는 천방지축으로 방 안에서 종이비행기를 날리면서 뛰어다니고 작은 아이는 큰소리로 울고 있다. 하지만 남편은 소파에 몸이 딱 달라붙은 채 꼼짝하지 않고 리모컨으로 티브이 채널만 이리저리 돌리고 있다.

지금 이 여성의 내면에서는 어떤 목소리가 들려오고 있을까? "지겨워. 어서 끝내고 싶어" "이건 네가 부모님이 반대하는 결혼을 해서 생긴 일이니까 어쩔 수 없어. 네가 책임져야 해" "그래 맞아, 그렇지만 더 이상 못 버티겠어. 이젠 지쳤어"라는 목소리들이 지나간다. 이 여성의 내면에서는 서로 대립하는 생각(목소리)들이 오가지만 그녀는 자기 속에 이러한 생각이 있는지조차 알지 못한다.

이처럼 우리 마음속에서는 의지와 관계없이 어떤 생각들이 떠오르면서 나 자신도 모르게 그것들과 동일시함으로써 심한 감정 기복이 생겨나는 경우가 많다. 그런데 자세히 살펴보면 이런 생각들은 일정한 패턴을 이루며 주기적으로 나타난다. 게슈탈트 치료에서는 이런 종류의 생각을 주제라고 부른다.

우리가 겪는 심리 장애는 대부분 이런 주제의 형태로 구성돼 있으며, 주제는 사람마다 다를 수 있지만 일정한 패턴의 부정적이고 파괴적인 내면의 목소리로서 그것과 동일시하는 순간 그에 상응하는 불안이나 공포, 분노, 짜증, 우울, 외로움, 슬픔, 열등감, 죄책감, 수치심, 소외감, 공허감 등 다양한 감정들이 일어난다.

이 여인은 심한 우울 증상에 시달리고 있을 수 있다. 이런 사실을 남편은 알까? 아마 모를 것이다. 그녀 자신조차도 자신의 내면에서 일어나는 생각들을 잘 알아차리지 못하고 있고, 모든 것이 자기 탓이라고 여겨서 주변에 도움 요청을 하지 않을 것이기 때문이다. 그녀는 현재 매우 단절되고 고립된 상태에 있다고 할 수 있다.

불청객처럼 찾아오는 생각은
쉽게 떠나지 않는다

불쑥 찾아오는 불청객인 이런 생각은 우리에게 별로 도움이 되지 않고 당연히 마음을 더 힘들게 한다. 이런 생각은 상대하지 않고 그냥 놔두면 대부분 저절로 사라진다. 그러나 우리는 무의식적으로 이런 생각을 붙듦으로써 점점 마음이 지치고 힘들어진다. 이런 생각은 대체 어디서 오는 것일까? 왜 우리는 이런 생각을 무심히 바라볼 수 없는 것일까? 어떻게 하면 이런 생각에 휘둘리지 않고 평정심을 유지할 수 있을까?

인간의 진화 과정에서 대뇌가 발달하면서 생각을 많이 할 수 있게끔 뇌 구조가 바뀐 것이 모든 불행의 원인이다. 여기서 생각이 무엇인가를 논하기에는 지면이 너무나 부족하지만, 간단히 말한다면 생각은 존재하지 않는 **가상의 세계**(과거, 현재, 미래)를 만들어 **현실**을 통제하고자 하는 인간 욕망에서 생겨났다. 이러한 염원은 애초에 불가능한 환상이지만 언어를 통해 삶을 이해하고 평가해 온 수십, 수백만 년에 걸쳐 진행된 인류의 진화와 맞물려 있다. 즉, 인간은 자신이 처한 상황이나 현실을 있는 그대로 지각하는 대신 언어라는 **도구**(프로그램)를 통해 요약하고, 평가하고, 예측하는 방식으로 진화해 왔다. 그런데 언어는 매우 제한되고 불완전한 도구다. 그것을 통해 삶이라는 무한한 신비를 재단하려 들면 삶은 불가피하게 왜곡되고 축소될 수밖에 없다.

이 상담자의 내면에서 관찰되는 것과 같은 목소리(생각)들은 왜곡과 축소가 지나친 것들로 만약 이런 목소리들이 반복적으로 들려온다면, 그리고 그것들을 자신도 모르게 붙든다면(사실이라고 믿어버린다면 혹은 동일시한다면) 매우 심각한 정신 장애를 일으킬 수 있다.

이런 종류의 생각은 크게 나누어 부모나 사회가 자녀에게 직접 주입한 것과 본인이 겪은 트라우마를 극복하는 과정에서 스스로 만든 것의 두 종류가 있는데, 후자도 전자에 의해 많은 영향을 받으므로 게슈탈트 치료에서는 둘 다 **내사***introjects*라고 부른다. 이는 우리의 **본래 마음**(本來心, 본래 나)에는 없었던 것들인데, 사회 경험을 하면서 생겨난 것이다.

말을 배우기 전의 아이들에게는 내사된 목소리들이 없으므로 순수한 유기체로서 자유롭게 행동한다. 배고프면 울고, 즐거우면 까르르 웃거나 몸을 움찔거려 춤으로 표현한다. 그러나 아이들이 언어를 습득하면서부터 부모나 사회가 만든 사회규범이나 사고 체계를 내사함으로써 온전히 하나였던 유기체에 균열이 생겨 상전과 하인의 둘로 분열된다.

우리가 하는 부정적인 생각은 대부분 유기체인 **하인**을 통제하고 간섭하는 **상전**의 목소리다. 상전은 자신이 정해놓은 행동 방식과 규범의 테두리 안에서 하인이 살기를 요구한다. 하인은 이러한 상전의 목소리에 저항하고 자기 정체성을 유지하려 하지만, 상전의 목소리가 강해지면 위축될 수밖에 없다.

내 안에

상전과 하인이 있다

어린아이들의 행동을 관찰해 보면 억압되지 않은 상태에서 천진난만하게 노는 모습을 볼 수 있다. 종종 어른들은 아이들이 자기 욕구나 감정을 억누르지 않고 자유분방하게 표현하는 것을 보면서 깜짝 놀라기도 하고, 당황해서 얼른 제지하려 들기도 한다. 하지만 때로는 아이들의 순수함에 매료돼 크게 웃거나 함께 즐겁게 놀기도 한다.

이러한 평소와는 다른 어른들의 허용적인 태도에는 종종 내면의 무의식적 역동이 관여돼 있다. 즉, 억압되고 소외됐던 하인이 아이들의 생기발랄한 모습에 자극을 받아 잠시 상전의 눈을 피해 밖으로 뛰쳐나와 아이들과 함께 뛰어노는 장면이다. 이는 아이들에게만이 아니라 삶에 찌든 어른들에게도 힐링의 순간이 된다.

하인 = 자연스러운 본성

상전 = 밖에서 들어온 억압

물론 어른들의 행동이 모두 같지는 않다. 억압이 심한 어른들, 즉 상전의 목소리가 매우 강한 어른들은 아이들의 자유로움을 틈만 나면 억압한다. 그렇게 되면 아이들은 어른들의 상전을 내사해 타고난 천진난만함과 순수함을 소외시켜 움츠러들고 의기소침해진다.

여전히 어른들은 부모님 말씀 잘 들어야 한다, 어른을 공경해야 한다, 다른 사람에게 폐 끼치지 말아야 한다, 공부 잘해야 한다, 쓸모 있는 사람이 돼야 한다, 다른 사람에게 뒤떨어지면 안 된다 등 온갖 규칙을 부과하며 아이들이 자기 자신으로 살지 못하고 내사된 목소리에 복종하며 살도록 요구한다.

이렇게 외부에서 들어온 목소리가 상전인데, 상전의 말을 안 들으면 어떤 일이 벌어질까? 여러 가지로 힘든 일을 겪게 된다. 말 안 듣는 아이에게 부모는 얘는 왜 이렇지, 못됐다, 문제가 있다, 이상한 아이다, 힘들어서 못 키우겠다, 밖으로 쫓아내야겠다 등 온갖 비난과 협박을 한다.

아이들의 타고난 성품을 있는 그대로 인정해 주고 수용해 주면 건강하게 자랄 텐데, 부모나 사회가 정해놓은 기준에 어긋난다고 불이익을 주고 제재하면 해로운 상전의 목소리들이 자리를 잡아 유기체(하인)를 억압하고 통제함으로써 아이는 마침내 병들게 된다.

상전의 목소리는 가정마다 다르다. 타인을 배려해서 자기 욕구를 최대한 억누르라고 말하는 집이 있는가 하면, 정리정돈이나 청결을 지나치게 강조하는 집도 있다. 공부를 잘하기를 바라는 집이 있는가 하면, 부모의 의견에 반대하면 못된 아이로 낙인 찍는 집도 있다. 아이를 무시하거나 방치해 하찮은 존재라는 느낌을 주는 집도 있고, 단지 외모가 아빠를 닮았다는 이유로 "너는 아빠와 똑같다. 문제가 있다"라고 비난하는 집도 있다.

아이가 처한 상황이나 유기체 욕구를 무시하고 일방적으로 부모가 정한 기준에 아이가 맞추기를 강요하는 것은 자라는 아이의 영혼에 가하는 심각한 폭력이다. 그것은 해로운 상전의 목소리가 돼 아이의 내면에 계속 상처를 준다.

부모의 기대와 요구가 크면 클수록 아이의 내면에는 그에 비례해 강한 상전의 목소리가 생긴다. 게다가 흔히 관찰되는 현상 중 하나는 아이에게 상전의 목소리는 부모가 의도했던 것보다 훨씬 강하게 형성될 수 있다는 것이다.

예컨대, 아빠가 "사는 것이 왜 이리 힘든지 모르겠다"라고 지나가는 말로 푸념한 것을 아이는 '아빠가 지금 정말 힘든가 보다. 내가 잘하지 않으면 큰일 나겠구나'라고 생각하고 '완벽한 자기'가 돼야 한다고 결심하거나, 엄마가 무심코 "너를 안 낳았으면 내가 이 고생을 안 할 텐데"라고 말하는 것을 듣고 아이는 "나는 엄마가 원치 않은 아이였어. 나의 존재가치를 스스로 입증하지 않으면 나는 이 세상에 살 자격이 없어!"라는 식으로 부정적이고 왜곡된 상전의 목소리를 만들어낼 수도 있다.

당신의 상전은

어떤 모습인가

다음에 소개하는 20대 직장 여성은 남자 상사와의 관계에서 심한 불편감을 느끼고 있다. 그녀는 남자 상사들을 보면 괜히 싫고, 피하고 싶은 마음이 들어서 직장 생활이 무척 어렵다고 호소했다. 하지만 직장에서 그들을 안 마주치기가 쉽지 않은 까닭에 항상 스트레스를 받고 있었다. 나는 그녀의 이야기를 듣다가 상담자인 나와 대화하는 지금 순간에 느껴지는 감정이 무엇인지 물어보았다. 내담자들은 흔히 과거 이야기에 함몰돼 대화하는 **지금 순간**의 마음을 놓치는 경우가 많기에 이를 알아차리도록 해주기 위해서였다.

> **상담자** 잠깐 멈추시고, 방금 남자 상사와의 관계에 대해 여러 가지 이야기를 하셨는데, 말씀하시면서 지금 순간에 느껴지는 감정이 있으신가요?
>
> **내담자** 글쎄요, 잘 모르겠어요.
>
> **상담자** 말씀하시면서 조금 전에 눈물도 나왔고, 한숨도 쉬셨고, 여러 감정들이 나왔던 것 같은데 기억나시나요?
>
> **내담자** 그냥 좀 답답한 것 같아요. (가슴을 어루만지며)

여기서 우리는 내담자의 감정이 억압돼 접촉이 잘되지 않는다는 사실을 알 수 있다. 신체적으로 답답한 느낌은 자각되나 자신의 감정은 느끼지 못한다. 그래서 나는 그녀가 현재 느끼는 신체 감각이 자신에게 친숙한 느낌인지, 만일 그렇다면 과거 어떤 상황에서 그런 감각을 경험했는지 물어보았다. 내 질문을 듣고 그녀는 아빠가 매우 권위적이었는데, 자기 말을 무시하고 대꾸도 하지 않았던 한 장면을 기억해 냈다. 그 말을 듣고 나서 그녀의 심정이 어땠을지 공감하는 내용의 질문을 했다.

상담자 아빠가 ○○ 씨 말에 대꾸도 안 했다면, 나 같으면 화가 났을 것 같은데요?

내담자 (얼굴을 찌푸리며) 어릴 때 아빠한테 대든 적이 있었어요. 그때 할머니가 그러면 못 쓴다고 나무라셨던 일이 있었어요.

상담자 방금 할머니 얘기를 하셨는데 그 얘기를 하시면서 지금은 기분이 어떠세요?

내담자 잘 모르겠어요. 기억은 나는데 별로 느낌이 없어요.

상담자 지금 할머니가 앞에 있는 의자에 앉아 계시다고 한번 상상해 보실래요? 이제 할머니와 대화를 한번 해보세요. 할머니가 '그렇게 아버지한테 대들면 못 써!'라고 방금 말씀하셨어요. 할머니에게 지금 하고 싶은 말을 한번 해보세요.

내담자 (침묵)

상담자 아빠에게 대들었을 때 할머니가 뭐라고 말씀했다고 했죠?

내담자 (작은 소리로) 그래도 아버지인데 그러면 못 써!

상담자 좀 더 큰소리로 말씀해 보시겠어요?

내담자 (큰 소리로) 그래도 아버지인데 그러면 못 써!

상담자 자, 이제 ○○ 씨가 할머니에게 대답해 보세요.

내담자 (침묵) 말이 안 나와요. 목에 뭔가 걸려 있는 느낌이에요.

상담자 좋아요. 이번에는 심호흡을 크게 두 번 해보세요. 한 번 더 해보세요. 심호흡하면서 몸의 감각이 어떻게 변화하는지 알아차려보세요. 다시 할머니에게 하고 싶은 말을 해보세요.

내담자 (잠깐 숨을 몰아쉬고) 할머니! 너무 하세요. 할머니가 그러시니까 아빠가 더 저러시는 거예요! (처음으로 크게 울음을 터뜨린다.)

상담자 그러면 할머니가 돼서 ○○ 씨에게 대답해 보시겠어요?

내담자 그래, 네가 그렇게 힘들어하는 줄 몰랐다. 울지 마라. 미안하다.

상담자 지금 이야기하고 나니까 기분이 좀 어떠세요?

내담자 가슴에 얹혔던 것이 내려가는 것 같아요.

할머니와의 대화를 통해
미해결 과제를 푸는 내담자

내담자는 어린 시절에 냉정하고 권위적이었던 아빠에게 어느 날 화가 나 그만 못 참고 대들었다가 할머니에게 야단맞는 바람에 놀랐던 사건과 그것이 계기가 돼 "남자 어른에게는 감정을 누르고 순종해야 해!"라는 상전의 목소리가 생겨났던 과정이 상담을 통해 생생하게 드러났다.

내담자의 가정에서는 할머니가 어른으로서 권위가 있어 거역하면 안 되는 존재였고, 아무도 내담자를 이해해 주거나 편들어주지 않아 혼자 감정을 억누르고 다스려야만 했다. 할머니는 외아들인 아빠를 감싸고 돌았고, 모든 것이 아빠 중심으로 흘러갔다. 엄마는 목소리를 내지 못했고, 내담자 혼자서 아빠에게 저항하는 것은 힘든 일이었다.

내담자는 집안 분위기에 적응하기 위해 자신의 분노 감정을 억압하고, 가족과 거리 두기를 하며 자기만의 안전을 확보했다. 하지만 그녀의 내면에는 남자 어른에 대한 해결되지 않은 적개심과 공포심이 있었다. 이를 해결하기 위해 생겨난 상전의 목소리는 "남자 어른에게는 감정을 드러내서는 안 돼. 그들과는 거리를 두고 피하는 것이 최선이야!"라는 것이었다.

이렇게 태어난 상전의 목소리는 본인도 의식하지 못하는 사이에 대인관계에도 부정적 영향을 미쳤고, 아버지를 연상시키는 남자 어른이나 직장 상사를 보면 분노 감정과 함께 피하고 싶은 감정이 올라왔다. 그런데 직장에서 매일 만나는 남자 상사에 대한 불편한 감정을 계속 외면하기도 어렵고, 그렇다고 해서 딱히 해결책도 없어 무척 힘든 시간을 보내던 차였다.

그녀는 상담 시간에 할머니와의 **빈 의자 대화**를 통해 자신의 내면에 억압돼 있던 아빠에 대한 분노 감정을 접촉하면서 무척 놀랐다. 오래전 일이라 잊어버린 줄 알았는데, 그때의 감정이 생생하게 되살아나며 분노와 슬픔이 북받쳤고, 할머니에게 감정을 표현하고, 이해받고, 사과받는 경험을 하면서 가슴속의 응어리가 풀려나가는 경험을 했다. 이후의 상담에서 그녀는 빈 의자 작업을 통해 아빠와 남자 상사를 차례로 만나는 실험을 했고, 이어서 **상전과 하인의 갈등**을 다루는 치료 작업을 통해 오랫동안 붙들려 있던 주제에서 풀려나 편해질 수 있었다.

내 안의 불청객인 상전의 목소리를 다루기 위해 가장 필요한 것은 먼저 상전의 목소리를 알아차리는 것이다. 만일 상전의 소리를 알아차리지 못하면 그것은 무의식적으로 계속 우리를 지배하게 되지만, 상전의 목소리를 알아차리면 그 목소리에 대처하는 여러 가지 방법 중에서 자기에게 가장 맞는 것을 선택하면 되기 때문이다.

상전의 목소리에 대처하는 방법은 크게 두 가지다. 첫 번째는 상전의 목소리 내용*content*에 대해 작업하는 것이고, 두 번째는 상전의 목소리를 하나의 과정*process*으로 보고 다루는 방법이다. 두 가지 모두 다양한 방법이 있지만 여기서는 간단히 핵심적인 원리만 소개하겠다.

첫 번째 방법은 주로 심리 치료에서 많이 쓰는 전략인데, 상전의 주장이 얼마나 현실적으로 타당한지 내용을 따져보는 것이다. 게슈탈트 치료에서는 상전의 생각(믿음, 주장)이 무조건 맞거나 혹은 틀렸다고 보지 않는다. 대부분 상전의 목소리는 그것이 생겨난 과거 상황과 배경, 맥락에서는 상당한 타당성이 있었다고 본다. 게다가 그런 목소리들의 긍정적인 기능도 있었다고 본다.

그래서 내담자 내면의 상전의 목소리를 무조건 **비합리적이다, 잘못됐다, 이상하다**고 비판하기보다 오히려 어떤 배경에서 그런 목소리가 생겨났으며, 적어도 당시에는 어떤 긍정적 기능이 있었는지 등을 탐색하고 이해하려는 입장에 선다. 그리고 그것들이 지금 **현재 시점, 상황, 맥락, 배경**에서도 여전히 타당한지 내담자와 함께 검토한다.

대부분 상전의 목소리는 어린 시절 외부로부터 주입됐던 것이거나 본인이 처했던 어려운 상황에 적응하기 위해 스스로 만들었던 것들인데, 그 내용을 탐색하다 보면 상전의 목소리가 한때는 자신에게 중요한 의미가 있었고 적응적인 가치가 있었으나 상황과 맥락이 달라진 지금은 타당성이 낮다는 사실을 알게 된다. 그렇게 되면 상전의 목소리가 더 이상 유효하지 않다는 판단을 하고 내려놓을 수 있게 된다.

이 방법의 장점은 내담자 혼자서 판단하는 것보다 과학자적인 탐구심과 인간적 애정을 가진 상담자가 내담자와 함께 상전의 목소리를 탐색해 봄으로써 좀 더 객관적인 판단을 할 수 있다는 것이다. 내담자가 혼자 생각에 빠져 있을 때는 자기를 객관적으로 보기가 어렵다.

종종 상담자가 대단한 개입을 하지 않아도, 단지 내담자가 하는 이야기를 진지하게 들어만 주어도 내담자는 이야기하면서 스스로 정리하며 해결되는 경험을 하기도 한다. 이는 깨어 있는 한 존재가 자신의 말을 진지하게 듣고 있다는 느낌이 들 때, 내담자는 자기 생각을 객관화시킬 수 있게 되고, 그렇게 되면 그것이 치우쳤다는 것을 깨닫게 되기 때문이다.

상담자가 내담자와 대화할 때 **판단중지**와 더불어 온전히 지금 여기에 **현전**하게 되면, 내담자는 상담자의 **현전**^{presence}에 힘입어 자신의 상전이 어떻게 왜곡돼 있는지 명료하게 볼 수 있다. 그러면 내담자는 상담자와 함께 상전의 주장이 타당한지 대화를 하면서 검증해 볼 수 있다.

이때 상담자는 필요하면 두 의자 기법을 통해 상전과 하인의 내적 대화를 외현화시켜 두 목소리가 균형을 잡을 수 있도록 도와줄 수도 있다. 물론 이 과정에서 상담자는 내담자의 하인을 명료화시키고, 반영이나 공감을 통해 지지해 주는 개입을 할 수도 있다.

이러한 다양한 방법을 통해 상담자는 내담자의 상전이 과거 어린 시절 어려움을 겪는 과정에서 하나의 창조적 대응으로 생겨났으나 지금에 와서는 낡은 가설임을 깨닫는 작업의 목격자가 될 수 있다.

지금은
그때와 다르다

상전의 목소리를 다루는 두 번째 방법은 상전의 목소리를 하나의 과정으로 다루는 방법이다. 과정이란 흐름을 말하며, 고정된 사물이 아니라 매 순간 변화하는 현상을 가리킨다. 내용은 그 대상이 머릿속에만 존재하는 추상적 개념임에 반해, 과정은 그 대상이 실제로 생멸하는 현상의 흐름(움직임)이다.

생각도 감각이나 감정, 욕구, 꽃이나 벌, 나비처럼 매 순간 상태가 변화해 가는 하나의 현상이다. 상전의 목소리도 생각이므로 당연히 그것 자체는 **현상**이며 **과정**이다. 상전의 목소리를 하나의 **과정**으로 다룬다는 것은 그것을 하나의 **현상**(흐름)으로 보고 대처한다는 뜻이다.

모든 일어나는 현상들은 가만히 두면 저절로 변화를 거쳐 사라진다. 생각도 마찬가지로 하나의 **에너지**(현상)이므로 건드리지 않고 가만히 두면 힘을 잃고 변화해 사라진다. 상전의 목소리는 하나의 **주제**를 이루어 반복해서 나타나는 **패턴**인데, 이는 여느 생각보다 상대적으로 힘이 세므로 사라지는 시간이 좀 더 걸릴 수 있다. 하지만 생각일 뿐이므로 우리가 에너지를 공급해 주지 않으면 얼마 안 가서 사라진다.

상전을 하나의 **현상**으로 볼 수 있으면 상전을 다루는 일은 의외로 쉬울 수 있다. 그냥 놔두면 사라질 테니까 말이다. 아이스크림을 상온에 놔두면 녹아 없어지듯 상전도 관여하지 않고 내버려두면 쉽게 사라진다. 하지만 실제 삶에서는 상전은 내버려둬도 좀처럼 사라지지 않는다.

그 이유는 우리가 상전을 그냥 내버려두지 못하고 (무의식적으로) 끊임없이 새 에너지를 공급하기 때문이다. 여기서 에너지란 우리의 주의 *attention*를 말한다. 상전의 생각이 맞는지 틀렸는지 판단해 보려는 유혹에 이끌려 그 말에 주의를 기울임으로써 즉, 내용적으로 관여함으로써 그만 생각에 휘말려버리는 것이다.

예컨대, "나는 쓸모없는 사람이다" 혹은 "나는 실패자다"라는 상전의 목소리를 (관여하지 않고 혹은 신경 쓰지 않고) 그냥 바라만 본다면 그 목소리는 금방 힘을 잃고 말 텐데, "그 말이 맞는 것 같은데? 아냐 틀렸어!"라는 식으로 내용적으로 관여함으로써 휘말리는 것이다.

그 말이 맞다고 하든, 틀리다고 하든 상관없이 내용적으로 관여하면 프로세스(과정)를 놓쳐버린다. 즉, 과정으로 보는 데 실패한 것이다. 그렇게 되면 상전의 작전에 말려들어 계속 상전에게 끌려 다니며 심리적으로 소진된다.

상전의 목소리를 하나의 과정으로 다루는 방법은 아주 탁월한 전략이지만, 방금 설명한 것처럼 함정이 있어 처음에는 훈련이 필요하다. 여기서 가장 중요한 것은 상전의 목소리를 하나의 현상(혹은 과정)으로 볼 수 있다는 사실을 명확히 이해하는 것이고, 다음으로는 도중에 상전의 목소리에 유혹돼 내용적으로 관여하지(연루되지) 않아야 한다는 점이다. 즉, 상전의 말이 맞다, 틀리다 하는 시시비비에 말려들지 말아야 한다.

상전의 목소리는 오랫동안 반복적으로 훈련된 부정적이고 파괴적인 생각들이다. 그것들에 주의를 기울이면 힘을 받아 다른 부정적 감정을 데려오고, 이는 다시 상전의 힘을 세게 만드는 악순환을 초래하므로 상전의 목소리를 떨어뜨려놓고 하나의 과정으로 초연하게 바라보는 것이 중요하다.

그렇다면 어떻게 상전의 목소리를 온전히 과정으로 다룰 수 있을까? 그 원리는 무척 간단하다. 상전도 생각이므로 하나의 현상으로, 과정으로 보고 그냥 내버려두고 바라보면 된다. 그것을 붙들거나 피하거나 어떻게 해보려고 하지 말고 그냥 하나의 현상으로만 묵묵히 바라보는 것이다.

나비가 날아가는 것을 보듯이, 시냇물이 흘러가는 것을 보듯이, 종소리가 울리다가 사라지는 것을 무심히 듣듯이, 그냥 현상들이 존재하고 사라지는 과정을 아무 생각 없이 나타나고 사라지는 그대로 허용해주며 그냥 지켜보는 것이다. 그것이 전부다. 더는 없다.

그렇다면 왜 그것이 어려운가? 생각의 속성 때문이다. 우리는 생각은 관찰하는(보는) 것이 아니라, '하는' 것이란 믿음이 있어 생각을 그냥 가만히 놔두지 못한다. 생각을 발견하면 그냥 한다. 이를 동일시라고 한다. 그것과 하나가 된다는 의미다.

생각과 **동일시**한다는 말은 생각과 내가 하나가 된다는 뜻이다. 다른 말로는 생각을 **믿어버린다**. 혹은 생각을 **붙든**다고도 한다. 모두 같은 뜻이다. 생각을 하나의 현상으로 그냥 바라보지 못하고, 그것과 나를 동일시해 그것과 내가 하나가 돼버리는 것이다. 생각이 내가 되는 것이다. 그렇게 되면 나는 없어지고 생각만 남게 된다. 그래서 우리가 힘들어지는 것이다. 나를, 즉 '본래 나(본래심)'를 잃어버렸기 때문이다.

생각은 하나의 현상일 뿐 생각이 **내가 아닌** 것은 꽃이나 나비가 내가 **아닌** 것과 같은 이치다. 그럼에도 불구하고 우리는 생각은 다른 사물들과는 달리 **나**라고 믿는다. 그것은 인류의 오랜 습관 때문에 그렇게 믿는 것이지 생각이 특별해서 그런 것은 아니다. 생각이 내가 아니란 것을 이해하면 우리는 엄청난 자유를 얻게 된다. 생각과 동일시함으로써 우리의 모든 심리적 고통이 생겨나기 때문이다.

그렇다면 상전의 목소리와 동일시하지 않고 **나타나면 나타나는 그대로, 사라지면 사라지는 그대로** 그냥 바라볼 수 있으려면 어떻게 해야 하나? 먼저 상전의 목소리(생각)를 알아차리고(발견하고), 그것과 거리 두기를 해야 한다. 즉, 동일시하지 않고 마치 벌이나 나비가 날아가는 것을 보듯 객관적으로 바라보는 연습을 해야 한다.

그런데 자신도 모르게 상전의 목소리를 동일시해(휘말려, 휩쓸려) 따라갔다면 그때는 어떻게 해야 하나? 이런 일은 항상 일어나므로 그에 대한 정확한 대처가 필요하다. 우리는 자신도 모르는 새 상전의 목소리에 동일시해 자기 비난과 좌절감에 빠져 허우적거리는 일이 다반사다.

그럼 어떡하면 좋을까? 그것은 절망적인가? 절대 그렇지 않다. 오히려 그것이 좋은 기회다. 길을 잘못 들어섰다는 것을 깨달은 것은 얼마나 좋은 일인가! 상전을 동일시해 고통스러운 감정을 느끼는 순간 '**상전의 목소리에 내가 또 휩쓸렸구나!**'라고 깨닫고 얼른 동일시에서 벗어나면 된다.

어떻게 벗어나는가? 상전과 동일시하는 데 투입된 주의를 즉시 철수해 창밖 하늘을 보거나 길거리 풍경으로 눈을 돌리는 것이 도움이 된다. 차 지나가는 소리를 알아차리는 것도 좋다. 상전의 목소리에 강하게 붙들렸을 때는 그것으로 충분하지 않을 수가 있다. 그때는 심호흡을 두세 번 크게 하는 것이 필요하다. 그러고 나서 온몸으로 생기가 퍼져나가는 느낌에 주의를 집중해 몸의 감각을 세밀하게 알아차리는 것이 좋다.

이러한 연습을 하는 데 2분이나 3분이면 충분하다. 물론 하루에도 몇 번씩 연습한다면 더 좋다. 이런 **알아차림 연습**을 하면 정신이 맑아지며 지금 순간에 온전히 깨어 있는 느낌이 든다. 이것이 에크하르트 톨레 *Eckhart Tolle*가 말하는 순수의식, 고요함, 공(空). 지금 여기의 현전, 알아차림의 상태다. 퇴계 선생을 비롯한 조선의 성리학자들이 늘 했던 마음 수양법인 경(敬)도 같은 것이다.

이러한 알아차림이 또렷한 상태에서 다시 상전의 목소리를 **거리 두기** 하며 바라보면 상전의 목소리는 힘을 잃고 점차 시야에서 사라진다. 물론 다시 무의식적으로 상전의 목소리와 동일시해 불편한 상태가 될 수 있다. 그때는 생각에서 주의를 철수해 외부 환경이나 신체감각으로 돌리는 작업을 반복하면 된다. 평소 이런 연습을 꾸준히 해두면 상전의 목소리가 나타났을 때 거리 두기를 하며 바라보기가 훨씬 쉬워진다.

상전의 목소리를 다루는 내용적 접근과 과정적 접근을 차례로 알아봤는데, 두 가지를 병행하면 더 효과적이다. 먼저 심리상담을 통해 상담자와 함께 상전의 목소리를 내용적으로 다루고 나서 나중에 다시 혼자서 또는 상담자와 함께 상전의 목소리를 과정으로 다루는 작업을 병행하면 시너지 효과가 생길 것이다.

9장

몸은 말한다

우리의 마음 세계를 통합적으로 이해하기 위해 몸에 대해 알아보기로 한다. 몸과 마음은 서로 분리할 수 없는 **유기적 관계**에 있으며, 궁극적으로 **하나의 현상**이다. 둘은 서로 밀접하게 연결돼 있으며 상호 영향을 주고받는다. 둘은 동전의 앞뒷면처럼 하나이면서 각기 다른 측면이다.

우리는 살면서 몸은 소중하다고 말하면서도 실제 몸 상태에 대해서는 별로 주의를 기울이지 않고, 마치 **사물**처럼 대하는 습관이 있다. 그러나 우리 몸은 물질이 아니다. 몸은 **의식**이 있고, 무엇보다 살아 있기 때문이다. 어떤 면에서는 마음보다도 더 섬세하게 느끼고 알아차리고 반응한다. 몸은 바로 마음이다.

몸은 우리가 생각하는 것보다 훨씬 복잡하고 미묘하다. 몸은 거미줄처럼 퍼져 있는 수많은 신경세포를 통해 마음과 긴밀히 연결돼 있다. 우리가 사물을 지각하고, 생각하고, 욕구와 감정을 느끼고, 사회활동을 하는 데 몸이 관여하지 않는 것은 하나도 없다. 우리는 감정을 경험하거나 표현하거나 혹은 억압할 때도 항상 몸을 통해서 한다. 예를 하나 들어보자.

〈장면〉

형이 동생과 함께 놀다가 동생이 들고 있던 장난감을 빼앗는다면 동생은 화가 나 고함을 지르며 울 것이다. 동생은 장난감을 빼앗은 형에 대한 분노 감정을 고함과 울음소리로, 그리고 형에게 덤벼들어 형을 때리는 행동으로 표현할 것이다.

그런데 부엌에서 일하던 엄마가 달려와 아이한테 "뚝 그쳐!"라고 큰소리로 야단을 치면, 아이는 엄마의 강경한 태도에 놀라 상체를 누르며 꺽꺽 울음을 억제할 것이다. 아이는 몸을 긴장시켜 숨을 멈추면서 감정을 누르는 것이다.

짧은 순간에 아이의 몸은 정말 다양한 경험과 반응을 했다. 분노와 슬픔, 억울함을 온몸으로 겪고 표현했고, 갑작스러운 엄마의 개입에 놀람과 위축을 경험했고, 신체를 억압해 자신의 감정을 차단했다. 이처럼 몸은 우리 삶의 현실을 직접 감당하며 살아낸다. 우리가 미처 의식하지 못하는 순간에 몸은 희로애락을 느끼고 표현하고, 혹은 통제하기도 하면서 항상 삶의 최전방에서 활동한다.

무엇보다 몸은 끊임없이 우리에게 말을 한다. "너무 힘들어요. 좀 쉬게 해주세요." "너무 화가 나요. 말 못 하고 있으니 너무 답답해요." "너무 무서워요. 어떻게 좀 해결해 주세요." 하지만 우리는 이러한 몸의 말을 잘 알아듣지 못한다. 그 이유는 몸이 우리에게 말을 하고 있다는 사실을 모르기 때문이다.

기억하고 저장하는
몸

〈장면〉

가족이 함께 저녁 식사를 한다. 그런데 분위기가 상당히 무겁다. 식구들은 서로 말없이 밥만 먹고 있다. 무슨 일이 있었던 것일까? 아빠 사업이 잘 안 되는 것일까? 아니면 엄마가 큰 병이라도 얻은 것일까? 지금 식구들은 각자 자신의 감정을 잘 알아차리고 있을까? 아마도 자신의 감정이 어떤 상태인지도 모른 채, 그냥 아무 느낌 없이 밥만 먹고 있는지도 모른다.

몸은 이런 것들을 다 간직한다. 만일 이렇게 무거운 분위기가 상당히 오랜 기간 계속된다면 이는 반드시 몸에 축적돼 남는다. 마치 시베리아 벌판에서 매머드가 죽어 그 위에 눈이 덮여 얼음이 얼고, 그 위에 다시 눈이 덮이고 얼기를 반복하면 몇만 년이 지나도 썩지 않고 그대로 있듯 이런 장면은 우리 몸속에 아픈 기억으로 저장된다.

우리가 몸에 주의를 기울이지 않으면 몸의 기억은 잠시 가려져 의식으로 떠오르지 않겠지만 몸은 한순간도 잊지 않고 우리에게 미해결 과제를 해결하라며 압박을 가해온다. 가슴이 답답하거나 불편한 느낌 같은 것은 몸이 우리에게 건네는 말이다.

그런데 우리는 몸이 하는 말을 무시하고 억압해 버린다. 그 이유는 무엇일까? 우리는 대화 상대가 내 감정을 받아줄 거라는 믿음이 있으면 감정을 억압하지 않는다. 하지만 주변에 이야기할 사람이 없거나 있다 하더라도 받아주리라는 믿음이 없으면 감정을 억압한다. 말했다가 수용 받지 못하면 더 큰 상처를 받을 것이기 때문이다.

살다 보면 감정을 억압할 수밖에 없는 상황이 있기 마련인데, 일시적 감정 억제는 별문제가 안 된다. 상황에 따라서는 오히려 그런 선택이 건강한 행동일 수도 있다. 예컨대, 내게 어려움이 생겼더라도 상대방이 무척 힘든 상태에 있다면 적어도 그 순간에는 이야기를 꺼내지 않는 것이 나을 수 있다. 하지만 상황과 관계없이 항상 감정을 억누른다면 그것은 분명히 좋지 않다. 그렇게 하면 장기적으로는 심리적 장애를 일으키고 만다.

1. 특정 감정을 느끼지 못하는 사람

우리의 감정 억압은 여러 모습으로 나타날 수 있다. 가장 흔히 관찰되는 현상은 특정 감정을 잘 느끼지 못하는 것이다. 즉, 분노나 두려움, 슬픔, 외로움, 수치심 등의 감정 가운데서 한 개 혹은 그 이상이 차단돼 잘 느껴지지 않는 것이다. 예컨대, 어떤 사람은 분노 감정을 잘 못 느끼고 어떤 사람은 슬픈 감정을 잘 못 느낀다. 물론 기쁨과 같은 긍정적 감정을 누르는 사람들도 있다.

그런 감정이 억압되는 것은 각자의 성장 배경과 밀접하게 연관돼 있다. 중년의 한 내담자는 슬픔을 잘 못 느끼는 사람이었다. 그녀는 번번이 자기 생일을 잊어버리는 남편에게 서운했지만, 그 이야기를 하면서 무덤덤한 표정과 목소리로 마치 남의 이야기하듯 했다. 좀 이상하게 느껴져서 자세히 탐색했더니 그녀는 어린 시절 엄마와의 관계 경험을 떠올렸다. 장녀였던 어린 자신에게 아빠로 인해 힘들었던 이야기를 하며 늘 눈물을 흘리던 엄마 모습이 안쓰러우면서도 너무 약해 보여 싫었다고 했다. 그녀는 엄마처럼 약해지고 싶지 않아 슬픔을 참고 억압해 왔음이 드러났다.

다른 중년 내담자 한 명은 기쁨이나 즐거운 감정을 억압하는 경향이 심했는데, 그는 자신이 이룬 성과에 대해 기뻐하거나 자랑스러워하는 대신 별일 아니라는 식으로 무미건조하게 말하는 버릇이 있었다. 그런 태도에 대해 피드백했더니 그는 어린 시절 두 살 어린 동생이 물놀이를 하다 익사한 사건을 회상했다. 온 집안이 무겁고 암울한 분위기였고, 그는 자기 잘못이 아님에도 불구하고 그 일에 대해 심하게 자책하며 살았다. 좋은 일이 생겨도 자신은 그걸 누릴 자격이 없다고 생각하며 무거운 죄책감에 짓눌려 살았다. 이런 이야기를 하면서 그는 그 사건이 이렇게 오랜 시간에 걸쳐 자신에게 영향을 미쳐왔다는 사실을 깨닫고 무척 놀라는 모습이었다.

두 사람 다 자신의 감정을 억압하고 차단함으로써 감정을 잘 못 느끼는 상태였지만, 그런 감정들은 목소리나 표정 그리고 동작이나 신체 자세를 통해서(변장된 형태로) 표현되고 있었다. 즉, 여성 내담자의 경우 표정이 자연스럽지 않고 딱딱했으며, 남자 내담자는 어두운 표정과 함께 몸이 무기력하게 처져 있는 느낌이었다.

2. 실제 감정과 드러난 감정이 다른 사람

감정 억압의 또 다른 형태는 실제로 **경험한** 감정과 밖으로 **표현되는** (인정하는) 감정이 서로 다른 것이다. 예컨대, 속으로는 화가 나지만 밖으로는 미소를 짓거나 내심 무서우면서도 겉으로는 태연한 표정을 짓는 것, 슬퍼서 눈물을 흘리면서도 감정 접촉이 안 돼 멀뚱멀뚱한 표정을 짓는 것과 같은 것들이다.

이런 반응은 내면에 경험되는 감정이 밖으로 표출되면 사람들이 어떻게 평가할까 염려해 사회적으로 용납될 수 있는 방식으로 표현하는 것이다. 이런 경우도 감정이 차단되기 때문에 본인은 자신의 감정이 무엇인지 잘 모른다. 하지만 몸은 항상 진실을 알고 있다. 다만 그것을 표현하는 것이 위험하다고 생각하면, 감정을 눌러 억제하거나 **다른 감정**으로 **위장**해서 표현한다.

이는 앞에서 언급한 **특정 감정**을 **차단**하는 방식과 **함께** 나타날 수 있으므로 두 가지를 합하면 우리는 감정을 있는 그대로 표현하는 경우가 매우 적다고 하겠다. 그러면 몸이 감정을 억압하고 차단하는 데 많은 에너지를 사용함으로써 몸이 쉽게 지치게 된다.

감정 억압은 우리 자신의 내적 현실을 눈감아버리는 것이고, 곧 세상과 만나는 통로를 차단하는 행위다. 이는 우리 몸을 상하게 하며 세상과 단절을 초래함으로써 **연결된 존재로서의 인간 실존**에 장애를 초래한다.

몸은 감정을 느끼는 주체이면서도 동시에 감정을 억압하는 **에이전트**(대리자)라는 이중적 성격을 지니고 있다. 즉, **구원자**이면서도 **박해자**의 측면을 지니고 있다. 몸이 없다면 우리는 세상을 인식하거나 경험할 수 없을 것이다. 몸은 **세상 속의 나**를 알아차리고, 세상 속에서 나를 표현하고 실현하게 해주는 구원자다.

하지만 몸은 감정을 차단하는 과정에서도 주도적 역할을 한다. 감정을 억압함으로써 우리를 세상과 단절시켜 감옥에 가두고 괴롭히는 박해자가 되는 것이다. 그런데 아이러니한 점은 그러한 괴롭힘을 당하는 자 또한 몸이라는 사실이다.

종종 감정 억압은 불가피하게 일어날 수밖에 없고, 그것은 어떤 점에서는 개인의 적응을 도와주는 측면도 있다. 하지만 억압이 생겨난 상황이나 맥락과 관계없이 똑같은 패턴으로 억압이 계속되면 여러 가지로 부정적 결과를 초래할 수 있다. 즉, 우울증이나 불안장애, 정서적 무기력감, 자존감 하락 등 여러 가지 심리적 문제를 일으킬 수 있고, 가족이나 친구, 동료와의 의사소통을 어렵게 만들 수도 있다. 또 고혈압, 심장 및 위장질환, 만성 통증, 면역 기능 저하, 불면증 등과 같은 다양한 신체 건강 문제를 초래할 수도 있다.

따라서 감정 억압의 문제는 가볍게 넘어갈 수 없다. 감정 억압을 발견해 이를 다루는 것은 정신 건강과 신체 건강에 모두 중요한 일이다. 몸은 이러한 작업을 해나가는 데 긍정적 역할을 할 수 있다. 우선 몸은 억압된 감정을 찾는 데 직접적인 도움을 준다. 억압된 감정은 반드시 몸을 통해 밖으로 드러나기 때문이다. 만일 어떤 사람이 분노 감정을 억압하고 있다면 목소리 톤이 올라가거나 안색이 변하거나 표정이 굳어지는 등의 단서를 통해 밖으로 알려진다.

비록 본인은 잘 알아차리지 못하더라도 상담자나 타인은 조금만 주의를 기울이면 쉽게 발견할 수 있다. 우울하거나 불안한 상태에 있는 사람도 마찬가지로 표정이나 목소리, 앉아 있는 자세 등을 통해 내면 상태가 표현되므로 몸은 억압된 감정을 발견하는 데 중요한 역할을 한다. 다음으로 몸은 억압된 감정을 해결하는 데도 도움을 준다. 감정을 억압할 때 몸이 관여하는 것처럼 감정 해결에도 몸이 중요한 역할을 한다. 분노 감정이든 슬픈 감정이든 이를 해결하기 위해서는 언어적 표현만으로는 충분하지 않으며, 억압된 감정을 몸으로 접촉하고, 몸으로 표현해야만 완결될 수 있다.

감정 억압을 할 때는 몸을 긴장하고 숨을 멈추는 방식으로 하는데, 억압을 해소할 때는 반대로 몸을 이완하고 숨을 편안하게 내쉬어야 한다. 이는 분노나 슬픔뿐만 아니라 기쁜 감정이나 즐거운 감정, 두려운 감정, 우울한 감정을 접촉하고 해결할 때도 마찬가지다. 경직된 몸을 이완하고 숨을 편하게 내쉼으로써 근육에 갇혀 있던 억압된 부정적 에너지들이 부교감신경계의 활성화와 더불어 생리학적 변화를 거쳐 해소된다. 막혔던 감정은 깊은 호흡을 통해 혈액순환과 함께 원활하게 소통이 된다.

이때 알아차림이 매우 중요하다. 몸에 주의를 기울임으로써 억압된 감정을 알아차리고, 몸을 이완하면서 심호흡을 통해 생동감이 온몸에 퍼져나가는 과정을 온전히 알아차려야 한다. 이러한 과정에서 과거의 트라우마가 떠오르면서 몸이 경직돼 다시 감정 억압이 일어날 수 있는데, 이런 상태를 알아차리고 다시 신체 이완과 호흡을 하는 것이 필요하다.

우리는 몸이 보내는 신호를 토대로 감정 상태를 매 순간 추적해 알아차릴 수 있는데, 어떤 때는 몸의 신호가 정확히 어떤 감정을 알려주는 것인지 잘 모를 수 있다. 하지만 그런 반응이 나타난 맥락과 상황을 살펴보고, 어떤 생각이 함께 지나갔는지 등을 돌아보면 좀 더 정확히 감정을 찾아낼 수 있다.

물론 이 과정을 혼자서만 하기보다는 상담자와 함께 대화하면서 탐색하면 좀 더 신속하고 정확하게 파악할 수 있을 것이다. 이때 상담자는 내담자의 과거 **사고 패턴**과 **행동 패턴**을 참고해 내담자가 자신의 감정을 좀 더 정확히 알아차리도록 도와줄 수 있다.

심리상담에서 내담자가 자신의 감정을 알아차리기 위해 몸의 신호에 주의를 기울이는 것은 무척 중요하다. 내담자 자신도 잘 알지 못하는 심층적인 감정이 몸을 통해서 표현되는 경우가 많기 때문이다. 그래서 게슈탈트 심리상담에서는 몸을 매우 중요시한다.

게슈탈트 심리상담에서
몸의 언어를 읽는 법

다음의 상담 사례에서 내담자는 아이가 세 명이고, 시어머니를 모

226

시고 사는 40대 여성이다. 시어머니가 집안일을 잘 도와주지 않는 것에 불만이 많지만, 제대로 감정을 표현하지 못하고 살아 무척 답답하다며 상담 시간에 이를 다루고 싶다고 했다. 그녀는 시어머니에 대한 불만을 직접 표현하지 못하니 아이들에게 자주 화를 내는 자기 모습을 발견하고 자신에게 실망하고 죄책감을 느낀다고 했다. 그뿐만 아니라 시어머니에게 불만을 느끼는 것에 대해서도 자신이 온당하지 못하다는 생각이 들어 죄책감을 느끼고 있었다.

그것은 어렸을 때부터 "어른들을 잘 모셔야 한다. 항상 공경해야 한다"라는 교육을 받은 보수적인 가정에서 자란 배경과 관련이 있었다. 그녀는 힘든 감정을 어떻게 다뤄야 할지 몰라 늘 억누르다 보니 몸이 너무 힘들어져서 상담에서 이 문제를 꺼내놓았다고 했다.

상담자는 그녀가 시어머니한테 느끼는 감정을 빈 의자를 놓고 직접 말해보는 실험을 제안했고, 그녀는 동의하고 다음과 같이 시어머니와의 대화를 시작했다.

상담자 빈 의자에 어머니가 앉아 계시다고 상상해 보시겠어요?

내담자 네, 그런데 어떻게 해야 할지 모르겠어요.

상담자 어머니한테 하고 싶은 말을 하시면 돼요.

내담자 못하겠어요. 말이 안 나와요.

상담자 어머니에게 섭섭한 감정을 그냥 표현해 보세요.

내담자 어머니, 제가 얼마나 할 일이 많고 바쁜데, 이런 때 어머니가 좀 도와주시면 좋을 텐데 안 그러시니까 제가 화가 나요. (손사래를 치며) 아이, 어머니한테 제가 이런 말을 어떻게 해요? (내담자는 여기서 죄책감을 느끼고 분노 감정을 억압한다. 이때 상담자가 그냥 내버려두면 내담자가 이 작업을 계속할 수 없으므로 도중에 개입한다.)

상담자 어머니에게 그런 말을 하면 어떤 일이 벌어질 것 같습니까? (내담자의 내면에서 어떤 일이 일어나고 있는지 탐색해 보려는 것)

내담자 모두 다 어머니 때문만은 아닐 텐데, 그 책임을 어머니에게만 돌리는 것은 아니지 않아요? (내담자의 내면에서 상전의 목소리가 들려온다.)

상담자 방금 하신 말씀은 상전의 목소리 같은데, 불만이 많은 하인이 돼서 한번 말씀해 보시겠어요? (내담자의 억압된 하인의 목소리를 알아차리도록 도와주기 위한 개입)

내담자 어머니, 저는 가슴에 뭐가 있어요. (가슴을 만지며 울음을 터뜨림.) (볼멘소리로) 어머니! 저처럼 사는 사람이 어디 있어요? (상담자가 하인을 지지하는 개입을 해주자 내담자의 몸이 자기를 표현할 수 있게 됨.)

상담자 자, 그럼 다시 자리를 바꿔 앉아보세요.

내담자 그건 네가 부지런하지 않아서지 남 탓할 것 없다. (다시 내담자의 상전이 등장해 하인을 나무란다. 이는 내담자의 내사된 목소리이며 실제 시어머니의 입장과는 다를 수 있다.) 그런데 몸이 오그라드는 것 같아요. (다시 하인이 등장해 자신의 상태를 표현하고 있다. 상전과 동일시함으로써 몸은 소외되면서 위축된 것이다.)

상담자 그건 네가 부지런하지 못해서 그런 거야. 남의 탓 할 것 없다. (이 부분은 내담자가 앞에서 한 말을 상담자가 다시 한번 반복해서 들려준 것인데, 이렇게 하는 이유는 내담자의 하인이 자신의 감정을 좀 더 분명하게 알아차리도록 도와주려는 것이다.) 몸의 감각에 집중해 보세요. 지금 어떤 감정이 느껴지세요?

내담자 감정이 잘 안 느껴져요. 지금 그건 어머님 생각인데, 어머님 생각이 맞는 것 같아요. (내담자가 상전의 목소리와 강하게 동일시함으로써 하인이 위축돼 감정이 안 느껴지는 것이다.)

상담자 지금 목소리가 작아졌는데, 어떤 감정이 느껴지나요? (하인의 몸 상태를 알아차리도록 도와서 내담자가 방향을 찾도록 도와주려는 것)

내담자 반항하고 싶어요. 어머니 대접하고 싶지도 않고요. 어머니! 대접받고 싶으면, 대접받도록 행동하세요! 어머니가 꼭 남같이 느껴져요. 선생님, 그런데 어머니에게 무조건 잘 대해드리지 못하는 저 자신에 대한 자책감도 있어요. (몸 상태를 알아차리자 분노 감정을 접촉하고 표현할 수 있었지만, 다시 죄책감이 올라와 감정이 막혀버렸다.)

상담자 다시 비판적인 상전의 목소리가 올라오는 것 같군요. 하인 쪽은 뭐라고 말하는 것 같습니까?

내담자 나는 숨 가쁘고 힘들어. 어머니 스타일에 맞추기 싫어! (이번에
는 상당히 분명한 목소리로 자신의 억눌렸던 감정을 표현한다. 흥미로운 점
은 지금 내담자가 자신의 몸 상태를 자각하고 표현하고 있다는 사실이다. 상
담자가 여러 차례 몸 상태를 알아차리도록 도와준 효과가 나타난 것이다.)

이 상담의 과제는 집안일을 잘 돕지 않는 시어머니에 대한 서운함과
어른을 공경해야 한다는 내사된 목소리의 갈등을 조정하는 것이었는데,
상담자는 빈 의자 기법을 통해 내담자의 억압된 분노 감정을 자각하게
해주었다. 이 과정에서 내담자는 강한 상전의 목소리로 인해 죄책감을
느끼며 좌절을 겪었지만, 몸이 들려주는 말에 귀 기울임으로써 하인이
목소리를 낼 수 있었고, 마침내 상전과의 대화에서 적절히 자기표현을
할 수 있게 됐다.

몸은 억눌린
내 상태를 말해준다

상담을 한 뒤 내담자는 자신의 마음을 좀 더 분명하게 알게 됐고, 시
어머니와의 관계에서 진솔하게 자기 마음을 개방할 수 있었다. 시어머
니는 내담자의 말을 듣고 나서 "네가 그렇게 힘든 줄 몰랐다. 미안하다.
진작 얘기를 좀 하지 그랬니?"라는 반응을 했다고 한다. 시어머니가 며

느리를 무시하거나 외면하는 분이 아니었는데, 내담자는 상전의 목소리로 인해 감정을 억압한 채 혼자만 속을 끓인 것이었다.

많은 사람들이 이 내담자처럼 자신의 감정을 잘 몰라서 **뭐가 힘든지, 왜 힘든지** 이야기를 잘하지 못한다. 하지만 말로 표현하지 않으면 상대방은 그것을 알 수가 없다. 그렇게 되면 서로 오해가 쌓이고 복잡한 일들이 생겨날 수 있다. 따라서 자신의 억압된 감정을 알아차리고 상대방에게 적절히 표현하는 것은 매우 중요하다.

한편, 자신의 감정을 많이 억압하고 있는 내담자를 대화로만 상담하는 것은 한계가 있다. 그런 경우에는 이 작업처럼 내담자가 **감정이입을 통해** 자신의 **몸**(어깨, 가슴, 배)이 돼서 몸이 **뭐라고** 말하는지, 왜 그렇게 말하는지 느껴보고 **몸이 돼** 말하도록 도와주는 것이 필요하다.

우리가 몸을 통해 감정을 억압하는 것은 흔한 행동이지만, 생각해 보면 매우 비밀스럽고 신비한 현상이라 할 수 있다. 감정을 억압하는 것도 우리 몸이고, 억압을 통해 고통을 받는 것도 우리 몸이기 때문이다.

게슈탈트 상담에서는 이를 **반전**retroflection이라고 하는데, 우리는 어떤 감정을 표현해서 환경과 부딪칠 소지가 있으면 반전을 통해 안전을 추구한다. 하지만 이는 장기적으로는 몸에 해를 끼칠 수 있기에 적절한 시점에 완화할 필요가 있다. 심리상담에서 하는 작업의 많은 부분은 반전을 해소하는 데 할애된다. 억압했던 감정을 지금의 현실에 맞게 풀어주는 것이다. 그런데 갑작스러운 변화는 본인과 상대방 모두 불안정하게 만들 수 있으므로 조심스럽게 진행해야 한다.

다른 한편으로 반전은 그 자체로서 상당한 적응적인 의미가 있다. 즉, 과거에 내담자가 처했던 위기 상황과 어려움을 극복하기 위해 부단한 노력을 통해 성취한 행동이었고, 이들은 상황에 따라서는 여전히 도움이 되는 행동일 수도 있다. 따라서 행동 변화를 시도하더라도 반전의 가치와 의미를 인정해 주면서 지금 여기의 환경을 탐색하며 천천히 진행하는 것이 좋다.

게슈탈트 상담에서는 상전과 하인이 서로의 가치를 인정하면서 대화와 타협을 통해 함께 상생하는 방향으로 나아가는데, 상전과 하인의 대화에서 몸은 매우 중요한 역할을 한다. **몸**은 **사회 현실**과 **내적 이상**(당위)을 반영하는 **상전**과 달리 항상 존재 차원에서 하인의 현실을 나타낸다.

이러한 작업에서 알아차림이 매우 중요하다. 내담자가 감정을 **어떻게** 억압하는지, 억압된 상태를 **어떻게** 느끼는지, 감정을 접촉하고 표현했을 때 기분이 **어떻게** 변화하는지 과정마다 세밀하게 알아차리면 몸은 스스로 성장과 치유의 방향으로 변화한다. 이 과정에서 상담자와 내담자가 해야 할 일은 몸에 **주의**를 기울이는 것이다. 그러면 나머지는 몸이 스스로 알아서 한다. 몸은 감각, 감정, 욕구, 기억, 이미지, 지적 활동을 비롯한 모든 생명 활동의 주체이자 수혜자다.

감정을 잘 알아차려 접촉하고 적절하게 표현하는 것이 삶에서 중요하다. 그러나 간혹 감정을 과장되게 표출하는 사람들도 있다. 그런 사람들은 얼핏 보면 감정을 잘 해소하고 있는 것처럼 보이지만, 자세히 보면 자신의 진짜 감정이 무엇인지 잘 모른 채 맹목적으로 표출하는 경우가 많다. 이런 사람들은 자기감정을 제대로 알아차리고 표현하는 것이 아니므로 감정 해소로 이어지지 못한다. 그들은 종종 감정을 접촉하지 않은 상태에서 표출하기에 마음속으로는 공허함을 느낀다. 늘 뭔가 허전하고 채워지지 않은 느낌이 들어 종종 외로움을 배고픔으로, 슬픈 감정을 두려움으로 왜곡해서 지각한다. 술이나 마약, 도박, 게임, 섹스, 쇼핑 등의 중독 행위는 이러한 소외된 감정을 회피하기 위한 것이다.

자신의 감정을 억압하고 회피하는 사람들은 몸 상태도 잘 알아차리지 못한다. 몸이 감정 억압에 동원되므로 몸 자체의 알아차림이 안 되는 것이다. 그렇게 되면 몸은 지치고 소진돼 마침내 병이 든다. 그나마 다행인 것은 몸은 그런 상태를 우리에게 알려준다. 이제 더는 무시할 수 없게 만들어 우리에게 마지막 알아차림의 기회를 주는 것이다. 이때라도 우리는 몸의 말에 귀 기울여 필요한 조치를 해야 한다.

몸은 우리의 생각 및 감정과 매우 밀접하게 상호작용한다. 몸은 우리가 모르는 감정을 느껴서 알려주는가 하면, 우리가 안 느끼고 싶은 감정을 차단하기도 하며, 과거의 경험을 간직해 새로운 상황에 어떻게 대처할지 정보를 제공해 주기도 한다.

많은 경우 이런 과정은 무의식적이고, 자동으로 진행된다. 몸은 생각이나 감정에 영향받아 반응하기도 하지만, 반대로 몸이 생각과 감정을 바꿔놓기도 한다. 몸은 매우 독립적이면서도 다른 존재와 긴밀히 연결된 유기체다.

몸은 불합리한 생각과 감정에 의해 고통을 겪기도 하지만, 온전한 주의와 관심을 받으면 금세 생기를 회복해 즐거움과 기쁨, 진정한 행복과 치유를 경험하는 주체다. 몸은 그 자체로는 어떤 고정된 프로그램도 갖고 있지 않고 실존에 열려 있다. 몸은 기쁨과 즐거움, 슬픔과 분노, 두려움과 외로움, 죄책감과 수치심, 우울감과 무기력감 등 온갖 감정을 경험하고, 담아내고, 이겨내고, 극복하고 또 새로움을 맞이하는 존재다. 몸은 살아 움직이는 생명이고 실존이다. 그것은 나이면서도 나를 초월하는 존재이며, 자연이며 신비다.

10장

당신 안의 천사와 악마

우리는 누구나 내면에 천사와 악마의 요소가 있다. 객관적인 천사와 악마라기보다는 자기 스스로 생각할 때 좋다고 여기는 부분은 천사로, 남이 볼 때는 별문제가 아닌데 본인은 받아들이기 어려워 숨기는 면이 있다면 그것은 악마라고 부를 수 있을 것이다.

에 안겼는데, 나는 머리만 쓰다듬어주고 지훈에게는 다정하게 웃어주며 뽀뽀도 해주는 아빠가 밉다. 그러다 하윤이는 고개를 절레절레 흔들며 "나는 누나인데 왜 어린 동생에게 이런 감정을 느끼지?"라고 생각하며 자책한다.

어린아이가 느낄 수 있는 자연스러운 감정인 부러움과 질투심이 하윤이에게는 용납이 되지 않는다. 하윤이도 아빠에게 안아달라고 소리 지를 수도 있고, 울며 항의할 수도 있다. 왜 하윤이는 그렇게 하지 않고 감정을 억누르고 자책하고 있을까? "너는 누나니까 양보해. 네가 참아야 해"라는 말을 자주 들었던 것일까? 아니면 동생이 몸이 약해서 부모님이 늘 걱정하는 것을 알기 때문일까? 어쨌든 하윤이는 자신의 자연스러운 감정을 창피하게 생각해 소외시키고 억압했다. 악마화를 시작한 것이다. 이렇게 소외된 감정은 다른 사람과의 관계에도 영향을 미친다.

즉, 자신이 억압한 감정을 다른 사람들이 갖고 있거나 그것을 보여줄 때 불편한 마음이 들어 그 사람을 배척하게 되는 현상이 생겨날 수 있다. 이렇게 자란 아이들이 성인이 됐을 때 어떤 모습을 보일까?

아이는 자라서

어떻게 됐을까?

〈장면〉

하윤이와 선우가 함께 이탈리아 여행을 하며 행복한 시간을 보내고 있다. 여기저기 구경도 하고 같이 사진을 찍으며 유쾌한 대화를 나눈다. 예쁜 꽃으로 장식된 분위기 있는 레스토랑에 가서 함께 맛있는 음식을 먹으며 무척 즐거운 모습이다. 누가 봐도 참 잘 어울리는 젊은 커플이다.

〈장면〉

휴일 아침인데 하윤이는 소파에 앉아 담요를 두른 채 강아지 루시를 안고 있다. 부스스한 머리를 보니 아직 아침을 안 먹은 것 같다. 어쩐지 하윤의 모습이 쓸쓸해 보인다. 무슨 일이 있었나? 하윤은 3년 동안 사귄 남자 친구 선우와 헤어진 것이다. 그녀는 지난날을 돌아보다가 불끈 화가 나 혼자 소리친다. "왜 나만 늘 참고 양보해야 해? 이건 부당해!" 선우의 행동이 남동생과 겹쳐 보이며 알밉고, 더는 견디기 어려운 느낌이었다.

우리는 하윤의 상황을 보며 안쓰럽기도 하면서 궁금한 마음이 든다.

하윤과 선우는 서로 잘 맞지 않는 타입이 아니었을까? 연인이 만나는 과정에서 흔히 일어나는 아이러니한 현상 중 하나는 자기에게 잘해주는 이성보다 오히려 냉정한 상대에게 더 매력을 느낀다는 점이다. 하윤이도 자신에게 다가왔던 여러 괜찮은 남자들 가운데 유독 이기적인 선우에게 끌렸다. 그녀는 선우와 교제하는 동안 불만이 있어도 양보하고 참다가 한 번씩 불쑥 화를 냈는데 이번에는 안 되겠다 싶어 결단을 내린 것이다. 하지만 아직도 그녀를 종종 괴롭히는 것은 자신이 너무 이기적이지 않는지 죄책감이 드는 것이다. 어린 시절 남동생과의 관계에서 생겼던 오래된 감정 패턴이다.

만약에 하윤이가 결혼해서 자녀를 낳는다면 그들을 어떻게 키울까? 미래는 어떻게 될지 알 수 없지만, 자신도 모르는 사이 딸을 편애하고 아들은 뒷전으로 밀려날 수도 있고, 아니면 반대로 아들을 우대하고 딸과 거리를 둘 수도 있다. 전자는 딸과 동일시해 자신의 결핍된 애정을 해결하려는 무의식적 동기라면, 후자는 아들과 동일시해 딸을 차별하는 경우라 하겠다. 어느 경우든 자신의 미해결 과제를 억압함으로써 그것이 자녀들에게 대물림되는 현상이다.

이런 일은 특별히 이상한 사람들에게만 일어나는 게 아니라, 평범한 사람에게서도 어렵지 않게 관찰할 수 있다. 만약 어렸을 때 남동생과의 사이에서 느낀 질투심을 아빠가 좀 더 세심하게 관찰하고 배려해 주었더라면 하윤이는 자신의 감정을 소외시키고 악마화하지는 않았을 것이다. 이 대목에서 우리는 아이가 보호자로부터 충분한 돌봄을 받지 못했더라도 스스로 감정을 잘 다스리면 결과는 달라지지 않을까 생각해 보는데, 아이가 혼자서 그런 작업을 해내기는 쉽지 않다.

내 안의 갈등은

타인에게 투입된다

자연스러운 욕구나 감정이 주변으로부터 수용받지 못하면 그것은 미해결 감정으로 남아 대인관계에서 여러모로 갈등을 일으킨다. 물론 모든 대인 갈등이 나의 미해결 감정으로 인해서만 발생하는 건 아니다. 상대방에게도 원인이 있을 수 있다. 하지만 상대방에게 문제가 있다 하더라도 나한테서 매우 강한 감정이 건드려진다면, 그때는 내 안에 해결되지 않은 감정이 있는지 살펴봐야 한다. 내 안에 미해결 과제가 없다면 상대방의 문제로 인해 내가 크게 동요되지는 않기 때문이다.

다른 사람과의 관계에서 강하게 치미는 감정은 대부분 나의 억압된 감정과 관련 있다고 봐야 한다. 그것을 우리는 감정으로 느낄 수도 있고, 신체적 흥분으로 느낄 수도 있다. 그런 강렬한 감정은 상대방한테 바로 표현하기보다 자신의 내면을 점검하는 것이 필요하다.

우리가 느끼는 감정은 어떤 것도 그 자체로는 나쁜 게 없다. 하지만 주변에서 그런 감정을 비난하거나 외면하면 수면 아래로 가라앉는다.

해결되지 않은 상태로 갇힌 이런 감정은 악마화되고, 언젠가는 다른 사람들에게 투사돼 문제를 일으킨다.

이런 감정을 밖으로 드러내어 빛을 쬐게 해주면 삶의 활력으로 변할 수 있다. 수용하기 어려운 감정이 있으면 그것을 억압하지 않고 있는 그대로 밖으로 드러내 보이는 용기가 필요하다. 물론 처음에는 안전하고 수용적인 분위기에서 노출하는 게 좋다. 집단상담은 내 안의 해결되지 않은 감정을 다루기에 가장 적합한 환경이다. 집단상담의 사례를 통해 이러한 치유 작업을 살펴보겠다.

내 안의 나를 자유롭게 하는

집단상담

집단상담은 일상에서는 알아차리기 어렵고, 표현하기도 어려운 다양한 감정을 안전한 공간에서 집단원들과 함께 탐색하고, 새로운 행동을 실험해 볼 수 있는 자기계발의 열린 장이다. 집단상담은 특별한 문제가 있는 사람들이 아니라 자기 성장에 관심 있는 평범한 사람들이 참여해 서로 평등하고 우호적인 관계에서 상대방을 비판하거나 평가하지 않으면서 솔직한 대화를 나누는 활동을 한다.

대략 8명에서 12명 사이의 그룹으로 집단상담을 하는데, 집단에서는 평등하고 친밀한 관계를 조성하기 위해 서로 닉네임을 지어 부르는 방식으로 진행한다. 다음에 소개하는 사례는 내가 30여 년 전에 서울에서 주 1회 시행했던 집단상담의 작업 내용이다.

그날 집단상담이 시작되자마자 평소에는 말수가 별로 없던 20대 초반의 여성 방울이 입을 열었다. 사람들은 자기를 보면 "아주 훌륭한 집에서 어려움 없이 잘 자란 사람 같다"라는 말을 많이 하는데, 그런 말을 들으면 '저 사람은 나를 잘 모르는구나'라는 생각이 들어 허전한 느낌이 든다고 했다. 그래서 리더였던 내가 "최근에 허전한 느낌을 느꼈던 적이 있었는지 좀 듣고 싶네요"라고 말했다.

그러자 방울이 머뭇머뭇하다가 말을 꺼냈다. 바로 엊그제 있었던 일인데 대학생인 그녀가 학교에서 집으로 돌아왔더니 엄마가 방에 누워 계시는데 자기를 보자마자 눈물을 흘렸다. 놀라서 "엄마, 무슨 일이야?"라고 물었더니 엄마가 동네 병원에 갔는데 의사가 "큰 병원에 가서 정밀검사를 좀 받아보세요"라고 말했다는 것이다. 엄마의 하소연을 들은 그녀 역시 눈물도 나고 걱정이 되었지만 문득 '엄마가 하는 말이 정말일까?'라는 의심이 들었다고 했다. 말하자면 '혹시 엄마가 쇼하는 것이 아닐까?'라는 생각이 들었다는 것이다. 그래서 내가 물었다.

"'엄마가 한 말이 정말일까?'라고 하셨는데 그게 무슨 뜻이에요?"

그녀는 잠시 망설이다가 "그러니까 제가 참 나쁜 아이 같아요. 엄마 마음을 그냥 이해하지 못하고 그런 생각이 들었다는 것이 참 이해가 안 돼요"라고 말했다. 그러고 나서 "엄마는 아주 특별한 분이에요. 아주 상냥하고 저한테도 너무 잘해줘요"라고 말하다가 갑자기 표정이 굳어졌다. 그렇게 좋은 엄마인데, 종종 엄마에 대해 막연한 불편함 같은 게 있다고 했다. 그래서 자신이 나쁜 사람 같다는 것이다.

"아니 왜 그렇게 생각하세요? 어머니에 대해 안 좋게 생각하는 사람들을 나는 많이 봤거든요. 그렇다고 해서 꼭 자기가 나쁜 사람이라고 얘기할 수 있을지 모르겠네요?"

내가 반문했다. 그랬더니 그녀는 죄책감이 올라와 말을 못 꺼내고 우물쭈물 망설이다가 손으로 입을 가리며 겨우 말을 꺼냈다.

"초등학교 다닐 때 제 모습을 생각만 해도 창피해요. 그때 저는 아주 못된 아이였어요."

"어떻게 못된 아이였어요?"

내가 다시 물었다.

"담배도 피우고, 엄마 욕도 하고."

이렇게 말하던 그녀는 양손으로 얼굴을 가리며 울었다. 그녀가 울고 있는 동안 우리는 모두 가만히 지켜보고 있었다.

"어머니한테 욕을 했다면, 그럴 만한 일이 있었지 않았을까요?"

내가 다시 물었다.

"엄마가 자주 집을 비웠어요."

"그래서요?"

"제가 학교 갔다 오면 벨을 눌러도 아무도 대답도 안 하고 그래서 담을 넘었어요."

"그래요? 그다음에는 어떻게 했어요?"

"현관문도 잠겨 있고 아무도 없어서 화가 났어요. 엄마 나쁜 년 그러면서 유리창을 깨고 들어갔어요."

이 얘기를 하고 난 다음에 그녀는 다시 얼굴을 가리고 울었다. 우리는 모두 그녀가 울고 있는 모습을 지켜보고 있었다. 이윽고 그녀의 울음이 잦아들자 내가 말했다.

"방울님, 내 얼굴을 한번 쳐다보시겠어요?"

그녀는 무슨 상황인지 몰라 나를 보았다. 나는 그녀 얼굴을 찬찬히 들여다보다가 말을 꺼냈다.

"내 얼굴을 보니까 내가 방울님을 어떻게 생각하는 것 같습니까?"

그녀는 영문을 모른 채 어리둥절해 나를 보았다.

"내가 방울님을 나쁜 사람으로 보는 것 같아요?"

"둥지님 눈을 쳐다보니까 저를 나쁘게 보는 것 같진 않네요."

그녀의 표정이 좀 편안해지는 것 같았다.

"좋아요. 자, 그럼 이번에는 다른 분들 얼굴도 한번 쳐다보세요."

나는 미소 지으며 그녀를 안내했다.

"한 분 한 분 얼굴을 자세히 들여다보세요."

집단원들은 그녀에게 눈을 맞추며 바라보았다.

"표정을 보니까 저를 욕하는 것 같지는 않네요."

그 말을 듣고 집단원들이 웃었다. 그러고 나서 한 사람씩 말하기 시작했다. 40대 후반인 향기라는 닉네임의 가정주부가 말을 꺼냈다.

"나는 방울님 마음이 이해가 돼요. 집에 왔을 때 늘 엄마가 없으면 얼마나 외롭고 허전했을까? 나라도 엄마에게 화가 났을 것 같아요."

그녀는 방울이 무척 사랑스럽다는 듯 환히 웃으며 말했다.

"저는 꼬마 방울이 참 멋있어 보였어요. 여자아이인데 골목에 서서 울고 있지 않고 담을 뛰어넘었잖아요. 엄마를 욕하면서 현관 유리를 깨뜨리고 들어간 것도 너무 대담하고 멋있어 보였어요."

40대 초반 여성 호수가 말했다. 그 뒤에도 몇 명의 집단원이 방울의 순수함과 앳된 모습에 감탄하며 따뜻한 피드백을 했다.

너는

대담하고 멋있어

방울은 사람들이 자기를 엄청 못됐다고 비난할 거라 예상했는데 그들의 반응이 너무 다르니 어리둥절해하면서 이렇게 말했다.

"제 능력을 과대평가하면서 살지 않았나 하는 생각이 들어요."

"그게 무슨 뜻이에요?"

내가 다시 물었다.

"어릴 때부터 늘 엄마한테 무슨 일이 일어날지 모른다는 생각이 들어 항상 엄마를 신경 쓰면서 살았어요."

그녀는 늘 몸이 약한 엄마를 보호해야 한다 생각하며 살았는데, 시간이 지나면서 그것이 차츰 부담스러워졌다. 하지만 그런 생각을 하는 자기가 몹시 나쁜 사람 같다는 생각이 들어 괴로웠다고 했다. 여기서 우리는 방울과 엄마와의 관계가 서로 독립적이지 않은 융합 관계에 있다는 사실을 알 수 있다. 내가 다시 물었다.

"방울님이 엄마와 독립적인 존재로서 자신의 욕구를 갖는 것이 죄가 될까요?"

"나 혼자만의 욕구를 갖는다는 것이 나쁜 일 같아요."

그녀는 이렇게 말하면서 고개를 숙였다. 나는 다시 질문했다.

"자신만의 욕구가 있다는 것이 마치 저주받은 것 같은 느낌이에요?"

그녀의 표정이 일그러지면서 말했다.

"그런 것 같아요."

"그러시군요. 내 생각에는 그것은 저주가 아니라 축복 같은데요? 자유롭게 살고 싶은 욕구가 아직도 살아 있다니 참으로 다행 아닙니까?"

그녀는 고개를 들어 나를 빤히 쳐다보더니 표정이 밝아지며 말했다.

"무척 흥분이 돼요. 지금 기분이 많이 편해졌어요."

이 사례에서 우리는 약해 보이는 엄마의 보호자 역할을 하며 무리하게 천사가 되려고 애썼던 한 아이가 자신의 삶을 억압하면서 생겨난 외로움과 공허감을 해결하기 위해 일탈 행동에 빠지고, 또 죄책감과 혼란 속에서 방황했는지를 보았다. 다행히도 그녀는 집단상담 참여를 통해 리더와 집단원들의 따듯한 이해와 공감, 지지를 받으며, 그동안 엄마와의 건강하지 못한 융합 관계를 청산하고 마침내 독립을 향한 첫걸음을 힘차게 내딛게 됐다.

집단상담 이후 방울의 삶이 어떻게 달라졌는지 우리는 모른다. 30여 년이 지났으니 지금 방울은 50대 초반, 방울의 어머니는 80대 초반쯤 되지 않았을까? 여러 가지 가능성이 있겠지만 그냥 떠오르는 이미지는 엄마는 여전히 딸에게 의존하려는 모습을 보이고, 방울은 그런 엄마가 부담스러워 툴툴거리면서도 엄마를 챙겨주는 모습이 아닐까? 그렇다면 방울은 달라진 게 아무것도 없는 게 아닌가? 그렇지 않다. 엄마에게 필요한 것을 챙겨주되 예전처럼 엄마를 과도하게 걱정하거나 부담스러워하는 마음으로 인한 죄책감에 매몰되지는 않을 것이다.

엄마도 방울이 때로는 전화를 걸어 짜증 난 목소리로 "엄마, 제발 우두커니 앉아 나만 기다리지 말고, 엄마가 알아서 배고프면 먹을 것도 좀 챙겨 먹고, 수영장도 빠뜨리지 말고 열심히 다녀!"라고 잔소리할 때 이전보다 냉정해진 듯한 딸에게 잠시 서운할 때도 있지만, 이내 마음을 고치고 "방울이 말이 맞아. 그게 내 문제야. 매일 방울이 전화만 기다릴 것이 아니라 내가 할 수 있는 건 해야지! 그래도 방울이가 있어 얼마나 위로가 되는지 몰라"라고 생각할 것 같다.

우리의 일상에서도 집단상담처럼 서로 진솔하고 친밀한 대화를 할 수 있다면 얼마나 좋을까? 우리는 모두 그것이 이상적이라는 것을 안다. 하지만 그런 방식으로 살지 않는 것은 다른 사람에 대한 신뢰가 부족하기 때문이다. 사실 집단상담에서도 처음에는 대부분 서로 형식적이고 표면적으로 대한다. 즉, 일상생활처럼 다른 사람을 의식하고 자기를 좀 더 좋게 보이는 방향으로 행동하려는 경향이 있다.

하지만 시간이 흐르면서 차츰 용기를 내서 자기표현을 하는 사람들이 생겨난다. 예를 들어, 어떤 사람이 하는 행동이 몹시 거슬린다면 솔직하게 "이건 제 문제일 수 있는데, 집단에 왔으니 솔직해지고 싶어요. ○○ 님의 행동이 어쩐지 불편해요. 소화가 잘 안 돼요"라고 할 수도 있다. 그러면 다른 사람들이 왜 그런 감정이 느껴지는지 물어볼지도 모른다. 대답을 하다 보면, 불현듯 그 불편한 감정이 자신의 어떤 과거 경험과 연결된 지점을 깨달으면서 놀랄 수도 있다. 즉, 자신 안의 소외됐던 악마가 상대방에게 투사돼 나타난 것이란 사실을 알게 되는 것이다.

집단상담에서는 자신의 이야기를 진솔하게 하는 사람이 긍정적 반응을 받는데, 지금까지 살던 방식대로 다른 사람에게 맞추거나 잘 보이려는 식으로만 행동하다 보면 진실한 인간관계를 하는 게 아니라, 스스로 자기를 제한한다는 것을 알아차리게 된다. 그리고 자신이 악마라고 생각해 가두어두었던 부분이 악마가 아닐 수 있다는 것도 차츰 느끼게 되면서 감췄던 자기 모습을 다른 사람들에게 보여줄 수 있게 된다. 무서워서 하지 못했던 행동도 실험해 보게 된다. 그 과정에서 자기를 있는 그대로 보여줘도 사람들로부터 배척당하지 않는 경험을 하면서 행동에 변화가 일어난다.

11장

너에게 말하기

우리는 세상을 객관적으로 지각하며 살지 않는다. 누구나 자신의 세상을 주관적으로 구성해 각자 **나의 세상**을 만들면서 산다. 그런데 나의 세상은 한번 만들어지면 고정되는 것이 아니라, 새로운 상황이 발생할 때마다 과거 경험과 미래 계획을 토대로 계속 새롭게 창조된다. 이때 **나의 세상**과 **너의 세상**은 각자 분리돼 따로따로 펼쳐지는 게 아니라 서로 영향을 주고받으며 새롭게 만들어진다. 즉, 어느 한 사람이 다른 사람에게 무엇을 말하는가, 또 어떤 방식으로 말하는가에 따라 상대방도 영향을 받으면서 자신만의 세상을 만든다. 그런 의미에서 각자 만드는 나의 세상은 상대방과 **함께 만드는 나의 세상**이라고 할 수 있다.

여기서 살펴보고자 하는 것은 두 사람이 대화할 때 서로 어떤 방식으로 말하느냐에 관한 것이다. 즉, 한 사람이 어떤 방식으로 말하느냐에 따라 상대방도 영향을 받아서 나의 세상을 구성하는 방식이 달라진다는 것이다. 이런 현상이 실제 생활에서 어떻게 나타나는지 예를 보면서 알아보겠다.

〈상면〉

한 소년이 근심이 가득한 표정으로 숲길을 걸어가고 있는데 숲에서 한 노인을 만났다. 노인은 소년의 표정이 무척 어두운 걸 보고 "애야, 네 얼굴이 몹시 안 좋구나. 혹시 무슨 일이 있었니?"라고 물어본다.

소년은 "저, 오늘 학교에서 성적표를 받았는데요. 성적이 떨어져서 엄마에게 야단맞을 것 같아 걱정돼요!"라고 대답한다. 이 말을 들은 노인은 다음과 같이 말한다.

"네가 성적이 떨어진 것은 집중력이 약해서 그렇다. 그러니까 앞으로는 공부하다 잡생각이 떠오르면 얼른 화장실에 가서 찬물에 세수하고 집중해서 한번 해봐라."

이 말을 들은 소년이 깜짝 놀라서 깨니 꿈이었다.

〈장면〉

똑같은 장면인데 노인이 이번에는 조금 다르게 말을 한다. 노인은 따뜻한 미소와 함께 "그랬구나. 네가 걱정이 많이 되겠네. 괜찮아, 그럴 수도 있지. 그런데 너는 지금 있는 그대로 너무나 사랑스럽구나"라고 말한다.

이 말을 들은 소년이 깜짝 놀라서 깨니 꿈이었다.

여러분이 소년이라고 한다면 기분이 어떨까?

첫 번째 장면에서 노인은 소년이 앞으로 어떤 방식으로 행동해야 할지 노하우에 대해 이야기하고 있다. 반면에 두 번째 장면에서 노인은 소년에 대해 어떻게 느끼는지 자신의 감정을 말하고 있다. 즉, 자기와 소년의 관계에 대해 말하고 있다.

우리는 자녀에게 주로 어떤 방식으로 대화를 할까? 자녀와 우리의 대화를 보면 대부분 "지금 뭐 하고 있니?" "숙제했니? 언제 할 거니?" "선생님한테 인사는 했니?" 등과 같이 무언가를 하는 것*doing*(모드)에 관한 내용이 많다. 즉, 행위에 대한 것들이다. 이는 무언가를 통제하기 위한 목적으로 하는 말이다.

그런 방식으로 말하는 이유는 자녀에 대한 우리의 기대나 계획이 차질 없이 진행되도록 하려는 것이다. 이런 방식의 대화를 (무엇에) 대해서 말하기*talking about*라고 한다. 그런데 대화에서 정말 중요한 것은 관계다. 그것은 인간이 관계적 존재이기 때문이다.

관계적 질문의 예는 "이번에 갔던 캠프는 어땠니?" "친구들과 재밌게 놀았니?" "캠프 선생님은 어떠셨니?" 같은 것들이다. 이번 장의 제목을 '너에게 말하기'로 정한 것은 관계적 말하기 방식인 **너에게 말하기** *talking to*의 중요성을 이해하고, 이를 삶 속에서 실천해 보고자 함이다.

아쉽게도 우리가 나누는 일상적 대화의 대부분은 '대해서 말하기'로 이루어진다. '대해서 말하기'는 어떤 목적이 있어서 그것을 달성하기 위한 실행 계획을 품고서 하는 것이다.

이는 무엇을 분석하고, 계획을 세우고, 평가하는 것들인데, 목적 달성을 위한 **방법**에 초점이 맞춰지므로 간접적 대화 방식이다. 우리 삶에서는 '대해서 말하기'도 중요한 기능이 있다. 하지만 대화가 주로 '대해서 말하기'로만 이루어진다면 삶이 너무 삭막해질 것이다. 대화가 단지 목적 달성을 위한 수단으로 전락해 버릴 수 있기 때문이다.

'너에게 말하기'는 "지난번에 그 말을 하셨을 때 좀 놀랐어요" "제가 드린 말씀에 혹시 마음이 상하지 않으셨는지 걱정이 됐어요" "그 말씀을 해주셨을 때 무척 고마웠어요"와 같이 서로의 관계에 대해 직접 말하는 것이다. 이런 대화는 목적이 따로 있지 않고, 대화 자체가 목적이다. 즉, 상대방 존재와의 만남이 목적이다.

우리가 일상에서 하는 말은 대부분 '너에게 말하기'가 아니라 '대해서 말하기'다. 이는 생각을 사용해 문제를 분석하고, 평가하고, 예측하는 행위들이라 하겠는데, 이런 접근은 문제 중심의 대화 방식이다. 이는 자칫 인간관계의 연결성(관계성)을 단절시킬 위험이 있다. 관계에 문제가 생길 때 우리는 마음이 답답해지고 힘들어져서 심리상담을 받으러 상담소를 찾는다. 그런데 놀라운 일은 심리상담에서조차 종종 '대해서 말하기'가 너무 과다하게 행해진다는 사실이다.

내담자가 상담자에게 느끼는 자신의 감정을 표현하고, 상담자도 가끔 내담자가 자기에게 어떤 감정을 느끼는지 물어보며 서로의 관계에 대해 말하는 것이 무척 중요한데, 상담에서 내담자의 '문제'에 대해 분석하고, 앞으로 어떻게 해야 할지 노하우를 이야기하는 데 너무 많은 시간을 보낸다는 것이다. 그러다 보면 자연히 상담에서 내담자와 상담자의 관계는 뒷전으로 밀려나고 내담자의 **문제**만 눈에 보이게 된다. 존재는 사라지고 문제만 남는 것이다. 이런 작업은 모두 생각 속에서만 이루어지므로 지금 여기의 생생한 만남과 연결성이 단절될 수 있다.

지금 여기의 감정이 아닌

과거나 미래를 따르는 상담

이제 내가 쓴 심리 치료 소설 《뉴런하우스》를 통해 '너에게 말하기'를 좀 더 자세히 알아보도록 하겠다. 이 소설은 전문 상담자가 이끄는 무료 집단상담을 받으면서 '너에게 말하기'를 실천하면서 사는 평범한 시민 여덟 명의 이야기다.

아주 친절하고 싹싹한 성격의 30대 초반인 남자 평화는 집단원들을 매우 편하게 대해주며, 필요한 도움도 많이 주는 활달한 성격이다. 어느 날 그가 술을 잔뜩 마시고 집단에 들어와서는 술주정을 부리다 그만 쓰러져 코를 골면서 자는 사건이 발생했다. 그 장면을 보던 40대 초반 봄비가 갑자기 화를 내면서 짜증을 냈는데, 모두 좀 의아해서 그녀를 바라봤다. 원래 두 사람은 매우 친했을 뿐 아니라, 봄비는 평소 다정한 성격인데 그날따라 뜻밖의 예민한 반응을 했기 때문이다.

몇 사람이 술 취한 평화를 부축해 자기 방에 데려다 주고 다시 모여서 집단상담이 이어졌는데, 조금 전에 화를 냈던 봄비가 울컥 감정이 복받쳐 오르며 자기 얘기를 털어놓았다. 봄비는 술주정하는 평화의 모습이 자신한테 심한 상처를 주고 떠난 전남편을 연상시켜 자신도 모르게 벌컥 화를 냈던 것이라 고백했다. 이 말을 들은 집단원들은 모두 깜짝 놀랐다. 평소에 너무나 밝고 편안해 보였던 그녀에게 그런 아픔이 있었다는 사실이 믿기지 않았기 때문이다. 그녀는 이혼한 후에 아무에게도 말 못하고 혼자 아이를 키우는 게 너무 힘들어 어느 날은 19층 아파트 베란다에서 자꾸 아래를 내려다보는 자신을 발견하고 안 되겠다 싶어 얼른 이사를 나왔다고 했다. 봄비의 이야기를 듣고 있던 20대 초반 여성 햇살이 그녀를 향해 조심스럽게 말을 꺼냈다.

"그렇게 힘든데 친정에는 말 못 할 사정이 있었나요? 왜 말씀을 하지 않으셨어요?"

햇살의 질문을 듣고 잠시 침묵이 흐른 다음 봄비가 말했다.

"친정에서 반대하는 결혼을 했기 때문에 말할 수가 없었어요."

이 말을 하면서 그녀는 눈물을 뚝뚝 흘렸다. 봄비가 우는 모습을 지켜보며 다들 침묵에 잠겨 있었다. 햇살은 고개를 숙인 채 눈물을 닦고 있었다. 그때 20대 중반 남자 오아시스가 침묵을 깨며 말했다.

"봄비님, 울지 마세요. 마음이 너무 아파요."

그때까지 고개를 숙이고 눈물만 흘리던 햇살이 오아시스의 말에 용기를 얻은 듯 다시 봄비에게 물었다.

"그 이후에는 어떻게 하셨어요?"

햇살의 질문에 봄비는 얼른 대답을 못 하고 훌쩍이기만 한다. 그러자 햇살은 그렇지 않아도 힘든 봄비에게 괜히 말을 걸어 그녀의 마음을 더 아프게 했나 싶어 쩔쩔매면서 기어들어 가는 목소리로 사과를 한다.

"봄비님, 죄송해요. 묻지 말걸 그랬어요."

햇살은 자신의 후회하는 마음을 이렇게 표현했는데, 이는 봄비의 마음을 세심하게 헤아리고 그녀를 배려하는 마음을 전달한 것으로서 정말 좋은 '너에게 말하기'를 실천한 것이다.

마음을 헤아리는 순간
너에게 말하기가 시작된다

햇살의 말에 봄비가 대답했다.

"윤서는 친정에 맡겼어요. 어머니가 예뻐하세요. 어서 돈 모아서 데리고 와야죠. 윤서는 참 착해요. 1년만 기다리면 엄마가 데리러 오겠다고 말했더니 고개를 끄덕였어요. 친정아버지가 안 계실 때 몰래 살짝살짝 보고 와요."

이 부분도 '너에게 말하기'의 좋은 장면이다. 봄비가 자신과 딸의 관계에 대해 설명하는 식이 아니라, 딸을 얼마나 사랑하고 아끼는지가 드러나는 자기 행동을 개방함으로써 자신의 마음을 집단원에게 있는 그대로 직접 보여주는 '너에게 말하기'가 됐다. 다시 잠깐 침묵이 흘렀는데, 오아시스가 말했다.

"봄비님, 너무 걱정하지 마세요. 잘될 거예요."

그러고 나서 다시 침묵이 흐른다. 여태 말을 거의 하지 않던 60대 초반 남자 새벽이 말문을 연다.

"윤서가 지금 몇 살인가요?"

"일곱 살이요. 내년에 학교 들어가요."

이 말을 하면서 봄비가 다시 표정이 환히 밝아진다. 그때 리더인 나그네가 봄비에게 묻는다.

"지금 봄비 님, 기분이 어떠신가요?"

"좋아요. 처음 말씀드릴 때는 좀 창피하고 슬펐는데, 지금은 괜찮아졌어요."

나그네가 그녀를 따뜻하게 바라보면서 말한다.

"이야기 들으면서 마음이 참 아팠어요. 하기 어려운 얘기를 해주셔서 감사해요."

봄비가 말한다.

"나그네님, 눈빛이 참 따뜻하네요."

이 말을 하면서 그녀는 눈물을 흘린다.

봄비가 "나그네님, 눈빛이 참 따뜻하네요"라고 말한 건 나그네가 보여준 관심에 대한 반응인데, 나그네의 말이 정말 고마웠고 눈빛에서도 그의 마음이 전해진 것을 '너에게 말하기'로 표현한 것이다.

이 집단에서는 봄비가 이혼녀인 것, 나이가 좀 많은 편인 것, 남녀가 섞여 있는 것 등이 아무런 문제가 되지 않고, 온전히 열린 마음으로 존재와 존재의 만남이 이루어지고 있다. 서로 거리를 두거나 방어하거나 좋게 보이려는 모습이 하나도 없다. 오직 서로의 아픔에 귀를 기울여 듣고, 진심으로 묻고, 상대방의 입장이 돼서 마음을 알아주고, 자기 마음을 전해주는 '너에게 말하기'를 실천하는 장면이다.

우리는 왜
'너에게 말하기'를 하지 못할까?

개인상담에 처음 온 내담자들은 '너에게 말하기'가 어색해 적응하는 데 시간이 걸린다. 그러나 시간이 지나면서 차츰 그런 방식의 대화가 얼마나 도움이 되는지 알고, 지금 순간에 느껴지는 감정을 기반으로 상담자와 만나게 된다. 그러다 보면 바깥의 대인관계에서도 친구든 연인이든 상대방에게 '너에게 말하기'를 자연스럽게 적용하게 된다.

우리는 대부분 관계에서 '너에게 말하기'가 중요하다는 사실은 안다. 하지만 실제 인간관계에서는 그렇게 하지 않는데 '대해서 말하기'가 더 안전하게 느껴지기 때문이다. 안전을 추구하는 것은 충분히 이해할 수 있다. 그러나 장기적 안목에서 보면, 그렇게 하면서 우리는 중요한 것들을 많이 놓치게 된다.

우리가 살면서 가장 힘든 건 어려운 일을 겪을 때 그 일 자체보다는 그에 대한 우리의 생각으로 말미암아 더 힘들어진다는 것이다. 예를 들면, "나의 고통을 아무도 이해하지 못할 거야"라든가 "지금의 고통이 영원히 끝나지 않을지 몰라"와 같은 것들이다.

말하자면 절망감이 우리를 가장 힘들게 만든다고 할 수 있다. 절망감은 관계의 단절을 초래하기 때문에 우울한 상태에 있는 사람들에게 위험하다. 절망감에 빠진 내담자의 이야기를 들을 때, 나는 내담자에게 종종 이렇게 묻는다.

"지금 당신이 한 말을 제가 듣고 있는 것이 느껴지십니까?"

이런 질문을 받으면 대개 내담자는 무슨 말인지 못 알아듣고 멍하니 있거나 물끄러미 쳐다본다. 그러면 다시 묻는다.

"지금 무척 힘들고 외로운 마음을 이야기해 주고 계시잖아요? 말씀하시면서 당신의 말을 지금 제가 듣고 있는 것이 느껴지나요?"

이렇게 물어주면 비로소 내담자는 정신을 차리고 대답한다.

"네, 느껴져요."

"그게 느껴지시니까 마음이 어떠세요?"

"울컥하네요. 감사하네요."

대체로 이런 순간 내담자는 강렬한 감정을 접촉하며 눈물을 흘린다. 그러면서 다시 상담자와 연결된다. 내담자는 왜 처음에 나의 질문을 못 알아들을까? 그런 질문이 생소하기 때문이다.

우리는 대화를 하면서 서로 많은 말을 하지만, 상대방의 이야기를 정말로 듣는 경우는 드물다. 각자 자기 하고 싶은 말을 하는 데 관심이 쏠려 있지 상대방의 말은 잘 안 듣는다. 자기가 그러므로 상대방도 마찬가지일 거라 생각해 상대방이 자기 말을 들을 것이라고 기대하지 않는다. 상담자를 대할 때도 마찬가지로 그가 정말로 자기 말을 들을 것이라는 기대를 하지 않는다. 그래서 상담자가 하는 말을 못 알아듣는 것이다.

상담자가 됐든 지인이 됐든 상대방이 내 얘기를 듣고 있다고 느낄 때 만남이 이루어진다. 그 순간 치유가 일어난다. 한 존재가 나에게 가까이 다가와 '내 말을 듣고 있구나' '나와 함께하고 있구나'라고 느끼는 순간 오랜 단절에서 벗어나 만남이 이루어진다. 우리가 정말 필요로 하는 것은 존재와 존재의 만남이다.

그런 만남의 순간이 치유적 변화가 일어나는 순간이다. 모든 존재는 자기 자신만의 고유함과 개성이 있으면서도 서로 연결돼 있다. 한 영혼은 절대로 그냥 혼자 병들지 않는다. 다른 존재와 단절될 때 죽음에 이르는 병을 앓게 된다. 우리는 절망감에 빠졌을 때, 다시 상처받을 위험을 안고 용기를 내어 '너에게 말하기'를 하면서 진정한 만남과 치유의 장으로 나아갈 수 있다.

12장

존재의 대화

지난 한 세기 동안 인류는 유사 이래 가장 짧은 시간에 가장 많은 변화를 겪었다. 1950년대까지만 하더라도 아이들이 산으로 들로 뛰어다니며 산딸기와 망개 열매를 따서 먹고, 개울에서 미꾸라지와 송사리를 잡았으며, 저녁때가 되면 등잔불을 켜고 가족들이 오순도순 모여 이야기꽃을 피우며 하루를 보냈다. 인간과 자연은 아직 서로 가까이 있었다. 앞산과 뒷산에는 철 따라 꽃이 피고 새가 울며 마당에는 나비와 잠자리가 가득했다. 봄이 오면 소를 몰아 밭농사와 논농사를 지어 양식을 마련했고, 이웃과 품앗이를 하며 함께 공동체를 이루어 정답게 살았다.

그러나 산업화와 도시화가 진행되면서 모든 것이 달라지기 시작했다. 집집마다 전기가 들어왔고, 여기저기 공장이 들어섰으며 길거리에는 자동차가 굴러다녔다. 사람들은 말끔히 차려입고 직장으로 출근했다. 아이들은 아침 일찍부터 오후 늦게까지 학교에 붙들려 있어 골목에는 아이들이 사라졌다. 함께 뛰놀던 친구들도, 같이 일하는 동료들도 어느새 모두 경쟁자가 됐고, 곁에 있던 자연은 부동산 투기장으로 변해버렸다. 여기저기 앞다퉈 고층 빌딩이 들어서고 사람들은 점점 더 도시 속으로 매몰돼 갔다. 컴퓨터와 *IT* 산업이 등장한 뒤로는 사람들은 로봇에게 밀려나기 시작했고, 이제 인공지능이 마지막 남은 일자리마저 위협하면서 인간은 길을 잃어버렸다. 존재를 상실해 가고 있다.

왜 사는지, 왜 살아야 하는지 스스로 묻는 사람들이 많아졌다. 현재 한국인의 자살률은 인구 10만 명당 24.6명으로 *OECD* 회원국 42개국 중 1위라고 한다. 그중에서도 청년 자살률이 가장 높다. 우리는 지금 어디로 가고 있는가?

동물과 식물은 아직 자연에 남아 있는데, 인간은 자연을 버리고 도시의 콘크리트 속에 갇혀버렸다. 우리가 자연을 정복했다고 하지만, 우리가 정복한 건 자연이 아니라 우리 자신은 아닌가? 자연은 그 자리에 있는데, 우리만 소외됐다. 인간은 만물의 영장인가? 인간은 과연 동물이나 식물보다 형편이 나은가?

생각과 감정에 의해

요동치는 지각 능력

원래 인간과 자연은 조화를 이루며 살았으나 이제 돌이킬 수 없을 만큼 서로 멀어졌다. 인간은 동물과 왜 다른 길을 가게 됐는가? 혹시 인간과 동물의 타고난 능력에서 차이가 있는 것일까? 만일 그렇다면 어떤 능력을 살펴봐야 할까? 나는 지각 능력에 관심이 간다. 인간이나 동물이나 생존을 위해서는 환경을 **지각**(인식)**하는** 능력이 가장 중요하기 때문이다.

몇몇 동물의 예를 살펴보면, 개는 시력이 별로 좋지 않지만 청각이나 후각은 매우 발달해 있다. 새는 시력이 아주 좋으며, 청력도 꽤 좋은 편이다. 뱀은 시력이 나쁜 편이지만, 대신 적외선을 감지할 수 있다. 두더지는 시력이 매우 안 좋으나 촉각은 놀라울 만큼 발달해 있다. 인간은 오감이 비교적 잘 발달해 있는 편이다. 결론적으로 인간과 동물의 환경 지각 능력은 제각기 다를 뿐, 어느 한쪽이 절대적으로 유리하거나 불리하지는 않다. 따라서 인간과 동물의 사는 모습이 달라진 원인을 지각 능력의 차이로는 설명할 수 없다.

그런데 자세히 살펴보면 인간과 동물은 지각 능력에서는 큰 차이가 없지만, 그것을 **사용하는** 능력에서는 상당한 차이가 있음을 알 수 있다. 동물들의 지각 능력은 상황이나 감정에 의해 거의 영향을 받지 않는다. 즉, 기분이 안 좋다고 해서 사냥감이 잘 안 보이거나, 냄새를 잘 못 맡는다거나 하는 일은 발생하지 않는다. 그러나 인간은 그때그때의 생각과 감정에 따라 사물을 지각하는 능력이 크게 달라질 수 있다. 예를 들면, 생각에 빠져 있으면 사람이 오는지 가는지도 잘 모르며, 두려움이나 욕심에 사로잡히면 시야가 좁아져서 관심 밖의 대상은 잘 안 보이거나 잘 안 들리기도 한다.

우리말에 돈에 눈이 어두워, 권력에 눈이 멀어, 눈앞이 캄캄해져, 남의 말을 귓등으로 들어, 쇠귀에 경 읽기 등과 같이 매우 흥미로운 표현들이 있는데, 이는 우리의 생각과 감정이 지각 능력에 많은 영향을 미칠 수 있음을 나타내는 말이라 하겠다. 이런 현상들이 우리의 실제 삶에서 어떻게 나타나는지 예를 통해 살펴보자.

〈장면〉

사람들이 북적거리는 도심에서 젊은 연인이 데이트를 즐기고 있다. 여자는 남자 친구 팔짱을 낀 채 뭔가를 열심히 말하며 걸어가고 있다. 그런데 남자 친구는 어쩐지 얼굴에 표정이 없고, 시선은 먼 곳을 보는 듯하다. 그는 지금 생각에 잠겨 있다. 최근 여자 친구 몰래 엄마 친구분의 소개로 외국 학위를 가진 여성을 만나는데, 지금 그녀 생각을 하는 것이다. 그 여자와 결혼할 경우 경제적으로나 사회적으로 더 나은 미래가 펼쳐질 것이라 상상하고 있다. 그는 곁에 있는 여자 친구의 학력과 가정환경이 떠오르며 머리를 가로 젓는다. 이제 데이트가 즐겁지가 않고 아무런 느낌이 없다.

남자는 지금 머릿속에서 누구와 결혼하는 것이 이익이 될지 계산하고 있다. 그러다 보니 마음이 지금 순간에 있지 않고, 미래에 가 있다. 그동안 여자 친구와 함께 보냈던 시간, 첫 만남의 떨림과 기다림, 매번 설레던 만남의 순간들, 이 모든 것은 까마득하게 사라지고 오직 **계산하는** 이성만이 차갑게 작동하고 있다.

부잣집 딸과 결혼할 수 있다는 가능성에 마음이 들떴다. 그녀와 결혼하면 장밋빛 앞날이 펼쳐질지도 모른다는 생각에 머릿속이 복잡하다. 함께 걷는 여자 친구의 존재는 의식 밖으로 밀려나고, 길거리의 풍경도 눈앞에서 사라졌다. 시야가 뿌옇게 흐려지며 여자 친구가 하는 말들이 잘 안 들린다. 그는 지금 여기에 없다.

그에게 여자 친구는 이제 존재로 느껴지지 않는다. 새로 만나는 부잣집 딸도 존재로 다가오는 건 아니다. 그녀는 단지 출세를 위한 수단일 뿐이다. 더욱 놀라운 사실은 자신도 존재로 느껴지지 않는다는 것이다. 모든 것은 대상화되고 존재는 잊혔다.

그의 현재 행동은 철학 용어로는 '계산적 사고' 또는 '표상적 사고'라고 하는데, 존재를 '있는 그대로' 지각하는 게 아니라 '사물'로 대상화하고, 측정하고, 계산하고, 비교하는 방식으로 인식한다. 그렇게 함으로써 그의 지각에 변화가 생긴 것이다. 정확히 말하면 지각의 '사용 능력'에 이상이 생긴 것이다. 계산적 사고에 빠져 오감을 제대로 사용하지 못하는 것이다.

삶의 풍요로움과 생생함, 찬란함과 아름다움, 존재의 향기와 의미는 물질로, 대상으로 축소되고 왜곡돼 머릿속의 표상과 개념으로 처리된다. 존재의 약동은 이제 '실재하는 현실'이 아닌 0과 1로 표기되는 신호들로 마감된다. 존재는 실종돼버렸다.

하이데거는 이러한 계산적 사고는 17세기 데카르트 철학에서 그 정점에 도달하는데 이는 주객 이분법적 형이상학에 기반하고 있으며, 이후 서양 철학에서는 존재가 사라지고 존재자만 남게 됐다며 탄식했다.

하이데거 철학에서 존재자와 존재의 관계는 비유를 들어 설명하자면 물고기와 바다의 그것과 같다. 즉, 존재자를 물고기라고 한다면 존재는 바다에 해당한다고 하겠는데, 존재 상실이란 물고기에게서 바다가 사라진 것에 비할 수 있다.

물고기와 바다는 외견상으로는 서로 독립적이고 구분되는 실체지만, 실상에서는 둘은 서로 분리할 수 없는 하나의 공동체다. 우리가 지각하는 모든 생명(흙, 물, 바람, 나무, 풀, 곤충, 동물, 사람 등)도 각자 독립적 개체이지만 서로 분리할 수 없는 하나의 공동체(유기체)다.

물고기 = 존재자

바다 = 존재

그러나 계산적 사고는 물고기와 바다, 꽃과 나비, 풀과 동물을 서로 갈라놓는다. 모든 게 따로따로 대상화, 개념화되고 비교 평가된다. 그리하여 '관계'는 사라지고 '대상'만 남는다. 앞의 예에서는 부잣집 딸이 등장하면서 남자의 계산적 사고가 작동했고, 여자 친구를 대상화해 비교 평가하는 과정을 거치며 존재가 사라진 것이다.

우리는 존재가 사라지고 계산만 남게 된 세상을 '현실'이라고 부르며 산다. 자녀가 원하는 삶을 못 살게 하는 부모들이 자주 하는 말은 "현실을 직시하라"는 것이다. 현실이란 무엇인가? 부잣집 딸과 결혼하는 것을 '현실'이라고 자녀에게 가르치는 것은 책임 있는 행동인가?

지금 한국에서는 "네 이웃을 네 몸과 같이 사랑하라"라는 말은 모두 "네 이웃을 네 몸과 같이 대상화하라"라고 가르쳐진다. 그것도 남보다 더 빠르게, 더 많이 그렇게 해야만 행복해질 거라고. 이제 어디를 가나 우리는 사물로 취급되고, 목적 달성을 위한 수단으로 이용된다. 존재는 잊히고 '이용 가치'로만 평가되는 것이 현실이 돼버렸다.

쇼펜하우어가 말하는 의지와 표상

아르투어 쇼펜하우어Arthur Schopenhauer는 인간이 사는 세상을 '의지'와 '표상'이라는 개념으로 설명했는데, 우리는 세상을 '있는 그대로' 보는 게 아니라 우리의 의지와 생각을 통해 창조한다고 말했다. 즉, 객관적인 세상을 사는 게 아니라, 우리의 의지와 생각이 만들어낸 허구의 세상, 가상현실을 산다는 것이다.

생각(표상)이란 무엇인가? 생각은 실상을 압축하고 요약해서 파악하는 도구다. 그것은 실상을 '있는 그대로' 드러내 주는 게 아니라, 그물을 던져 그물에 걸리는 걸 취하는 것이다. 바닷물은 빠져나가고 물고기만 건지는 작업이다.

생각은 개념을 가지고 현실을 파악하려는 의지의 산물이다. 개념은 우리가 생각할 때 사용하는 도구다. 예를 들면 개, 고양이, 하늘, 땅, 사람 같은 것이다. 우리는 개념을 사용해서 세상을 파악하려 하지만 정작 개념은 실제로는 존재하지 않는다. 개도 고양이도 사람도 머릿속에서만 있을 뿐 세상에는 존재하지 않는다.

이렇게 말하면 아이는 "무슨 말씀이세요. 개가 왜 없어요? 우리 집에 개가 있는데요?"라고 반문할지 모른다. 그러면 아이에게 이렇게 말해야 한다.

"개는 단어(개념, 이름)일 뿐, 이 세상에 개는 없어. 너희 집 개를 개라고 하면 옆집 개가 '난 그럼 뭐예요?'라고 묻지 않겠니? 그러면 '너도 개야!'라고 하면 그 개가 '나는 쟤와 다른데 왜 똑같이 불러요?'라며 항의하지 않겠니? 네가 매일 산책을 데리고 나가는 애는 그냥 그 애일 뿐 개가 아니야. 개는 네 머릿속에 있는 단어일 뿐 너와 함께 산책 가는 녀석은 그냥 그 애야!"

개념은 개별 사물의 공통점을 찾아, 즉 추상화시켜 하나의 단어로 만든 것이다. 개념을 사용하면 사물을 일일이 하나씩 가리킬 필요 없이 비슷한 것들을 모아 하나의 이름(개념)으로 부르는 것이어서 소통하기에 편하다. 하지만 개념을 사용하는 순간 사물의 고유함은 눈앞에서 사라진다.

당신이 만나는 사람들을 교사, 택시 기사, 목사라는 **개념**(이름)을 붙여 인식하는 순간 그들의 존재는 이름에 가려 희미하게 보이게 된다. 노자가 《도덕경》에서 "도를 도라고 부르는 순간 더는 진정한 도가 아니다"라고 한 말은 이런 맥락이다.

추상화시킨 개념을 실상이라고
착각하는 순간 사라지는 것들

예로 든 남자는 '부잣집 딸'이라는 이름에 붙들려 여자 친구의 '존재'를 잊어버린 것이다. '부잣집 딸'은 하나의 개념일 뿐 실재하지 않는다. 그는 계산적 사고에 매몰된 나머지 돈키호테처럼 허상을 향해 달려나가고 있다. 그는 지금 하이데거가 말한 존재를 망각하고 **존재자**만 쫓아가는 상태라 하겠다. 존재를 상실한 존재자는 **대상**^{object}이다.

하이데거는 존재와 존재자의 관계에 대해 말하길 존재는 추상적 개념이 아니며, 존재자를 있게 해주는 근원이라고 했다. 존재자는 구체적으로 존재하는 실체인데, 존재가 없으면 존재자는 세상에 나타나거나 인식될 수 없다고 했다. 존재는 존재자의 뿌리라는 것이다.

존재와 존재자는 근원적으로 분리될 수 없는 하나인데, 존재가 상실 (망각)되면 존재자는 살아 있는 생명으로 인식되지 못한다. 인간은 존재를 인식할 수 있는 능력을 갖추고 있지만, 계산적 사고에 매몰되면 존재를 망각하고 존재자는 실존으로 인식되지 않는다.

존재는 빛에 비유되기도 한다. 존재자는 생명체라고 할 수 있는데, 빛이 없으면 생명체가 살아남을 수도 인식될 수도 없는 것처럼 존재가 없으면 존재자는 생명체로 존재할 수 없다. 빛이 모든 생명을 키워주고 비춰주듯 존재는 존재자를 빛 가운데로 드러내 생명을 발하게 해준다. 오늘날 우리는 너나 할 것 없이 계산적 사고에 미혹돼 빛을 잃고 어둠을 헤맨다.

계산적 사고의 폐해는 존재 상실로 인해 사람들이 경험하는 불안과 우울로 나타난다. 우리가 불안이라고 경험하는 감정은 자세히 살펴보면 '쓸모없는 사람'이 될지 모른다는 걱정이고, 우울은 나는 쓸모없는 사람인 것 같다고 생각할 때 경험하는 감정이다. 즉, 내가 쓸모없는 사람이 될지도 모른다는 생각은 불안이고, 이미 쓸모없는 사람인 것 같다는 생각은 우울이다.

우리가 일상에서 가장 흔히 느끼는 감정이 불안 아니면 우울인데, 그런 것들은 모두 '쓸모 있음'과 '쓸모없음'에 의해 생겨나는 감정이다. 즉, 계산적 사고에 갇힘으로써 인간이 도구화돼 존재 상실을 경험하면서 겪는 감정인 것이다.

과거에는 비록 가난하게 살았어도 이웃과 더불어 있어 사람들의 얼굴에 빛이 났는데, 이제는 어딜 가나 시커먼 먹구름이 드리워졌다. 이러한 세상이 최근에 와서 비로소 생겨난 것은 아니다. 서구에서는 이런 현상이 이미 19세기에 만연해 있었다.

　톨스토이의 명작 《부활》에서 러시아 귀족 가문의 네플류도프 공작은 젊었을 때 시골 고모 댁 장원에 놀러 가서 순박한 농촌 처녀 카투샤와 사랑에 빠졌다. 두 사람의 사랑은 처음에는 매우 진실한 것이었으나 헤어질 때 네플류도프는 욕정을 참지 못하고 카투샤를 농락하고 떠났다. 배신당한 카투샤는 매춘부가 돼서 파란만장한 삶을 살았다. 어느 날 그녀는 살인자 누명까지 쓰고 교도소에 갇히는 일이 벌어졌다.

　그때 네플류도프가 우연히 법정의 배심원으로 출석하게 됐는데, 놀랍게도 거기서 카투샤를 만난다. 그는 그녀가 타락한 삶을 살다가 이런 일을 겪게 됐고, 그 원인이 자기한테 있었다는 사실을 깨닫고서 무척 놀랐고, 자신의 죄를 깊이 뉘우쳤다. 그러고 나서 그는 카투샤를 구하기 위해 백방으로 노력했으나, 그녀는 이미 많이 변해 있었다.

　그녀는 지금까지 자기가 만난 여성들은 모두 자기를 이용해 돈을 벌려고 했고, 남자들은 네플류도프를 비롯해 늙은 경찰서장, 감옥의 간수 누구 할 것 없이 모두 자기를 쾌락의 도구로만 대하는 것을 보고 너무나 고통스러웠지만, 차츰 현실을 받아들이면서 담배와 술, 성을 낙으로 삼으며 체념한 채 살고 있었다. 시간이 흐르면서 그녀는 자신의 이러한 삶에 그럭저럭 만족했을 뿐 아니라, 한 걸음 더 나아가 이렇게 생각했다.

"늙은이도, 젊은이도, 중학생도, 장군도, 배운 자도, 못 배운 자도 모든 세상 남자들의 관심은 매력 있는 여자와의 성행위에 있어. 나는 매력 있는 여자이므로 남자들의 욕망을 채워줄 수 있는 쓸모 있는 사람이야. 따라서 나는 매우 중요한 사람이고, 가치 있는 사람이야."

그녀는 새로운 인생관을 정립하게 된 것이다. 그런데 어느 날 갑작스럽게 자기 앞에 나타난 네플류도프가 자신의 죄를 용서해 달라고 빌면서 자기를 구하겠다고 하니까 굉장히 당황스러웠다. 그녀는 비참한 환경에서 살아남기 위해 온갖 노력을 다했고, 그래서 어렵게 자존감을 쟁취했는데, 네플류도프의 출현으로 그녀의 정체성이 송두리째 흔들렸다.

그녀는 깊은 고민 끝에 그의 제안을 단호히 거부했다. 그녀는 현재의 삶이 충분히 만족스럽다고 생각했기 때문이다. 여러분은 카투샤의 새로운 인생관에 동의하는가? 만일 동의하지 않는다면 어떤 논리로 동의하지 않는가? 오늘을 사는 우리의 생각은 카투샤의 그것과 얼마나 다를까?

상품 가치로 자신을 평가하는 우리들

성이 됐든, 돈이 됐든, 명예가 됐든, 권력이 됐든 우리는 모두 그런 것을 쟁취하기 위해, 즉 '쓸모 있는' 사람이 되기 위해 갖은 노력을 하면서 살아오지 않았을까? 그 대가로 획득한 술과 담배, 유흥 혹은 다른 보상으로 만족하지 않았을까? 그런 것을 행복으로 여기며 물건에 재산에 권력에 명예에 집착하고 매달리며 살아오지 않았을까?

하지만 그런 것들로 우리의 허기는 결코 채워지지 않는다. 오히려 날이 갈수록 허기는 더 심해지고, 마음은 더 공허해진다. 계산적 사고는 모든 것을 쪼개고 파편화시키면서 존재를 대상화해 끝없이 그것에 집 착하도록 만든다. 하지만 존재가 떠난 존재자는 '대상'으로서 우리에게 공허감 외에는 줄 것이 없다.

계산적 사고는 표상(생각)을 통해 존재자를 눈앞에 있는 이미지(相) 로, 즉 대상으로 바꿔놓는다. 존재자를 '있는 그대로' 받아들이는 대신 고정된 개념으로 포착해 파악하며, 마침내 존재자를 욕구 충족의 대상 으로 확보하고 소유하려 한다. 살아 있는 생명이 아니라, 물건으로 대상 으로 다루는 것이다.

우리는 계산적 사고를 통해 다른 사람을 표상하고 개념화함으로써 '좋은' 사람과 '나쁜' 사람, '쓸모 있는' 사람과 '쓸모없는' 사람으로 분류 해 통제·관리 가능한 대상으로 만드는 작업을 한다. 이 과정에서 존재 는 치명적인 손상을 입는다.

그런데 중요한 사실은 다른 사람을 대상화하려면 자기 자신을 먼저 대상화해야 한다는 것이다. 타인을 판단 평가하는 사고와 나를 판단 평 가하는 사고의 구조는 서로 다를 수 없기 때문이다. 타인에게 위해를 가 하려면 원리적으로 자기에게 먼저 손상을 입혀야 한다.

《명심보감》에서는 이를 알기 쉽게 설명한다.

"남을 다치게 하는 말(생각)은 돌이켜 나를 다치게 하고(傷人之語 還是 自傷), 피를 머금어 남에게 뿜으려면 자신의 입이 먼저 오염돼야 한다(含 血噴人 先汚其口)."

우리는 타인을 공격할 때 먼저 상대방을 '나쁜 사람'이라고 판단한다. 《명심보감》에서는 이렇게 상대방을 부정적으로 개념화하는 행위 자체 가 독이라는 것이다. 그 독을 내가 먼저 입에다 머금지 않으면 어떻게 상 대방한테 내뿜을 수 있느냐는 것이다. 그러므로 나를 상하게 하지 않기 위해서라도 상대방에 대한 부정적인 판단을 하지 말라는 것이다.

하이데거는 인간은 독립적 주체가 아니라 존재와의 연관 속에 사는 **관계적 존재**라고 했다. 인간은 존재의 부름을 받고 존재를 지키는 **존재 의 목동**으로서 존재의 **열려 있음** 안에 거주해야 본연의 모습을 지킬 수 있다고 했다.

인간은 주체도 객체도 아니며, 존재자를 지배하는 자가 아니라 존재 의 소리를 듣는 자라고 했다. 인간은 존재에 대한 근원적 앎을 통해 본 성이 실현된다고도 했다. 존재는 생각으로는 닿을 수 없는 깊은 곳에 있 다. 존재는 보이지도 들리지도 않지만, 그러나 **아무것도 아닌 것**nothing이 아닌 무no-thing(無)다. 그것은 뭇 생명이 태어나고, 꽃이 피고 달이 뜨며 빛의 향연과 생명이 약동하는 장field(場)이다.

계산적 사고는 인간이 기획자로서 존재자(대지, 나무, 꽃, 동물, 사람)를 자신의 의지에 따라 설계하고 제작하며, 변형시키고 조작·관리할 수 있다고 믿는다. 인간은 무한한 자유와 권력을 획득해 신적인 존재가 된다. 거기에는 존재가 들어설 자리는 없다. 생명이 없는 대지에 빛은 사라지고, 새소리, 물소리, 아이들 웃음소리, 눈부신 아침 햇살, 지축을 울리며 숲속을 달리는 멧돼지의 늠름한 기상은 모두 어둠 속으로 가라앉는다.

사람을 대상화하지 않으려는 노력을
계속해야 한다

인간은 존재의 주인이 아니다. 존재를 지배하는 자가 아니라, 존재를 지키는 파수꾼이다. 우리는 겸허히 존재의 소리에 귀 기울이며 존재의 열린 장, 빛 속으로 나아가야 한다. 거기서 인간다움을 회복할 수 있다. '존재자'를 정복하려는 욕심을 내려놓고, 계산적 사고를 멈추고 내면에서 들려오는 존재의 소리에 귀 기울이며 존재의 도래를 기다려야 한다.

존재자는 우리의 정복 대상이 아니라 우리와 함께하는 친구들이다. 그들과의 연결 속에서만 우리는 본래의 모습을 회복할 수 있다. 어떤 존재자도 다른 대상으로 대체 가능하지 않다. 모두 자신만의 고유한 빛을 지니고 있고, 서로 조화를 이루며 함께 존재할 수 있다.

존재는 모든 존재하는 것에 앞서 있다. 존재가 열어주는 장 안으로 뭇 존재자들이 나타나 살아 움직이며 약동한다. 계산적 사고로 기술화된 인간은 존재를 만나지 못한다. 존재가 말 걸어오는 것을 듣지 못한다. 대상화되지 않은 있는 그대로의 자기를 만날 수 없다.

계산적 사고에 빠져 있는 시간이 계속되면 우리 존재는 병들기 마련이다. 마음도 아프고 몸도 병이 든다. 하지만 고통이 극심해지면 불현듯 존재가 깨어나는 경우가 있다. 계산적 사고가 탈착되며 존재의 소리를 듣게 되는 것이다. 고통은 어떤 면에서는 존재가 깨어나는 소중한 기회가 될 수 있다.

계산적 사고에 너무 오랫동안 길들여 있으면 생각을 내려놓는 게 쉽지 않다. 생각을 내려놓는 순간 뭔가 크게 잘못될 것 같은 두려움이 있어서다. 생각을 비운다는 건 지금 순간에 온전히 깨어 있는 것을 말하는데, 이것이 처음에는 매우 어렵게 느껴진다. 늘 미래를 앞당겨 생각하고 계획 세우고 대비하는 계산적 사고에 중독돼 그것을 내려놓는 것이 위험하게 느껴지는 것이다. 그 속에 안주해 사는 게 더 위험하다는 걸 깨닫기까지는 상당한 시간이 걸릴 수 있다.

앞당겨 생각하는 것은
미리 두려워하는 것이다

그전에라도 생각을 내려놓는 데 도움이 되는 방법들이 있다. 잠시 주의를 생각에서 돌려 지금 순간의 현실로 가져오는 것이다. 창문을 열어 창밖의 풍경을 바라보거나 하늘을 쳐다보는 것이 도움이 된다. 지나가는 차 소리를 듣거나 행인들의 말소리를 알아차리는 것도 좋은 방법이다. 시간을 내어 숲길을 산책하며 찬찬히 자연을 관찰하며 신선함을 느끼는 것도 좋다. 새소리나 벌레 우는 소리, 계곡물이 흘러가는 소리를 듣는 것은 존재와 만나는 체험을 하게 해준다. 집 밖을 나갈 수 없을 때는 잠시 눈을 감고 심호흡한 뒤 생기가 천천히 온몸으로 퍼져 나가는 느낌을 알아차려 보는 것이 좋다.

이런 활동은 모두 살아 있는 실상을 접촉하는 것이다. 생각과 거리를 두고 실상을 접하는 순간 우리 몸은 정상적으로 작동하기 시작한다. 몸이 편안해지면서 에너지가 돌고 몸에 생기가 살아난다. 그러면 기분도 좋아지고 마음도 평온해진다. 존재가 살아나는 느낌이 드는 것이다.

좋은 생각이 떠오르는 순간
실상과 접촉하는 순간

잠시 짚고 넘어갈 부분이 있다. 여기서 여러분은 "혹시 생각은 해로우니까 절대 하지 말라는 건가요? 존재를 만나는 것도 좋지만 일상생활에 필요한 생각은 해야 하지 않을까요?"라고 묻고 싶을지 모르겠다. 맞는 말이다. 생각을 안 하고 살 수는 없다. 직업을 수행하거나 생활에서 어려운 문제를 해결해야 할 때 계산적 사고는 필요하다.

여기서 강조하는 건 불필요하게 습관적으로 계산적 사고를 하는 것의 해로움이다. 자세히 관찰해 보면 우리가 하는 생각의 많은 부분은 오랜 시간 무의식적이고 반복적으로 해온 부정적이고 해로운 생각들이다. 그러한 것들은 삶에 도움이 안 될 뿐 아니라, 몸과 마음을 모두 병들게 한다.

생각을 멈추고 깊은 심호흡과 더불어 천천히 신체감각을 알아차리면서 지금 순간에 집중하면, 가끔 몸 깊은 곳에서 지혜로운 생각이 떠오른다. 그런 생각은 우리가 붙들고 있는 계산적 사고와는 종류가 다르다. 그런 생각은 무게감이 없고 밝고 새로운 시야를 열어준다.

고도의 기술 사회에 사는 우리는 항시적으로 계산적 사고를 통한 존재 상실의 위험에 노출돼 있다. 그렇지만 삶은 노력하지 않아도 때로는 우리에게 필요한 것들을 선물로 준다. 계산적 사고를 멈출 때 그런 일은 좀 더 자주 일어날 수 있다. 삶은 오직 지금 순간에만 펼쳐지므로 미래는 우리 삶의 목표가 될 수 없다. 수시로 기회 있을 때마다 생각을 잠시 멈추고, 지금 순간 말 걸어오는 존재의 소리에 귀 기울여야 한다. 존재와 만날 때 우리는 본래 마음(본래 나, 본래심)을 회복하고 존재자들과 더불어 아름다운 생명의 꽃을 피울 수 있게 된다.

13장

나의 발견

나는 누구인가? 나는 어떤 사람인가? 나는 괜찮은 사람인가? 안 괜찮은 사람인가? 나는 쓸모 있는 사람인가? 쓸모없는 사람인가? 나는 좋은 사람인가? 나쁜 사람인가? 우리는 끊임없이 자신에게 이런 질문을 하며 산다. 이 물음에 대한 답을 하기 위해 우리가 주로 사용하는 방법은 지금까지 살면서 성취한 것(재산, 지식, 권력, 명예, 인맥)들과 살아온 경험(역사, 스토리)을 타인들의 그것과 비교하고 평가하는 것이다. 즉, 나를 대상화해 타인과 비교하고 평가해 규정하는 것이다.

　이런 방법이 나의 정체성을 밝히는 데 타당한 것일까? 고대 그리스의 철학자 소크라테스가 "너 자신을 알라"라고 말했을 때의 나는 타인과 비교한 **상대적 나**가 아니라 **나 자신**으로서 실존하는 **절대적 나**였다. 타인과의 비교를 통해 규정되는 '나'는 지금 순간에 직접 느껴지고, 감각되고, 지각되는 불변적인 '실존적 나'가 아니라, 개념적(간접적)으로 추론된 표상(이미지)일 뿐이고, 그것도 시간의 경과와 함께 늘 변하는 것이다.

　'나는 누구인가'에 대한 답으로 우리가 정말 알고 싶은 것은 나에 대한 상대적이고 가변적인 평가 혹은 개념이 아니라, 외부 조건이나 상황 변화와 관계없이 항상 변함없이 존재하는 그리고 지금 순간에 직접 느낄 수 있는 실존적인 나, 진정한 나다.

　과연 그런 것이 존재할까? 만일 존재한다면 그것을 찾을 수 있을까? 찾는다면 어떻게 찾을 수 있을까? 에크하르트 톨레는 **진정한 나를** 본질적 나*essential I*, 심층적 나*deeper I*, 현전*presence*, 알아차림*awareness*, 순수의식*pure consciousness*, 존재*being*, 고요함*stillness*, 공간성*spaciousness* 등으로 부르는데, 이를 발견하는 과정을 다음과 같이 안내한다.

"지금까지 살아오면서 당신이 경험한 것 중에서 변치 않고 항상 그대로 있었던 것이 있나요? 먼저 밖에서 찾아볼까요? 우리의 감각기관 (시각, 청각, 후각, 미각, 촉각)이 지각할 수 있는 외부 사물들이 있겠지요. 그것들은 항상 변합니다. 그래서 제외해야겠지요. 당신 안에 있는 것에는 생각, 감정, 느낌, 몸이 있습니다. 생각은 항상 변합니다. 그래서 그것도 제외해야 합니다. 감정과 느낌, 몸도 마찬가지로 시시각각으로 변합니다. 그래서 그것들도 제외해야 합니다.

당신 안에서나 밖에서나 모두 상황과 시간의 흐름에 따라 변하는 것밖에 없습니다. 그렇다면 이 모든 변하는 것들 아래에 (혹은 뒤나 너머에) 변치 않는 무엇이 있을까요? 당신이 어디로 가든, 누구와 함께 있든, 몸이 아프든 늙든, 무엇에 성공하든 실패하든 관계없이 생각이나 감정, 경험 아래에 항상 그대로 변치 않는 무엇이 있을까요?

지금 당신은 내가 다음 순간 무슨 말을 할지 온전히 주의를 집중하고 있습니다. (톨레는 손가락을 하나 들어 보이며 잠시 침묵한다.) 이 순간 당신은 아무런 생각을 하지 않고 있습니다. 오로지 순수하게 나의 다음 말을 기다리고 있습니다. 이를 현전이라고 부릅니다. 지금 순간에 깨어서 존재하는 것이죠. 아무런 생각이 없으므로 '고요함' 또는 '공간성'이라고도 일컫습니다. 물론 이런저런 생각을 쫓아다닐 수도 있습니다. 그렇다면 당신은 지금 현전하지 않고 있다고 하겠습니다.

당신의 주의가 지금 순간에 온전히 깨어서 현전할 때 당신은 모든 변하는 것들(감각, 생각, 감정, 느낌, 몸) 아래에 있는 본질적 나, 심층적 나를 접촉한 것입니다. 이것이 당신의 진정한 정체성입니다. 당신은 그것을 생각해 내거나 기억해 낸 것이 아닙니다. 당신은 그것을 지금 순간에 생생하게 느낄 수 있습니다. 그것은 항상 당신과 함께 있지만 당신에게 일어나는 경험(감각, 생각, 감정, 느낌, 몸), 그중에서 특히 생각이 당신의 주의를 강하게 뺏기 때문에 알아차리지 못하는 것입니다. 그러나 지금 순간에 온전히 주의를 기울이면 생각이 끼어들지 못합니다.

이것이 현전이고 알아차림이며 고요함인 당신의 진정한 나입니다. 그것은 형태가 없는 **순수한 의식**이며 존재입니다. 그것은 시간과 공간을 초월, 지금 순간에 항상 느끼고 확인할 수 있는 실존입니다. 그것은 모든 변하는 사물(감각)과 내적 현상(생각, 감정, 몸) 아래에 있는 변치 않는 실상인 진정한 나입니다."

나는 오감(시각, 청각, 후각, 미각, 촉각)으로 지각되는 외부 사물이 아니고, 내 안에서 일어나는 생각이나 감각, 감정, 느낌도 아니다. 그것들은 모두 형태를 가진 것들이고, 형태를 가진 것은 늘 변하기 때문에 자체로서의 본질, 즉 실체가 없다.

그런데도 우리는 항상 그것들과 동일시해 거기서 나를 찾으려고 한다. 내가 소유한 물질, 지식, 감각, 생각, 감정, 느낌을 나로 여겨 그것을 타인과 비교해 나를 규정하려 한다. 그것들은 실체가 없으므로 거기서 변하지 않는 나의 정체(실체)를 발견하는 것은 불가능하다.

진정한 나는 형태가 있는 제한된 대상이 아니다. 나는 시간과 장소와 상황이라는 제약에 구속받아 생겨나는 일시적 현상이 아니라, 모든 존재자(형상, 형태)가 거기서 태어나고, 다시 그곳으로 돌아오는 존재의 터다.

나는 항상 지금 순간에 있으며 형태를 가진 현상들과 따로 분리돼 있지 않고, 그것들의 아래에 존재하면서 그것들의 생성 변화와 사라짐을 가능하게 해주는 바탕이다. 형태를 지닌 것들이 전경이라면, 나는 그것들을 담아내고 비춰주는 배경이다.

전자가 파도라면 후자는 바다다. 파도는 바다에서 나와 잠시 형태를 지녔다가 다시 바다로 돌아온다. 바다는 파도와 분리될 수 없는 실상이다. 나는 파도가 아니라 바다다. 우리는 일시적 현상인 파도를 나로 동일시해 다른 파도와 비교해 내가 더 멋있다 아니면 못하다며 기뻤다, 슬펐다 한다.

만일 나의 정체성이 파도가 아니라 바다라는 사실을 깨닫는다면, 매번 조건에 따라 형태가 변하는 파도로 인해 일희일비하지 않게 될 것이다. 나는 늘 변하는 파도가 아니라 그것을 받쳐주고 품어주는 바다라는 사실을 깨달으면, 고통이 사라지고 진정한 기쁨과 행복, 자유와 평화, 사랑과 지혜, 감사와 생생함이 돌아온다.

나를 발견한다는 건 바로 바다를 발견하는 것이다. 한순간도 파도를 떠난 적이 없고 항상 바로 그 아래에 있지만, 우리는 늘 파도(전경)에 붙들려 바다(배경)를 놓친다. 우리가 하는 생각, 감정, 느낌이 파도라면 진정한 나는 그 아래에 있는 바다다. 왜 우리는 늘 바다를 놓치는 것일까? 파도에 붙들리기 때문이다. 파도는 생각, 감정, 느낌이다. 그것들이 강한 흡인력을 갖고 있어 습관적으로 휘말리는 것이다. 세 가지 중에서도 가장 문제가 되는 것이 생각이다. 우리는 자신도 모르게 끊임없이 생각에 끌려다니느라 그 아래에 깊은 차원이 있다는 것을 모른다.

나를 발견하기 위해서는 역설적이지만 생각의 차원을 알아차려야 한다. 표면을 덮고 있는 생각의 차원을 보는 순간, 그 아래에 있는 심층적 차원으로서 진정한 나를 발견하게 된다. 그런데 정말 흥미로운 사실은 생각을 알아차리는 건 진정한 나라는 것이다.

생각은 형태를 지닌 것이지만, 진정한 나는 형태를 지니지 않은 순수 의식(현전, 알아차림)이다. 형태를 볼 수 있으려면 형태 없는 게 있어야 한다. 마치 그림(형태)을 그리려면 형태가 없는 캔버스가 있어야 하는 이치와 같다. 형태 없는 진정한 나가 있으므로 형태인 생각을 알아차릴 수 있다.

나를 발견하는 건 생각을 알아차리는 것이 그 출발점이다. 생각을 알아차림으로써 그 아래에 있는 나를 발견하게 된다. 생각은 구름이고 나는 하늘이다. 구름이 덮여 있어도 그 아래(뒤, 너머)에는 형태 없는 하늘이 있다. 구름은 하늘이 있기에 존재할 수 있다. 그런데 구름이 많이 덮여 있으면 우리는 그것이 하늘인 줄 착각한다.

본래 나

"나는 바보야" "나는 실패자야" "나는 해도 안 돼" "나는 쓸모없는 사람이야" 혹은 "나는 위대한 사람이야" "나는 가치 있는 사람이야" "나는 특별한 사람이야"라고 생각하는 내용이 모두 사실이 아니라면, 나는 대체 누구란 말인가?

우리는 항상 내가 누구인지 알고 싶어서 나에 대해 생각한다. 어느 날은 괜찮은 사람인 것 같고, 어느 날은 아닌 것 같고, 그다음 날은 잘 몰라 모호해진다. 우리는 종종 내가 어떤 사람인 것 같은지 다른 사람에게 물어보기도 하고, 심리검사를 해보기도 하고, 책을 읽어보기도 한다. 하지만 어떻게 해도 명확하지 않아 계속 이런저런 생각을 한다. 그러나 평생을 두고 생각해도 우리는 생각을 통해서는 도무지 내가 누구인지 알 수 없다.

그것은 우리가 존재(생명)인 까닭이다. 생각은 형태(모양, 상)를 가진 것만 알 수 있는데, 존재는 형태가 없으므로 생각이 알아낼 수 없다. 그런

292

데도 생각은 끊임없이 내가 누구인지 '판단하려' 하고, "나는 쓸모 있는 사람이다" "쓸모없는 사람이다" "나는 성공한 사람이다" "나는 실패한 사람이다"라는 식으로 말한다. 왜일까?

생각은 욕심과 두려움이 많아서다. 지금의 나는 부족해 보이고, 그렇게 살면 안 될 것 같은 두려움이 들기 때문이다. 지금 있는 그대로 부족함 없는 온전한 존재인데도 생각에게는 그게 보이지 않는다. 그것이 생각의 병이다. 생각은 보이는 것만 볼 뿐 보이지 않는 존재는 아예 없다고 믿기 때문에 나의 존재를 있는 그대로 수용하지 못한다.

생각은 부족한 나를 이상적인 나로 만들기 위해 끊임없이 과거와 미래를 오가며 판단하고 평가하느라 항상 분주하다. 그런데 이상적인 나는 생각 속에만 존재하는 허구*fiction*일 뿐 존재(생명)와는 아무런 관계가 없다. 내가 성공한 사람이라든가 실패한 사람이라든가 혹은 쓸모 있는 사람이라든가 쓸모없는 사람이라는 말은 모두 생각이 지어낸 '허구(허상)'로서 참 생명인 나의 존재와는 아무 상관이 없는 것들이다. 나의 존재는 생각이 떠들어대는 그런 대상이 아니다. 그런 것은 진정한 나가 아니다.

그렇다면 나는 도대체 누구란 말인가? 진정한 나는 생각이 알 수 없는, 생각을 넘어서는 '존재'다. 그것은 결코 생각을 통해서는 파악할 수 없다. 오히려 생각이 사라지고 마음이 고요해졌을 때 가장 분명하게 드러난다(느껴진다). 그것은 눈에 보이지도 않고, 귀에 들리지도 않고, 냄새나 맛도 없으며, 만져지지도 않는다. 하지만 없다고 할 수 없으며, 지금 여기에 분명하게 있는 존재*being, sein*다.

그것은 본래부터 있었던 나다. 그래서 본래 나(본래심, 本來心)라고 부른다. 그것은 우리 마음속에 생각이 생겨나기 전부터 있었고, 생각이 떠들어 댈 때도 생각 아래에, 생각 뒤에 혹은 생각 너머에 항상 있었다. 그것은 생각에 가려져 잘 안 보였을 뿐, 언제나 우리 안에 있다. 잠잘 때나 깨어 있을 때나 밥 먹을 때나 일할 때나, 내가 어디에 가서 무얼 하든, 몸이 건강하든 병들었든, 몸이 살아 있건 죽었건 항상 변함없이 지금 순간에 있다.

'본래 나'는 태어나지도 죽지도 않으며, 더럽거나 깨끗하지도 않으며, 늘어나거나 줄어들지도 않으며, 시간과 공간을 초월해서 항상 있다. 본래 나는 생각을 잠시 멈추면 언제 어디서라도 만날 수 있다. 생각과 생각 사이에 잠시 생겨나는 공간에서도 만날 수 있다. 그것은 추상적 개념이 아니며, 지금 순간에 생각을 내려놓으면 언제나 생생하게 느낄 수 있는 존재다. 그것은 "내가 여기 있구나" "내가 지금 살아 있구나" "내가 지금 또렷이 깨어 있구나"라는 느낌으로 선명하게 알 수 있다.

그것은 내가 남자건 여자건, 젊었건 늙었건, 글을 배웠건 못 배웠건, 무언가를 해냈건 못 해냈건, 어떤 삶을 살았건 상관없이 지금 순간에 오롯이 깨어 알아차리면 모든 생각이 사라지면서 그냥 하나인 '본래 나'로 바로 눈앞에 드러난다.

하지만 다시 이런저런 생각 속에 '빠져들면(붙들리면)' 본래 나는 잘 안 느껴진다. 마치 없는 것처럼 느껴진다. 생각이 본래 나를 덮어버리기 때문이다. 생각은 늘 나를 찾아다닌다. 생각은 '본래 나'가 자기로 인해 가려진 줄 모르고, 늘 나를 찾아 여기저기 밖을 헤맨다.

생각은 형태를 지닌 것들만 알 수 있으므로 생각, 감정, 느낌, 몸, 외부 환경, 상황 등 형태를 지닌 대상에서 나를 찾으려 한다. 그런데 형태를 지닌 것들은 모두 항상 변하므로 거기서 변치 않는 나인 '본래 나'를 발견하는 것은 불가능하다. 그러나 생각은 욕심이 많아 포기하려 하지 않는다. 온갖 수단과 방법을 동원해서 나를 찾으려 한다. 현실에서는 도저히 안 될 것 같으니 실재하지 않는 과거와 미래를 만들어 거기서 **변치 않는 나**를 찾거나, 심지어는 상상 속에서 만들어보려 한다. 하지만 그것은 허구의 세계이므로 성공할 수 없다.

생각은 수없이 좌절하지만 자기 자신이 모든 불행의 원인이라는 사실은 모른다. 생각은 결코 그것을 깨닫지 못하지만, 아이러니한 것은 또한 그것을 알고 싶어 하지도 않는다는 점이다. 만일 그것을 깨닫게 되면 자기는 죽어야 하기 때문이다. 이것이 생각이 우리를 가만히 놔두지 않는 이유이다.

우리가 날마다 겪는 고통의 사슬에서 풀려나기 위해서는 생각이 쉴 새 없이 속삭이는 말들이 진실이 아니라는 걸 깨달아야 한다. 생각이 떠드는 말들은 모두 인간의 뇌가 만들어내는 가상의 세계, 허구의 세계이다. 우리는 너무나 오랫동안 그런 거짓말에 익숙해져 마치 그것이 실재인 것처럼 착각하며 산다. 우리는 생각에 중독돼 잠시라도 생각하지 않으면 큰일 날 것처럼 불안해한다.

사실은 놀랍게도 잠시 생각을 멈추었을 때, 우리 자신이 살아 있는 존재라는 것을 가장 생생하게 느낄 수 있다. 그런 순간에 **본래 나**를 만나게 되기 때문이다. 생각의 굴레에서 벗어나 본래 나를 만날 때, 우리는 진정한 자유와 행복을 느낄 수 있다.

우리는 살아 있는 존재인 본래 나를 접하지 못하고, 대부분의 시간을 이런저런 생각에 붙들려 생각이 말해주는 것이 진짜 나인 줄 알고 생각이 "오늘 잘했네!"라고 말하면 내가 꽤 괜찮은 사람으로 느껴져 우쭐하고, "오늘은 망쳤네. 역시 넌 안 되겠어!"라고 말하면 내가 **쓸모없**는 사람처럼 여겨져 기가 죽는다.

나는 생각이 말하는 것처럼 꽤 괜찮은 사람도 아니고, 쓸모없는 사람도 아니다. 생각이 말하는 그런 사람은 이 세상 어디에도 존재하지 않는다. 따라서 그런 말들은 모두 틀린 말이다. 그런데도 생각이 아는 것은 그것밖에 없으므로 계속 모든 걸 나누고, 비교하고, 평가하고 분류하는 이상한 행동을 한다. 그런데도 우리는 생각이 중얼거리는 말들이 모두 진실인 줄 안다. 그것이 우리가 겪는 고통의 근본 원인이다.

생각을 내려놓을 때, 생각에서 벗어날 때 우리는 외면했던 본래 나를 다시 만난다. 언제든지 어디서든지 항상 본래 나를 만날 수 있다. 그때 우리는 본래 나는 어디에도 가지 않았고, 항상 그 자리에서 나를 기다리고 있었다는 사실을 깨닫게 된다. 본래 나를 만나면 우리는 이제 고향에 돌아왔음을 느낀다.

그토록 그리워하던 본래 나를 여태 엉뚱한 곳에서 찾아다녔다는 사실을 깨닫고 나는 진심으로 미안함을 느낀다. 비로소 집에 왔다는 안도감과 더불어 깊은 감사를 느낀다. 자유와 행복, 생동감과 활력, 모든 것이 명료해지는 알아차림이 있다. 아름다움과 놀라움, 신비함을 느끼며 모든 존재가 하나로 연결돼 있으며, 내가 있는 그대로 온전함을 깨닫는다.

본래 나를 만나기

본래 나를 만나기 위해서는 우선 본래 나가 어떤 것인지 명확하게 아는 것이 필요하다. 본래 나는 생각이 사라지고(줄어들고) 마음이 편안하고 고요한 상태다. 몸은 이완돼 있으며 가볍다. 그러나 졸리거나 멍한 것과는 다르다. 오히려 정신이 또렷하고 맑게 깨어 있으며, 주변에 무슨 일이 생기면 즉시 알아차리고 반응할 수 있는 상태다.

기분은 상쾌하고 생생하게 살아 있는 느낌이며, 무엇보다 내가 누구인지 잘 느껴진다. 하지만 이때 인식되는(감각되는) 나는 남자다, 여자다, 젊다, 늙었다, 부자다, 가난하다, 성공했다, 실패했다 같은 분별(구별)이 전혀 없다. 그런 분별은 모두 생각을 통해 나타나는 것인데, 본래 나는 그런 분별심이 사라진 순수한 내가 생생하게 느껴지는 상태이다.

본래 나를 만나는 방법에는 여러 가지가 있는데, 크게 나누어서 우리가 따로 애쓰지 않아도 자연스럽게 생활 속에서 만나는 방법과 좀 더 주의를 기울임으로써 만나는 방법의 두 가지가 있다. 물론 둘의 경계는 그렇게 명확하지 않다.

생활 속에서

본래 나를 만나는 방법

우리는 특별한 일 없이도 생활 속에서 자신도 모르게 마음이 고요한 상태를 경험하지만, 이를 잘 알아차리지 못하고 그냥 지나친다. 그런 순간은 매우 짧다고 하더라도 본래 나를 만난 것이다. (생각이 비워지며) 마음이 고요한 상태는 본래 나를 만나야만 경험되기 때문이다. 예를 들면 다음과 같다.

어느 날 산책하다 길가에 핀 민들레를 보며 순간 무척 기분이 좋았는데, 그것을 못 알아차리고 지나칠 수 있다. 그런데 가만히 돌아보면 그런 상태는 예외 없이 (생각이 비워지고) 마음이 고요했을 때다. 똑같은 장면이라도 생각이 많았다면(복잡했다면) 좋은 기분을 못 느꼈을 것이기 때문이다. 또 다른 예로 길을 가는 사람들을 보며 까닭 없이 친근감을 느끼며 기분이 좋았지만, 그것을 못 알아차리고 지나칠 수 있다. 그런 때도 가만히 돌아보면 마음이 고요했을 때다. 그때 생각이 많았다면 좋은 기분을 못 느꼈을 것이기 때문이다.

생활 속에서 본래 나를 만나는 경험은 우연히 하기보다는 좀 더 체계적으로 연습할 수 있는데, 이제 그 방법들을 하나씩 살펴보겠다.

1. 밖의 조용함을 알아차리기

   밖의 조용함silence(정적)을 알아차리면 내 안의 고요함stillness(침묵)이 깨어난다. 숲속이나 조용한 길을 걸을 때 정적에 귀를 기울여보라. 밖의 조용함을 알아차리기 위해서는 내 마음이 고요해져야 한다. 내 안이 시끄러우면 밖의 조용함을 느낄 수 없다. 주의를 기울여 밖의 정적이 느껴지면 그때 내 마음도 함께 고요해지는 걸 경험한다. 깊은 정적에 주의를 기울일 때마다 내 안의 고요함(침묵)인 본래 나를 만날 수 있다. 그 순간 그를(그분을) 만날 수 있다.

2. 소리가 사라진 공간을 알아차리기

   새소리나 종소리를 들으며 소리가 사라진 잠시의 공간gap, space을 응시해 보라. 텅 빈 공간을 느껴보라. 아무것도 없는 것 같지만 알아차림이 있다. 알아차림이 있기에 다시 소리가 들리면 그 소리를 알아차릴 수 있는 것이다. 알아차림이 본래 나다. 소리가 사라진 공간에 순수한 알아차림이 있다. 사물과 섞이지 않은 순전한 알아차림이 있다. 잠시 소리가 사라진 텅 빈 공간에서 본래 나를 만날 수 있다.

3. 말과 말 사이의 공간을 알아차리기

상대방의 말을 들으며 말과 말 사이에 생겨나는 잠시의 공간*gap*을 응시해 보라. 공간에 순수한 주의*attention*를 기울여보라. 그 순간 아무 생각도 없을 것이다. 만일 어떤 생각을 한다면 공간을 느끼지 못할 것이기 때문이다. 잠시지만 그 순간 나를 만날 수 있다. 본래 나를 만날 수 있다. 이 연습을 하다 보면 생각과 생각 사이에 나타나는 잠시의 공간도 알아차릴 수 있게 된다. 그 순간 나를 만난다. 본래 나를 만난다.

4. 물건이 치워진 공간 알아차리기

방 안의 가구들을 치운 뒤 드러난 **공간***space*을 응시해 보라. 보이지도 않고 만져지지도 않지만, 공간은 없는 것이 아니다. 공간은 느낄 수 있다. 알아차릴 수 있다. 공간은 가구보다 중요하다. 공간이 없으면 물건도 있을 수 없기 때문이다. 공간은 생겨나지도 없어지지도 않는다. 항상 지금 여기에 있다. 그로부터 모든 것이 태어나고, 그에게로 모든 것이 돌아가지만 공간은 항상 지금 여기에 있다. 본래 나도 그렇다. 그것은 텅 빈 공간이다. 하지만 그것은 없는 게 아니다. 그로부터 모든 것이 태어나고 그에게로 모든 것이 돌아가지만, 그것 자체는 변치 않고 항상 지금 여기에 있다.

감각과 생각, 감정, 몸은 마치 가구와 같다. 그것들은 내 안에서 잠시 왔다 가는 것들이다. 내(본래 나)가 있으므로 그것들이 생겨나고 사라질 수 있다. 텅 빈 공간인 나를 느껴보라.

5. 침묵과 친해지기

침묵*stillness*(고요함)은 단순히 말을 하지 않는 것이 아니라, 고요함에 귀 기울이는 것이다. 처음에는 침묵이 익숙하지 않으나 점점 편안해지며 친해진다. 나중에는 침묵 속에 있는 것이 즐거워지며 진정한 자유와 평화를 느낀다. 침묵 속에 깨어 있는 나를 만나게 된다. 중요한 말은 침묵 속에서 태어난다. 그런 말(생각)은 지혜로우며 힘이 있다. 그리고 내가 나아갈 방향을 알려준다. 고요함(침묵)이 지루하게 느껴지는 것은 생각 때문이다. 생각은 고요함을 견디지 못한다. 생각에게는 그것이 죽음이기 때문이다. 침묵과 친해진다는 건 점점 생각에서 벗어나 자유로워진다는 의미다.

6. 현재를 있는 그대로 수용하기

무엇을 경험하든 지금 현재를 있는 그대로 수용하면 모든 것은 변화해서 사라진다. 지금 나타나는(경험되는) 것은 그것이 무엇이든(감각이든 생각이든 감정이든 신체든) 저항하지 않고 있는 그대로 인정하고 놔두면 서서히 변화해서 없어진다. 우리가 고통을 겪는 것은 그것들을 나 자신이라고 착각해 (사라지지 않으려고) 저항하기 때문이다.

감각(시각, 청각, 후각, 미각, 촉각)이나 생각, 감정, 신체는 모두 형태

form(이미지)를 지닌 에너지 장일뿐 내(본래 나)가 아니다. 그것들은 모두 거리를 두고 바라보면 서서히 변해서 사라진다. 우리가 현재를 있는 그대로 바라볼(수용할) 수 없는 이유는 자꾸 그것들이 **나**라고 착각하기 때문이다. 지금 순간에 온전히 깨어 있으면, 즉 본래 나와 연결돼 있으면 그것들과 분리돼 **바라볼**(알아차릴) 수 있다.

7. 충분함을 알아차리기

욕심과 불안은 현재가 충분하지 않다고 느낄 때 생겨난다. 그것은 생각과 나를 동일시함으로써 일어난다. 생각은 과거와 미래를 오가며 항상 현재를 회피한다. 본래 나는 지금 순간에 만날 수 있다. 지금 순간을 온전히 '수용하면(알아차리면)' 욕심과 불안이 동시에 사라진다. 대신 그 자리에 감사와 기쁨이 태어난다. 욕심과 불안은 지금 현재를 항상 불완전하고 못마땅하게 여기는 생각으로 인해 생겨난다.

생각이 비워진 지금 여기의 '알아차림(본래 나)'에서는 모든 것이 있는 그대로 충분하다. 슬픔, 분노, 두려움, 지루함, 수치심, 외로움, 죄책감 같은 불편한 감정도 잠시 나타났다 사라지는 현상일 뿐 영원하지 않다. 있는 그대로 알아차리고 바라보면 금세 사라진다. 그것들이 사라진 자리는 다시 고요해지며 자유와 평화가 돌아온다. 본래 나는 그 사실을 알기에 항상 지금 여기에서 의연하다.

8. 일이나 운동하면서 알아차리기

일이나 운동은 자연스럽게 주의를 생각에서 벗어나게 해주는 효과가 있다. 설거지나 청소, 빨래, 요리, 공부, 텃밭 가꾸기 등의 일이나 달리기, 수영, 테니스, 헬스, 팔굽혀 펴기, 스쿼트 등 운동을 하다 보면 자신도 모르게 몰입하면서 생각에서 벗어나 마음이 편해지는 것을 경험할 수 있다.

그런데 이런 활동을 하면서 어떤 목표를 정해놓고 거기에 도달하기 위해 애쓰기보다는 일이면 일, 운동이면 운동 그 자체에 온전히 주의를 기울여 (알아차리면서) 과정을 즐기는 것이 필요하다. 만일 그렇게 하지 않고 목표와 성과에 초점을 맞추면, 과정은 목표에 도달하기 위한 수단으로 전락해 버려 지금 여기를 벗어나게 된다.

주의를 전환해서

만나는 방법

본래 나는 생각에 붙들려 있는(묶여 있는) 우리의 **주의**attention를 적극적으로 다른 곳으로 전환함으로써 만날 수도 있다. 주의가 생각에 빼앗겨 본래 나와의 접촉이 단절됐을 때는 주의를 생각에서 철수해(빼내어) 딴 곳으로 돌려주면 언제든지 다시 본래 나를 만날 수 있다. 이때 주의를 어디에다 그리고 어떻게 돌리는지에 따라 본래 나를 만나는 여러 가지 방법이 있다. 이를 하나씩 살펴보기로 하자.

1. 주의를 외부 환경으로 돌리기

생각에 빠져서 시야가 흐려지며 불편한 감정이나 신체 감각이 느껴지면 주의를 얼른 외부 환경으로 돌리는 것이 좋다. 창문을 열어 하늘을 쳐다보거나 지나가는 차나 행인을 바라보는 등 주의를 밖으로 전환하는 것이다. 이때 아무 생각 없이 그냥 바라보는 것이 좋다.

밖에서 들리는 소리에 집중하는 것도 괜찮다. 놀이터에서 떠드는 아이들 소리, 차 지나가는 소리, 멀리 공사장에서 들리는 소리 같은 것들이다. 물론 새소리나 풀벌레 소리도 좋다. 생각에 주의를 공급하지 않으면, 생각은 금세 힘을 잃고 사라진다. 생각이 사라진 자리에는 본래 나가 모습을 드러낸다.

2. 주의를 신체에 기울이기

자신도 모르게 반복적으로 같은 생각에 붙들려 고통을 당하는 때는 얼른 알아차리고 크게 심호흡을 두세 번 하는 게 좋다. 그렇게 하면 몸에 생기가 돌고 정신이 깨어난다. 그래도 온전히 편하지 않으면, 다시 심호흡을 두세 번 하면 훨씬 나아진다. 그러면 몸 전체에 활기가 느껴지는데, 세심하게 주의를 기울여 생동감이 몸에 골고루 퍼져나가는 것을 관찰하며 편안하게 바라본다.

상체와 하체로 나누어 몸의 구석구석으로 생기가 흐르는 느낌을 주의 깊게 따라간다. 이렇게 하다 보면 불편한 감정이나 신체감각이 사라지고 몸과 마음이 편안해진다. 습관적(무의식적)으로 부정적인 생각을 하는 사람은 한두 번에 그쳐서는 안 된다. 불편감이 들 때마다 수시로 이 과정을 반복하면 얼마 가지 않아 몰라보게 좋아진다.

3. 손과 팔, 발과 다리에 주의를 기울이기

끈질기게 반복적으로 떠오르는 주제(생각, 감정, 행동)에 붙들릴(갇힐) 때는 앞의 방법과 비슷한데, 먼저 심호흡을 두세 번 한 다음에 눈을 감은 채 왼손을 알아차려 본다. 이때 혼자 속으로 "이게 내 손이 맞니?"라고 스스로 질문하고 나서 "그래, 맞는 것 같아. 손바닥이 따뜻하고, 저릿저릿한 느낌이 들거든. 무게감도 느껴지고 다리에 닿는 느낌도 알겠어!"라는 식으로 답해본다. 그다음으로는 양손을 대상으로, 다시 양팔을 대상으로 같은 질문과 답을 한다. 그리고 나서는 왼발을 대상으로, 다시 양발을 대상으로, 다시 양다리를 대상으로 같은 질문과 답을 한다.

전체적으로 필요한 시간은 처음에는 5~7분 정도 걸리지만, 조금 연습하면 익숙해져 3~5분 정도로도 충분하다. 물론 좀 더 짧거나 길어도 무방하다. 시간이 허락한다면 양손과 양팔, 양발과 양다리에 이어 상체와 하체, 얼굴과 머리를 대상으로 연습을 확장하면 더욱 좋다.

끝나고 나서 눈을 떠서 창밖을 보거나 방 안 물건들을 살펴보면 시야가 밝아지고 사물이 선명하게 보이는 것을 알아차릴 것이다. 주의를 생각에서 철수해 지금 여기의 현실과 접촉하는 데 기울이면 본래 나가 드러나면서 생기를 회복하게 된다.

4. 주의를 호흡에 기울이기

바른 자세로 앉거나 혹은 누운 상태에서 호흡을 바라보는 연습이다. 호흡을 잘하기 위해 애쓰거나 통제할 필요 없이 그냥 자연스럽게 숨 쉬는 것을 알아차린다. 호흡이 얕으면 얕은 대로, 깊으면 깊은 대로 가만히 놔두며 바라본다. 도중에 생각(잡념)이 떠오르면 알아차리고, 다시 주의를 호흡으로 돌려서 바라본다.

호흡은 끊임없이 계속 일어나는 자연현상이므로 주의를 거기에 두면 지속해서 맑고 깨끗한 의식 상태를 유지할 수 있는 매우 좋은 방법이다. 생각을 없애려고 하면 생각은 더 많아진다. 생각과 싸우는 대신에 주의를 지금 여기의 현실인 호흡에 둠으로써 생각에 붙들린 상태를 벗어나 본래 나를 만날 수 있다.

5. 사물이나 상황에 이름 붙이지 않고 단순히 알아차리기

우리는 어떤 사물이나 사람을 볼 때, 혹은 어떤 사건을 겪거나 상황에 놓이게 되면, 그것을 있는 그대로 보거나 듣지 않고 내 생각을 덧

붙여서 해석(코멘트)한다. 예컨대, "오늘 날씨는 정말 변덕스러워!" "저 꽃은 왜 저렇게 지저분해?" "이 동네는 길이 참 깨끗하네" "쟤는 옷을 왜 저렇게 입었지?" "오늘따라 길이 왜 이렇게 막혀?" 등과 같다. 지금 여기의 현실을 있는 그대로 인식하는 것이 아니라 생각이라는 색안경(매체)을 통해 왜곡해 경험하는 것이다. 즉, 생각을 통해 해석한 것을 현실이라고 착각하고 사는 것이다. 비유로 말하면 조미료를 잔뜩 넣어 요리한 음식을 먹는 것과 같다고 하겠다.

그러면 물건이나 사건, 상황에 이름 붙이지 않고 그냥 인식한다는 것은 대체 어떻게 한다는 것인가? 말 그대로 생각을 덧붙이지 않고 단순히 있는 그대로 인식하는 것이다. 예를 들면, "아침에 해가 나더니, 지금은 비가 오는구나" "꽃에 흙먼지가 묻었구나" "길이 포장돼 있구나" "길에 차가 많구나"와 같이 평가하지 않고 중립적으로 사실만 보는 것이다.

그러나 자세히 보면 위의 예도 현실을 있는 그대로 보는 게 아니라 여전히 여러 말을 사용하고 있다. 한 단계 더 나아간 연습은 이런 말(개념, 생각)을 아예 쓰지 않고, 그냥 오감(시각, 청각, 후각, 미각, 촉각)만을 사용해 순수한 알아차림을 하는 것이다. 그렇게 하면 사물이 생각의 그물을 벗어나 생생하게 지각된다. 때 묻지 않은 본래의 모습을 드러내면서 밝고 선명하게 빛을 내는 것이다.

무척 흥미로운 점은 모르고 지나쳐서 그렇지 누구나 이미 그런 경험

을 하고 산다. 즉, 어떤 사물을 보거나 소리를 들을 때, 아주 짧은 순
간(2~3초 정도)이지만 처음에는 전혀 이름 붙이지 않은 생생한 현실을
경험한다. 그리고 나서 금방 이런저런 **코멘트**(해석)를 하면서 생각으
로 현실을 덧칠한다.

6. 생각, 감정, 신체, 사물을 현상으로 바라보기

생각은 **에너지의 흐름**으로서 형태를 지닌, 생겨나고 사라지는 현상이
다. 감정이나 신체, 사물도 마찬가지다. 모두 오고 가는 현상이다. 하지
만 본래 나는 태어나지도 죽지도 않는 형태가 없는 영원한 존재다.

배경은 형태가 없기에 형태가 있는 것을 전경으로 있는 그대로 드러나
게 해준다. 이는 그림(전경)과 캔버스(배경)의 관계에서 알 수 있다. 만일
캔버스가 형태가 있다면 그림은 있는 그대로 인식될 수 없을 것이다.

생각, 감정, 신체, 사물은 모두 형태가 있는데, 형태가 없는 본래 나가
배경으로 있기에 있는 그대로 (전경으로) 알아차릴 수 있다. 그런데 실생
활에서 우리는 보통 그렇게 하지 못하고 그것들과 동일시해 버림으로
써 내가 그 생각이 되고, 감정이 되고, 신체가 되고, 사물이 돼버린다.

본래 나를 만나고 있으면 그것들을 동일시하지 않고 있는 그대로 그
자리에 있게 허용(수용)해 줄 수 있다. 어떤 현상이든지 있는 그대로
허용하면 변화를 거쳐 사라진다. 생각, 감정, 신체, 사물은 우리가 오
랫동안 습관적으로 동일시해 왔던 현상이므로 여간 주의하지 않으

면 쉽게 동일시된다. 따라서 주의(알아차림)의 절반 정도는 몸이나 호흡에 두면서 그것들을 바라보는 것이 필요하다.

7. 내 안의 상전과 하인 알아차리기

우리 안에 누구나 끊임없이 자신의 행동이나 존재를 판단하고 평가하거나 잔소리해 대는 목소리들이 있다. 그것은 외부에서 들어온 내사*introject*된 목소리(생각)들인데, 원래 하나였던 나를 둘로 쪼개어 서로 논쟁하거나 대립하는 형태로 나타난다.

예컨대, "실수하면 안 돼!" "아는 걸 또 틀렸잖아!" "이것도 모르다니, 바보야" "너는 쓸모없는 인간이야"와 같은 상전의 목소리와 "그러게 또 실수했네. 어떡하지?" "못하겠어. 난 정말 바본가 봐!" "나도 노력했단 말이야" "어쩌라고. 짜증 나!" 같은 하인 목소리 간의 내적 갈등이다.

이런 목소리들은 대부분 무의식적으로 들려오기 때문에 우리는 영문도 모른 채 끌려다니며 많은 고통을 겪는다. 이런 목소리들은 대부분 개인적 배경(역사)이 있어 형성된다. 즉, 과거 어린 시절에 겪은 트라우마로 인해 생겨난 것들이다. 이들은 보통 개인마다 각기 다른 **주제***theme*의 형태로 일정한 패턴을 보이며 나타나는데, 그것들은 상당히 힘센 **목소리**(생각)들이므로 주의하지 않으면 순식간에 끌려간다.

하지만 이런 목소리들도 결국 오고 가는 현상에 불과하므로 본래 나와 연결(접촉)된 상태에서 차분히 알아차리며 바라보면 곧 힘이 약해져 배경으로 사라진다. 이런 목소리들이 들려오면 심호흡과 신체 에너지 알아차리기를 병행하면서 바라보면 더욱 효과가 있다.

8. 모른다는 사실을 편하게 수용하기

우리는 미래를 알 수 없다. 내가 1년 뒤에 어떤 사람을 만나게 될지, 그리고 그 사람과 잘 지내게 될지 어떻게 미리 알 수 있겠는가? 현대과학은 아직 나뭇잎 하나 떨어지는 궤적조차 정확히 예측할 수 없다. 그런데도 생각은 끊임없이 미래를 알려고 한다. 모르는 것이 두렵기 때문이다. 그러나 미래를 알려고 조바심하는 만큼 우리는 점점 더 현실적 기반을 잃게 되며 고통은 더욱 심해진다.

그러나 미래는 알 수 없다라는 사실을 편하게 받아들일 수 있으면 마음이 고요해진다. 그것은 현실에 닻을 내리는 것과 같다. 미래를 알 수 없다는 건 사실이다. 이 사실을 수용한다는 것은 헛된 욕심을 부리지 않고 지금의 현실을 있는 그대로 받아들인다는 것이다.

눈 감고 (상상하면서) 운전하는 것이 아니라, 눈 뜨고 운전하는 것이다. "완벽하지 않으면 큰일 날 거야"라고 상상하는 대신 "그건 모르는 일이지. 미리 걱정할 필요 없어"라고 편하게 말할 수 있다면 현실에 굳건히 뿌리내리는 것이다.

모른다는 사실을 수용한다는 것은 "생각을 중시하지 않는다"라는 의미다. 이는 주의를 미래(상상)에서 현재(현실, 알아차림)로 옮김을 의미한다. 생각이 떠오를 때마다 "모른다. 괜찮아!"라고 자신에게 말하고, 얼른 주의를 지금 여기로 돌리라. 이는 고요함이며, 현전이며, 알아차림인 본래 나에게 주의를 돌리는 것이다. 모르는 것에 익숙해질 때 나를 만날 수 있다.

본래 나

나는 누구인가?
생각은 내가 아니다
생각한 것, 경험한 것도 내가 아니다

감정이나 욕구, 신체
지각된 대상도 내가 아니다
나는 지금 여기에 있는 존재다
알아차려진 것은 내가 아니다
알아차림이 나다
존재가 나다

나는 침묵이며 공간이다

깊이를 헤아릴 수 없는
고요함이며 신비다

여기 있음이다
'순수의식'이고 '무*no-thing*'다
삶이고 생명이다

내가 없으면 아무것도 없다
온 세상이 나를 통해 태어난다
나는 깊고 오묘하다

평화와 자유
아름다움과 지혜로
모든 것을 비춘다

나는 놀라움이고 신비다
실존이며 현실이다
나는 나다

있는 그대로 나다

보탤 것도 뺄 것도 없는

그대로 나다

본래 나다

❖ ❖ ❖

본래 나와의 대화

나 네가 나의 진정한 실존이며, 실체라고 했잖아. 그게 무슨 뜻이지?

본래 나 네가 '자기'라고 잘못 알고 좇아다니는 생각, 감정, 감각, 대상은 모두 시시각각 변하는 현상에 불과해. 그것들은 불변적 존재, 즉 실체가 아니야. 나는 진정한 네 본성이며, 영원히 변치 않는 실체야. 그리고 항상 지금 여기에 정말로 있기에 '실존'이라고도 불러. 나는 네가 그토록 찾아다니던 본래부터 있던 너야. 본래부터란 말은 시작도 없고 끝도 없다는 뜻이야. 태어나지도 죽지도 않는, 그냥 항상 있었고, 앞으로도 영원히 있는 존재란 뜻이야. 네가 자신인 줄 잘못 알고 좇아다니며, 붙들기도 하고 붙들리기도 하는 생각들을 멈추거나 놓아버릴 때마다 너는 나를 볼 수 있고, 나를 느낄 수 있고, 나를 만날 수 있어.

나　　그런 너를 만나는 것은 어떤 의미가 있지?

본래 나　나를 만난다는 건 잃어버린 너를 되찾아 오는 것이야. 오랫동안 찾아다녔던 네 자신을 발견해 만나는 거야. 긴 방황을 끝내고 마침내 고향에 돌아오는 거지. 내게는 고요한 안식과 평화가 있고, 빛과 생명이 있으며, 감사와 기쁨, 사랑과 즐거움, 지혜와 창의력, 생동감과 활기, 연대와 조화가 있어.

나　　그동안 너는 어디에 있었니?

본래 나　나는 네가 생각에 붙들려 다닐 때 생각 뒤에, 생각 밑에, 생각과 생각 사이에 있었어. 네가 잠잘 때도, 깨어 있을 때도, 네가 아플 때나 건강할 때도, 네가 시험에 떨어졌을 때도, 네게 기쁜 일이 생겼을 때나 어려움을 겪었을 때도 나는 항상 너와 함께 있었어.

나　　그런데 내가 왜 그걸 몰랐지?

본래 나　너는 나를 못 보고 지나쳤어. 나는 언제나 네 안에 있었고, 한시도 너를 떠난 적이 없었어. 앞으로도 영원히 그럴 거야.

나　　너를 어떻게 만날 수 있니?

본래 나　어떤 풍경을 볼 때, 아직 아무런 생각이 떠오르기 전에 짧은 순간의 고요함이 있어. 그 순간에 나를 볼 수 있어. 어떤 소리가 들릴 때도, 아직 생각이 떠들어대기 전에 잠시 공백이 있어. 그 순간에도 나는 거기에 있어. 아주 짧은 순간 흘끔 나를 느낄 수 있어. 주의 깊게 관찰하면 공간이 조금씩 더 넓어질 수 있어.

나 부정적인 생각이 떠오를 때 어떻게 하면 돼?

본래 나 그럴 때는 심호흡을 몇 번 하고 나서 신체감각을 주의 깊게 관찰하면 나를 느낄 수 있어. 온몸으로 퍼져나가는 생동감을 가만히 느껴보면 생각이 점점 줄어들면서 텅 빈 공간이 느껴지면서 나를 만날 수 있어. 생각이 사라진 고요한 공간에서 나를 만날 수 있어. 구름이 걷히면 파란 하늘이 나타나는 것과 같아.

나 부정적 생각의 패턴에 강하게 붙들릴 때는 몹시 힘들어. 그런 경우는 어떡해?

본래 나 생각을 알아차리고 주의를 몸으로 돌려야 해. 먼저 두세 번 심호흡하고, 생동감이 가슴과 팔다리로 퍼져나가는 느낌을 자세히 관찰하는 것이 좋아. 이것을 몇 번 반복하고 나면 기분이 상쾌해지며 정신이 맑아져. 그러면 이번에는 손과 팔이 내 손과 팔이 맞는지 스스로 물으면서 관찰하고 답하는 게 도움이 돼. 손과 팔의 저릿저릿한 느낌과 열감, 무게감, 옷과 피부가 닿는 감촉 등을 알아차리고 답하면 돼. 다음으로는 주의를 발과 다리로 옮겨서 똑같은 질문과 답을 해. 그러고 나서는 주의를 상체와 하체 그리고 몸 전체로 옮겨가며 알아차리면 좋아. 중간에 심호흡을 한두 번 하면 더 효과가 있어.

나　밤에 생각이 계속 꼬리를 물고 일어나 잠을 잘 못 자겠어. 그럴 땐 어떡하면 돼?

본래 나　그런 생각들은 대부분 불필요할뿐더러 도움이 되지 않는 것들이야. 먼저 그런 생각을 알아차리는 게 중요해. 그다음으로는 그런 생각들이 쓸데없는 것이며, 그런 생각을 안 하고 싶다고 결심하는 것이 필요해. 그러고 나서 주의를 생각에서 철수해 몸으로 가져오는 것이 필요해. 심호흡을 몇 번 하고 몸의 에너지가 온몸으로 퍼져나가는 느낌을 바라보며 알아차리는 것이 좋아.

나　그런데 도중에 생각이 또 떠오르면?

본래 나　생각을 그냥 알아차리고 바라보면 돼. 생각이 내가 아니라는 것을 아는 것이 중요해. 생각도 에너지의 흐름에 불과하므로 그냥 허용하고 바라보는 게 좋아. 주의를 기울여 에너지를 더 공급해주지 않으면 저절로 힘이 약해져서 사라져. 생각이 내가 아니고, 그것을 알아차린 자가 나라는 사실을 깨닫는 것이 필요해.

나　모든 생각이 다 해로운 것은 아닐 것 같은데?

본래 나　네 말이 옳아. 지혜로운 생각도 있지. 그런데 자신도 모르게 늘 반복적으로 하는 부정적인 생각들이 문제거든. 그런 생각들에 붙들리지 않는 것이 필요해.

나　지혜로운 생각은 어떻게 만날 수 있어?

본래 나 마음속에서 늘 재잘대는 비교하고, 평가하고, 판단하는 생각들이 잠잠해질 때, 불현 듯 지혜로운 생각이 떠오를 수 있어. 그런데 그것은 예상하기 어려워.

나 지혜로운 생각이 필요할 때는 어떻게 만날 수 있지?

본래 나 자주 하는 생각에서 벗어나 마음이 고요해지면 필요한 지혜가 떠오르는 경우가 많아. 그러나 먼저 몸에 주의를 기울여서 생각이 줄어들고 마음이 고요해지는 게 필요해. 지혜로운 생각은 머리를 통해서가 아니라 몸을 통해서 만날 수 있어.

나 몸에 병이 생기거나 어려운 일이 생겼을 때 고민하는 것은 어쩔 수 없는 것 아닌가?

본래 나 그렇지 않아. 그런 때도 생각에 빠져 계속 고민하는 것보다는 생각을 잠시 멈추면 오히려 좀 더 나은 해결책이 떠올라. 몸에 주의를 기울이고 편안하게 이완하면 본래 나가 드러나면서 필요한 지혜와 치유를 가져다줘. 생각은 우리가 기대하는 것보다 좋은 도구가 못 돼.

나 지금 순간에 깨어 있는 것이 왜 중요해?

본래 나 지금 순간은 생각 속에서만 존재하는 가상세계가 아니라 실상의 세계이기 때문이야. 실제로 존재하는 세계란 뜻이야. 지금 순간으로 들어오면 우리에게 필요한 모든 것이 여기에 있어. 지혜, 평화, 자유, 생동감이 있어. 지금 순간은 생각이 들어오지 못하는 존재의 세계야. 생각이 사라진 텅 빈, 하지만 신비한 침묵의 세계야. 나를 공간 혹은 고요함이라고도 불러. 나는 형태가 없지만 실재하는 현실이야. 나는 형태가 있는 모든 것들, 즉 현상들을 존재하게 해주는 바탕이고 원천이야.

나　너는 인식 기능도 있어?

본래 나　당연히 있지. 있는 정도가 아니라, 내가 바로 **인식 자체**라고 할 수 있어. 나는 세상 만물(현상들)이 인식될 수 있게 비춰주는 **빛**과 같은 존재야. 그래서 나를 **알아차림** 또는 **순수의식**이라고도 불러. 내가 있음으로써 세상의 모든 **현상**이 존재할 수 있고, 또 인식될 수 있어.

나　너는 또 어떤 이름을 가졌니?

본래 나　이름이라기보다 표지판 같은 것인데, **알아차림, 순수의식, 존재, 고요함, 공간**이라고 불리기도 해. 나는 지금 **현재**에만 존재해. 나는 생명, 평화, 자유, 지혜, 아름다움, 사랑이란 이름도 갖고 있어. 생각을 넘어서 지금 현재에 존재하는 실존이며 참 생명이야. 나는 우리 모두의 뿌리인 **본래 나**야.

나　생각에 빠지면 왜 괴로워지니?

본래 나　그 이유는 **본래 나**를 잃어버리기 때문이야. 실존하는 나, **본래 나**를 떠나 생각 속의 **나, 가짜 나**를 따라갔기 때문이야. **가짜 나**는 실상이 아니므로 생명이 없어. 그래서 고통스러운 거야.

나:　　너를 잃어버리면 어떻게 다시 만날 수 있어?

본래 나　나는 항상 지금 현재에 존재해. 생각을 내려놓고 지금 현재로 돌아오면 항상 나를 만날 수 있어. 네가 하루빨리 집으로 돌아오도록 항상 깨어서 기다리고 있어.

나　지금 여기로 돌아오는 것이 왜 이토록 어려워?

본래 나　그건 네가 집 나온 지 오래돼서야. 너라기보다는 인류 역사가 그래. 수십만 년에 걸쳐 진화하면서 인류는 **본래 나**가 사는 지금 여기가 있다는 사실을 까마득히 잊어버렸어. 하지만 조금만 돌아보면 네가 잘 알아차리지 못해서 그렇지 너는 종종 **나**를 만나곤 해. 비 갠 뒤 문득 고개를 드는 순간 눈부신 파란 하늘이 드러난 것을 보고 깜짝 놀라 입을 다물지 못할 때, 길거리에서 우연히 옛 친구를 마주쳤을 때 반가움에 펄쩍 뛰는 순간, 숲길을 걸으며 어디선가 이름 모를 새소리가 들려올 때 너는 일순간 이루 말할 수 없는 놀라움과 신비감을 느끼지 않았니? 그런 순간 너는 모든 생각이 멈추고 너의 가장 깊은 곳에 가려 있던 **나**를 만난 거였어. 생각을 넘어선 순수의식, 고요함, **알아차림**인 **나**를 만날 때 너는 참된 존재와의 만남을 경험한 거였어. 순수한 기쁨과 환희, 깊은 평화와 생명, 자유, 아름다움, 사랑을 경험했어. **지금 여기**의 존재를 만나는 것이었어. 네가 사람들과 진정으로 만날 때, 상대를 **있는 그대로 순수한**

존재로 만날 때 서로 연결되는 느낌과 진정한 돌봄과 배려, 사랑을 경험한 때는 예외 없이 생각을 멈추고 나를 만나는 순간이었어. 너는 아마 어린 시절을 기억할 거야. 그때는 생각이 많지 않기 때문에 본래 나 상태를 자주 경험했어. 누구나 어린 시절을 그리워하는 것은 바로 본래 나로 존재했던 순간들을 기억하기 때문이야.

나   너를 만나면 다른 사람과의 관계에서 친근감, 연결, 평화와 사랑의 감정을 느낄 수 있는 이유가 무엇 때문이야?

본래 나   그것은 생각에서 놓였기 때문이야. 생각은 나와 상대방을 판단하고, 비교하고, 평가해 등급을 매기고 분류하고 개념 속에 가둠으로써 단절과 소외, 분리와 억압을 초래하지만, 지금 여기의 **본래 나**는 모든 단절과 소외를 치유해 평화와 고요함, 생명과 사랑을 불러와!

나   본래 나를 '그' 또는 '그분'이라고 부르는 사람도 있던데?

본래 나   맞아. 그렇게 부르는 사람도 있어. 그건 각자의 마음이지. 본래 나는 어느 한 개인의 인격person을 가리키는 개념은 아니야. 그것은 개인적일 수 없어. 그것은 분별심을 넘어선 상태이므로 개인적 차원을 넘어서 존재해. 개인이라고 한다면 다른 사람과 구별되는 한 사람이잖아. 본래 나는 '나'와 '너'를 넘어서는, 하지만 모두를 포함하는 실체야. 다시 말하면 본래 나는 모든 생명과 연결된 큰 나(대아, 大我)이지. 그래서 어떤 사람들은 '그분'이라고 부르기도 해. 그것은 우리가 알 수 없는 신비하고 성스러운 존재에 대한 경외심과 감사, 사랑과 헌신의 마음을 그렇게 표현한 것이 아닐까 싶어.

❖ ❖ ❖

이전 글이 대부분 일상생활에서 경험할 수 있는 인간관계 갈등이나 심리 문제를 게슈탈트 심리상담의 관점에서 조명한 내용이었다면, '존재의 대화'와 '나의 발견'은 일반적 심리 현상을 넘어서는 영성 차원을 다루었다. 이는 정신의학이나 심리학적 관점에서 볼 때 별문제가 없는데도 마음이 힘들어 심리상담을 찾는 사람들, 예를 들어 직장 생활이나 대인관계에서 잘 적응하고 있고, 삶을 성실하고 책임감 있게 꾸려나가며 사회적 역할도 잘하고 있는데도 알 수 없는 불안이나 우울, 의미 상실, 공허감을 경험하는 사람들, 혹은 큰 사고나 사업 실패, 심각한 질병, 가까운 사람의 죽음, 이혼, 경력 단절, 은퇴 등 갑작스럽고 커다란 삶의 변화에 직면한 사람들, 오랜 신체적·정신적·심리적 문제, 복합 외상 등으로 시달리는 사람들, 강한 도덕적·종교적·정치적 신념으로 인해 고통을 겪는 사람들에게 도움이 될 것이다.

심리상담의 영성 차원은 동양에서는 인도 사상, 선불교, 도가사상,

성리학, 양명학, 동학 등에서 중심된 가르침이었으며, 서양에서는 칼 융을 비롯해 마르틴 하이데거, 마르틴 부버, 고든 올포트, 에리히 프롬, 폴 틸리히 등 정신의학자, 철학자, 심리학자, 신학자들이 매우 중시했다.

나는 개인적으로 청소년 시절부터 기독교와 선불교, 철학, 심리학에 많은 관심이 있어 다양한 활동을 해왔다. 고등학교 때는 도산 사상과 선불교에 관심을 가졌고, 대학교와 독일 유학 시절에는 기독교와 비교종교학에 몰두했다. 석사와 박사학위 논문에서는 '임상적 관점에서의 기독교 종교성이 성격에 미치는 영향'을 연구했다. 유학 시절부터 철학이나 신학을 공부하는 분들을 만나 하이데거 사상과 현대 신학을 접할 수 있었던 건 참으로 큰 행운이었다. 한국에 돌아와서도 기독교와 불교계 명상가들을 접하며 많은 배움이 있었다. 최근 10여 년 동안은 선불교와 에크하르트 톨레의 명상을 게슈탈트 심리상담과 통합해 현장에 적용하는 데 관심을 기울이고 있다.

아래에 게슈탈트 영성 치료를 적용한 두 상담 사례를 소개한다.

"흰 눈송이들 마치 떨어지는 벚꽃 같아라."

현석(가명) 씨는 어릴 때 오랫동안 심한 가정폭력과 방치를 경험했고, 청소년기에는 학교폭력에도 노출되면서 매우 불행하고 우울한 삶을 살았다. 그는 15세 때부터 여러 상담 기관에서 개인상담을 200회 이상 받았고, 18세에 정신건강의학과에서 조울증을 진단받아 24세까지 약물 치료를 받았다. 현석 씨는 23세인 2018년 여름 내가 이끈 게슈탈트 집단상담에 참여하면서 첫 인연이 시작됐고, 이후 집단상담에 15번 참여했다. 당시 그는 매우 심한 약물과 알코올, 니코틴 중독 상태에 있었고 수면제 없이는 잠을 이룰 수 없는 상태였다.

처음 왔을 때 그는 무척 위축돼 있었고, 자기표현을 잘하지 못했다. 피해의식이 많아 늘 긴장해 있었고, 쉬는 시간에는 혼자 밖에 나가 흡연을 하고 돌아왔다. 하지만 꾸준히 집단상담에 찾아왔고, 어려운 가운데서도 차츰 적응해 나갔다. 그는 올 때마다 무척 솔직하고 진지했으며, 사투를 벌이는 사람처럼 혼신을 다해 자기 작업에 몰두했고, 그 결과 괄목할 만큼 달라졌다. 2020년 5월부터는 개인상담을 시작해 현재 100회기가 조금 넘었는데, 곧 종결을 앞두고 있다.

집단과 개인상담에서 그가 반복해서 다루었던 주제는 아동청소년기의 방치와 가정폭력 및 학교폭력 피해 경험이었는데, 그중에서도 가장 충격적인 것은 17세 때 엄마와의 갈등 도중 엄마가 부엌에서 가위를 가져와 자신의 목에 대고 찔러달라고 외쳤고, 무서워서 방으로 도망가 근처에 사는 삼촌에게 전화해 도움을 요청했는데, 삼촌이 와서는 엄마가 울고 있는 모습을 보고 다짜고짜 그를 심하게 구타했다. 밤늦게 퇴근한 아버지도 마찬가지로 그를 심하게 때렸다.

그 사건 이후 그는 심한 대인공포와 함께 잔인한 강박적 심상으로 인해 10여 년 동안 고통에 시달렸다. 그는 집단에서 이 사건을 여러 번 다루었고, 그때마다 집단원으로부터 따뜻한 위로와 공감을 받으면서 조금씩 편해져 갔다. 아래의 내용은 그가 2020년 2월 10일부터 15일까지 게슈탈트 집단상담에 참여하면서 경험한 내용이다.

집단에서 별로 말이 없어 눈에 잘 띄지 않던 그가 2월 13일 집단상담 중 자신의 감정을 개방하면서 조명을 받기 시작했다. 그는 신체 긴장과 답답한 느낌을 호소했고, 나는 그가 신체 느낌을 자세히 묘사하도록 하면서 억압된 정서를 만나도록 해주었다. 그는 이 과정에서 누나에 대한 심한 죄책감을 접촉했고, 나는 빈 의자를 통해 그가 감정을 표현하도록 이끌었다. 그는 자신이 초등학교에 다닐 때 아버지가 누나와 자기 성적을 비교하면서 점수가 낮게 나온 사람에게 심한 체벌을 가했다고 말했다.

"누나가 매번 성적이 안 좋았고, 아버지에게 심하게 맞았어요. 그때마다 저는 죄책감을 느꼈어요. 어느 날 누나가 저를 살짝 불러 이번에 점수가 어떻게 나왔는지 물었고, 대답을 들은 누나는 표정이 어두워지며 한숨을 푹 쉬었어요."

그날 이후로 누나는 눈에 띄게 불안정해지기 시작했고, 나중에는 정신병원 신세를 지게 됐다고 했다. 그는 성적이 좋을 때마다 누나에게 미안하기도 했지만, 자신이 맞지 않아 안도감을 느꼈던 사실에 대해 죄책감과 수치심을 느꼈다고 했다. 나는 그에게 빈 의자에 누나가 앉아 있다고 상상하며 자신의 감정을 표현해 보라고 했다. 그는 빈 의자에 앉아 있는 누나에게 미안한 마음을 표현하며 울음을 터뜨렸다. 그 작업으로 어느 정도 감정이 해소되는 것처럼 보였지만, 충분치는 않은 느낌이 들어서 그의 왼편에 있던 40대 초반 여성 희진에게 누나 역할을 부탁했다. 그는 누나의 대역을 하는 희진에게 미안하다고 말하면서 그녀를 붙들고 오열했다. 희진은 손으로 그의 등을 쓸어주며 함께 울면서 말했다.

"괜찮아, 네 잘못이 아니야. 네 잘못이 아니야!"

희진에게 안겨 한참 울고 난 뒤 그는 눈을 떠서 가슴을 쓸어내리고 "이제 많이 편안해졌어요"라고 말했다. 그러나 잠시 후 나를 쳐다보며 말했다.

"아직도 뭔가 남아 있는 것 같아요."

"지금 몸을 좀 알아차려 보세요. 몸에 뭐가 느껴져요?"

"화가 나요."

"누구한테요?"

"저 자신한테요"라고 말하는 그의 표정은 딱딱하게 굳어 있었다.

"그럼 앞에 앉아 있는 자신에게 화를 내보세요."

나는 그의 앞에 놓인 방석을 가리키며 말했다.

"병신 같은 새끼, 너는 인간도 아니야. 누나에게 좀 져주면 안 되니?"

그는 주먹을 불끈 쥐고 자기를 사납게 노려보면서 욕을 했다. 나는 그의 오른편에 있던 청년 정우에게 친절한 형이 돼서 화난 '상전'에게 그가 무엇 때문에 그렇게 화가 났는지 물어보라고 했다.

"너, 쟤한테 왜 그렇게 화가 났니?"

정우가 다정하게 물었다.

"저 새끼 병신 같잖아."

현석이 대답했다.

"아냐, 쟤도 최선을 다한 거야. 쟤도 그럴 수밖에 없었어."

"잠깐, 그냥 묻고 공감만 하세요."

내가 급히 끼어들며 코치했다. 정우가 자세를 바꾸며 말했다.

"화가 많이 났구나. 누나가 불쌍했구나?"

"응, 누나가 정말 불쌍해…."

그는 갑자기 정우를 끌어안고 대성통곡을 시작했다. 정우도 현석을 끌어안고 함께 엉엉 울었다. 정우는 현석의 등을 쓰다듬으며 꼭 안아주었다. 시간이 얼마나 흘렀을까? 한참을 울고 난 현석의 표정은 가을 하늘처럼 맑게 개어 있었다. 나는 둘을 마주 보게 하고 서로 눈을 쳐다보라고 했다. 두 청년은 사랑스럽게 서로의 눈을 쳐다보았다. 정우는 손으로 현석의 얼굴을 쓰다듬어주며 눈물을 닦아주었다. 나는 현석에게 방석에 앉은 자신을 바라보라고 했다.

"쟤가 어떻게 보여요?"

내가 조용히 물었다. 그는 방석을 물끄러미 쳐다보더니 "쟤가 불쌍해요!"라고 말했다. 나는 그에게 아이를 좀 안아주라고 했다. 그는 방석을 끌어안더니 몸을 뒤틀면서 다시 큰소리로 울기 시작했다.

"미안해, 현석아. 너도 얼마나 힘들었니? 누나도 불쌍하고, 너도 불쌍하구나. 미안해, 나는 너한테 비난만 했구나. 미안해…"

그는 방석을 끌어안으며 통곡했다.

"미안하다, 미안해. 사랑한다. 현석아, 사랑해…"

한참을 울고 나더니 그의 얼굴이 환하게 빛났다. 집단원들이 한 사람씩 차례로 다가가 그를 꼭 안아주며 위로와 격려의 말을 해주었다. 그는 집단원들로부터 사랑을 받으며 밝게 활짝 웃었다. 마치 갓 피어난 살구꽃같이 얼굴이 뽀얗게 변했다. 작업이 끝난 다음 자리로 돌아와 앉은 그는 신기한 듯 주변을 두리번거리며 살폈다.

"무엇이 보이나요?"

내가 물었다.

"뭔가 달라진 것 같아요. 사물들이 새롭게 보여요."

"좀 더 이야기해 보세요."

"이상해요. 사람들 소리가 끊어지지 않고 쭉 이어져 들려요."

이렇게 말하며 그는 새로 태어난 아이처럼 신기한 듯 두리번거리며 주변을 살폈다.

"또 어떻게 느껴져요?"

"방바닥의 무늬도 하나하나가 선명하게 보이고, 사람들의 얼굴이 살아 있는 것 같고, 주고받는 말들이 생생하게 들려요. 지금 제 목소리도 정말 제가 말하는 느낌이 들어요."

그는 무척 신기한 듯 자신의 얼굴을 만져보기도 하고 몸을 움직여보기도 했다.

"몸의 긴장도 사라졌어요. 제 숨결도 느껴지고. 심봉사가 눈뜬 느낌이 이런 것이 아닐까 싶어요."

그는 몹시 신기해하며 들떠서 말했다. 집단원들은 그의 말을 들으며 함께 기뻐하고 지지해 주었다. 곧 식사 시간이 돼 모두 주방으로 이동하며 떠들썩하게 웃었다. 집단원들은 모두 행복한 기분으로 즐겁게 이야기하며 저녁을 먹었다.

다시 저녁에 집단상담을 하는데 그가 맨 먼저 입을 열었다. 그는 밥을 먹으면서 음식 맛이 제대로 느껴졌고 모든 것이 생생하게 와닿아 너무나 새로웠으며, 지금까지 10여 년 동안 그를 괴롭혀왔던 불편한 강박적 심상들이 멈춰버렸다고 했다. 세상이 온통 축제처럼 느껴진다며 유쾌한 목소리로 말했다. 모두 그의 놀라운 변화를 축하해 주었다. 집단상담이 끝나고 다음 날 그는 게슈탈트하일렌 누리집 집단참여자 소감문에 다음과 같은 글을 올렸다.

쓰레기를 버리러 집 앞을 나오니 하늘에서 눈이 내리고 있다. 나에게 눈은 떨어지는 것이 아니었다. 내가 본 눈은 그저 하늘에 잠깐 있다가 어느새 땅에 앉아 있는 '그냥 그런 것'이었다. 그리고 하늘과 땅 사이에는 언제나 '누나'로 메꿔져 있었다. 사람들과 대화할 때 처음 몇 단어 잠깐 듣다 보면 어느새 누나 생각, 음식의 맛을 음미할 틈도 없이 누나 생각, 따뜻한 물줄기가 몸에 닿기도 전에 누나 생각, 보이는 모든 것이 정확히 반쯤 누나 생각으로 가득했다.

2월 13일 전후로 삶이 완전히 바뀌었다. 방문을 잠그고 록 음악을 크게 틀던 누나가, 한참 동안을 창밖을 멍하니 보며 담배를 피우던 누나가, 손목에 수십 개의 흉터가 있던 누나가, 사랑하는 누나가 머릿속에서 떠나갔다.

집단원들과 구가달님과의 작업을 통해 누나를 지켜주지 못했던 미안함을 이야기했고, 상처받은 어린 소년을 안아주었다. 그 후 삶이 바뀌었다. 대화할 때 상대방의 음성, 억양, 떨림이 느껴졌고 단어 하나하나가 전부 들리기 시작했다. 잠긴 수도꼭지에서 떨어지는 물방울 소리, 길에 떨어진 낙엽 밟는 소리, 들릴 듯 말 듯 작게 흐느끼는 소리, 맥주가 목구멍을 타고 꼴깍꼴깍 넘어가는 소리가 그냥 들렸다.

상대방의 눈을 보면 심장이 쿵쾅거리고 눈에 힘을 꽉 주던 내가 편안하게 상대방의 눈을 지그시 볼 수 있게 됐다. 피부 위에 있는 작은 자국, 눈을 가볍게 덮어주는 속눈썹 하나하나, 식탁 위의 문양, 나뭇가지 끝자락에 걸려 있는 이슬방울, 지하철 안내 표지판, 보도블록 하나하나가 선명하게 보이기 시작했다. 마치 심봉사가 눈을 뜬 것 같다.

따뜻한 물이 몸을 타고 내려가는 느낌, 집단원들이 내 등을 살며시 쓰다듬어주는 느낌, 지면을 밟고 서 있는 느낌, 눈송이가 피부에 떨어지는 느낌, 노트북 자판이 손끝에 닿는 느낌을 알 수 있게 됐다. 김치가 아삭아삭 씹히면서 매콤하고 쌉쌀한 느낌, 맥주가 혓바닥에서 춤추는 느낌, 밥을 먹을 때 밥알이 씹히면서 살짝 단맛이 나는 느낌, 죽에 들어 있는 채소가 묘하게 어울리는 느낌, 달콤한 과자가 입안에서 녹는 느낌, 삼다수와 아이시스의 목 넘김 차이를 알게 됐다.

여자 친구의 분 냄새, 맥주에서 나는 보리 냄새, 와인에서 나는 포도 냄새, 반소매를 입을 때 나는 섬유유연제와 땀 냄새, 음식 고유의 냄새, 소나무 향, 잔디 향, 잣나무 향 그리고 지하철의 퀴퀴한 냄새를 느낄 수 있게 됐다. 너무 많은 것이 달라졌고, 지금의 내가 어색하면서도 기분이 참 좋다. 너무 많은 것이 바뀌어서 한 문장으로 요약해 본다.

"흰 눈송이들 마치 떨어지는 벚꽃 같아라."

이 집단상담은 현석 씨의 삶에서 일대 전환점을 이룬 사건이었다. 그날 이후로 그를 오랫동안 괴롭히던 강박적 심상이 현저히 줄어들었고, 누나에 대한 죄책감과 여러 중독 증상도 한꺼번에 떨어져 나간 놀라운 **영적 돌파**를 경험했다. 이후 그는 항정신병 약물과 술, 담배가 필요 없어졌고 수면제 없이 잠을 잘 수 있게 됐다. 하지만 아직도 남아 있는 부모님과의 미해결 과제, 진로 문제 그리고 새로운 상황에 노출되면 불쑥불쑥 나타나곤 하는 침습적 이미지와 불안을 다루기 위해 개인상담을 신청했고, 이후 3년에 걸쳐 100회기 내외의 상담을 받으면서 성공적으로 치유를 경험해 곧 종결을 앞두고 있다.

그날 집단에서의 작업은 누나에 대한 죄책감을 그의 내면에서 일어나고 있는 상전과 하인의 갈등 구조로 보고, 이를 집단원들과의 **대화적 관계** 속에서 다루는 작업이었다. 그는 상전의 목소리와 강하게 동일시하고 있었는데, 집단원들의 현전과 수용은 그가 상전의 목소리로부터 분리되는 체험을 하는 데 많은 도움을 주었다. 그의 상전의 목소리는 누나에 대한 연민의 마음이 그 발생적 배경이라고 할 수 있다. 하지만 지나치게 비대해진 상전의 목소리는 그를 엄격한 **도덕적** 틀에 가둠으로써 현실과 단절시켰고 적응을 어렵게 만들었다.

그의 상전의 목소리가 그토록 강해진 배경에는 부모의 방치와 폭력, 학교폭력도 함께 작용하고 있었다. 즉, 그는 폭력 피해자로서 가해자에 대한 엄청난 분노와 적개심이 있었지만, 이를 적절히 분출하거나 해소할 통로가 없어 그것을 자기 자신에게 향하는 **반전** 행동을 한 것이었다.

영성 차원에서 볼 때는 그가 상전과 자신을 동일시함으로써 **희생자 정체성***victim identity*을 형성해 **변화에 대한 저항***resistance to what is*을 해왔다고 할 수 있다. 즉, 희생자 정체성은 부모님을 비롯해 가해자들을 원망

하고 증오하는 **정당성**을 제공해 주고, 그 결과 역설적이지만 심리적 안정감을 가져다주는 면이 있었을 것이다. 그러나 그것은 장기적으로는 자기 파괴적이고 역기능적인 삶을 초래할 수밖에 없다.

따라서 상전과의 동일시에 투여된 알아차림을 지금 여기의 **실상**으로 주의 전환을 하며 끊임없이 **본래 나**와 다시 연결되는 작업이 무척 중요하다. 게슈탈트 집단상담의 안전하고 지지적인 분위기와 **나-너 관계**는 습관적으로 상전과 동일시하는 패턴을 차단해 **지금 여기**로 돌아오는 데 매우 호의적인 조건을 제공해 준다.

그가 영적 돌파를 경험할 수 있었던 배경에는 매우 강한 지금 여기 프로세스 중심의 게슈탈트 집단상담의 도움이 컸다고 볼 수 있다. 게슈탈트 심리상담은 기본적으로 영성 치료와 마찬가지로 내담자를 **대상**이 아니라 **존재**로 대하는 **나-너 관계** 철학에 기반하고 있으므로 내담자가 자기 파괴적인 희생자 정체성에 **빠지지** 않도록 강한 면역을 제공한다.

개인상담에서 그는 집단상담에서 경험한 존재로서의 나-너 관계 경험을 토대로 아직 남아 있는 부모와의 불편한 감정들을 지금 여기의 프로세스 중심으로 다루었다. 그는 매우 솔직하고 진지하게 내면을 탐색해 나갔고, 전경으로 떠오르는 주제들을 매번 용기 있게 직면하는 모습을 보여줬다. 그가 가장 오랫동안 반복적으로 경험한 주제는 피해의식이었는데, 이것은 가해자들 중에서도 어머니에 대한 분노와 원망, 복수심이 피해의식과 서로 얽혀 있는 감정이었다. 2020년의 집단상담에서 돌파 경험을 한 뒤로는 많이 편해지긴 했지만, 새로운 상황이 전개될 때마다 오랜 패턴은 어김없이 고개를 내밀곤 했다.

개인상담에서는 항상 그와 나의 **지금-여기 관계**에 초점을 맞추어 주제를 다루었고, 집단상담에서는 그와 집단원들과의 관계에 포커싱했다. 지금 여기의 관계에 초점을 맞추면 저절로 **현전**^{presence}하게 된다. 물론 관계에 초점을 맞추더라도 추상적인 언어로 분석하듯이 말하면 안 된다. 반드시 지금 여기의 상대방에 대한 감정을 탐색하고 개방하는 식으로 해야 한다. 즉, **너에게 말하기**가 필요하다.

그는 나를 신뢰하며 개인상담과 집단상담을 병행하면서 열심히 따라왔다. 상담의 후반부로 오면서 그에게 조금씩 영성 치료적 개입을 했다. 오래된 주제에 대한 작업이 많이 이루어졌고, 또 충분히 새로운 방식에 그가 적응할 수 있을 것 같았기 때문이었다. 그가 새로운 도전을 즐기는 성향이 있고, 또 지금-여기 프로세스에 상당히 몰입을 잘한다는 것이 나의 결정을 수월하게 해주었다. 영성 치료의 주된 전략은 항상 생각과 감정에 동일시된 그의 무의식적 프로세스를 알아차리게 해서 지금 여기의 **본래 나**와 연결되는 작업으로 이끌어주는 것이었다.

그는 영성 치료에 매우 빨리 적응했고, 이는 부모와의 관계, 여자 친구와의 관계 그리고 직장 상사와의 관계에서도 많은 변화를 가져왔다. 부모님과 서로 깊은 대화를 나누고 화해하고 자주 방문하며 처음으로 친밀한 관계를 형성했고, 여자 친구나 직장 상사와의 관계에서도 새로운 통찰을 경험하는 등 여러 상황에서 변화를 보이고 있다. 아래에 그가 보고한 내용을 일부 소개한다.

과거 내 머릿속은 지옥의 풍경을 녹화해 두었다가 틀어놓은 영상처럼 끔찍했다. 부정적인 이미지와 상상이 가득 차고, 강도가 쫓아오는 것처럼 마음이 불안하고 감정이 요동치고, 파국적인 생각이 밀려와 정신이 오락가락했다. 주변에 있는 사람들이 모두 나를 싫어하는 것 같고, 나를 의심하고 미워하는 것 같았다. 심지어는 길가에 서 있는 가로수조차 나를 무시하는 것처럼 느껴질 때가 있었다. 그 상태로 사람들과 있을 때면 사람들이 나를 피하고 불편해하고 싫어하는 것 같았다.

그럴 때마다 나는 내 몸에서 냄새가 나서 그런 건가, 생김새가 별로인가라는 망상에 빠지기도 했다. 심지어 상태가 심할 때면 나의 피부 위로 비늘이 덮이고 남들의 얼굴에도 비늘이 돋는 현상이 나타났다. 나는 타인을 두려워했고 언제 공격할지 모른다고 의심했다. 결국에는 두려움을 감추기 위해 타인을 먼저 공격하고 증오하고 미워했다. 그런 강렬한 감정이 환각으로 나타나 나와 타인들의 피부 위에 비늘이 돋는 현상까지도 만들었다. 그렇게 내 삶은 뒤

틀리고 일그러져 갔다.

2018년에 처음으로 김정규 교수님에게 집단상담을 받으면서 조금씩 변화가 나타났다. 상담 초기에는 과거에 당한 트라우마를 언급하면서 방석에 나를 괴롭힌 사람들을 떠올리고 그들을 두들겨 팼다. 한 번은 집단상담 도중에 부정적인 감정과 망상에 매몰돼 집단원들에게 욕을 뱉기도 했다. 어느 평화로운 일요일 아침에는 방 안의 물건을 깡그리 부수고 있는 나를 발견하면서 진지하게 정신병원에 입원해 볼까 고민도 했다. 다행히 그런 뜨거운 과도기가 지나자 내면의 분노가 줄어들었다.

상담 중기에 들어서면서 분노 이면에 있는 타인을 두려워하고, 미워하고 경계하고 믿지 못하는 마음, 그래서 외로워진 마음을 이야기했다. 운 좋게도 따뜻한 집단원, 그리고 교수님과의 접촉으로 외로운 마음이 자연스럽게 줄어들었다. 집단에서 외로운 마음을 이야기하면서 엉엉 울고 있는 나를 쓰다듬어주었던 집단원들의 손길이 아직도 잊히지 않는다. 그 감촉과 온기는 등 언저리에서 퍼져 가슴속 깊은 곳 딱딱한 부분을 살살 녹여주었다. 그렇게 이전과는 다른 부드러운 관계 경험을 통해 나와 타인들의 피부에 비늘이 보이는 현상이 줄어들었고 (지금은 아예 보이지 않는다) 자연스럽게 정신을 안정적으로 유지할 수 있게 됐다.

정신이 안정적으로 변하자 신체가 긴장하는 일도 적어졌고 불면증도 만성피로도 사라졌다. 직장에서도 사람과의 관계에서 보통의 일반 사람처럼 생각하고 행동할 수 있는 수준으로 올라왔다. 이전의 나의 모습을 되찾은 것이다. 오래도록 바라고 바랐던.

그런데 문제가 생겼다. 최근 들어 전반적인 기분이 올라오니 현재는 교수님의 상담이 철학적으로 바뀌기 시작했다. 삶을 살면서 20대 후반의 청년이 공통적으로 느끼는 괴로움, 즉 직장 생활과 이성 관계의 어려움을 이야기할 때 어느 순간부터 교수님은 함께 이야기를 듣고 공감하는 것이 아니라 선문답으로 답하기 시작했다.

예를 들어보겠다.

"인사과 주무관이 저랑 사이가 안 좋은데 업무를 처리할 때 고의적으로 딜레이를 시켜서 괴로워요."

그럼 교수님은 잠깐 침묵을 하고 답하신다.

"괴로운 게 진짜 자네가 맞는가?"

"…"

할 말이 없었다. 아니 무슨 말인지 이해하지 못했다. 어느 날 답답한 마음에 내가 말했다.

"당연히 저죠. 도대체 무슨 소리인지 모르겠어요."

"괴로움을 느끼고 다양한 감정과 생각에 휩쓸려가는 게 자네라면, 휩쓸려가지 않는 자네는 어디에 있는가?"

교수님께 이 말을 들었을 때 내 마음을 몰라주는 것 같아서 짜증도 나고, 마치 내가 느끼는 고통이 순전히 나의 내면의 문제인 것 같아서 억울하기도 하고, '왜 갑자기 상담자가 스님 같은 이야기를 하는 거지?'라는 생각도 들면서 상담료가 아깝다는 생각으로 이어졌다. 이런 마음을 솔직하게 표현했다.

"그렇게 느끼는 자네가 진짜 자네가 맞는가?"라고 답하셨다. 결국 다시 한번 자세한 설명을 요구했다. "자네가 지금도 저항하면서 그런 생각을 붙잡고 있으니까 괴로운 것이다"라고 답하셨다.

으악! 이런 과정이 3개월 가까이 계속되자, 어느 날부터 변화가 일어났다. 그날도 나는 인사과 주무관이 업무 파일을 고의로 빼는 것 때문에 짜증 난다고 교수님에게 말했다. 그러자 "지금 여기에 있는 것은 누구인가?"라고 교수님이 말했다. 그 말을 듣자 교수님의 선문답이 마치 딴생각을 하다가 스님에게 죽비로 어깨를 맞은 것처럼 이상하게 머리가 맑아지고 마음이 시원하고 집중이 잘되는 느낌이 들었다. 처음으로 괴로움을 느끼고 있는 나와 그런 나를 보고 있는 내가 분리되는 느낌이 들었다. 내가 분리되는 느낌을 설명했다.

"바로 그게 본래 나네. 내가 보고 느끼는 것을 보고 있는 자, 즉 알아차림 그 자체가 본래 나야. 자네가 괴로운 것은 그 순간에 지나가는 생각이나 부정적인 감정을 붙잡았기 때문에 괴로운 것이지 주무관 때문에 괴로운 것이 아니네. 자네의 마음속 깊은 곳에 있는 고요한 본래 나를 느끼면 되네. 그러면 언제든지 괴로움에서 벗어날 수 있네."

상담이 진행될수록 과거나 미래의 특정 이미지, 생각, 감정에 붙들리는 것이 아니라 이야기할 때 눈앞에 있는 교수님의 얼굴, 목소리, 눈빛, 교수님이 말하는 말 사이의 침묵 등 비언어적인 행동에 집중됐다. 물론 교수님이 그렇게 지도하신 거지만. 일상생활에서도 변화가 나타났다. 사람들과 대화를 하거나 혼자 있을 때 머리가 텅 빈 상태로 깨끗하고 명료한 느낌이 올라오고, 나중에는 명상하는 것 같은 느낌이 들었다. 마치 석양이 지는 언덕 위에서 흐르는 강물을 쳐다보고 있는 것 같았다.

이전에 내 온몸을 내던져서 어머니, 아버지, 누나, 학교폭력 등 여러 극한의 트라우마를 이야기하고 빈 의자를 두들겨 팼을 때보다 에너지는 훨씬 적게 들면서 지금 여기가 선명하게 알아차려지고 몸과 마음이 느긋해지며 집중력은 향상된 이상한 나의 모습을 발견하게 됐다. 물론 상담이 끝나면 언제 그랬냐는 듯이 사라지지만. 그렇게 지금 순간을 온전히 알아차릴수록 눈 뜨고 귀 열고 있는 시간이 많아질수록, 생각을 붙잡지 않을수록, 머리가 텅 빈 상태가 돼갈수록 주변 풍경들의 해상도가 높아졌다. 짙푸른 하늘에 휘감긴 저녁노을, 흰나비처럼 바람을 따라 나풀나풀 떨어지는 벚꽃, 벚꽃이 파로호에 떨어져서 만드는 미세한 파동, 귓속에 울리는 매미와 풀벌레, 그리고 멀리서 들리는 자동차 배기음까지 세상이 아름답게 느껴졌다. 어라?

교수님은 이런 현상을 현전이라고 불렀다. 생각을 붙들지 않고 감정에 휩쓸리지 않을 때 (호흡에 집중하면 더 좋다) 자연스럽게 현전하게 되고, 현전하면서 지금 순간에 몰입할 때 세상이 찬란하고 아름답게 느껴지는 것이다. 마치 문득 잠에서 깨어나서 본 창밖 풍경이 가장 찬란하고 아름다운 것처럼 지금-여기에 접촉할 때 충만하고 평화로운 감정이 느껴지는 것이다.

그 상태로 사람을 만나면 내 앞에 선 사람을 보면서 두려움을 느끼는 게 아니라, 즉 부정적인 감정을 투사하는 것이 아니라 있는 그대로 타인을 보게 된다. 여자 친구를 볼 때면 까만 눈동자, 부드러운 음색, 미성의 목소리, 짙은 눈썹 모양과 잔주름 등이 선명하게 보이면서 부정적 감정이 사라지고 마음이 고요해졌다. 그 상태를 유지한 채 대화를 나누거나 함께 활동을 하면 어느새 그 사람에게 사랑스러운 감정을 느끼게 된다.

그녀도 나를 바라보는 눈동자에 따뜻함이 깃들어 있다. 그리고 어느새 내가 너를 보는 방식이, 네가 나를 보는 방식이, 즉 우리의 관계가 변했음을 깨닫는다. 이전에는 항상 너를 규정하고 단정 짓는 관계, 즉 나-대상이었다면 지금은 너를 있는 그대로 보게 되는 나-너의 관계로 변화한 것이다. 서로를 깊이 있게 이해하면서 연결되는 느낌을 갖게 되고, 관계를 차분히 음미할 수 있게 된다. 그래서 이 맛에 중독되면 벗어날 수 없고, 더 추구하게 되고 결국엔 머리를 빡빡 밀고 출가를 하게 되는 건가 싶다.

50대 중반 가정주부인 선미(가명) 씨는 죽고 싶은 마음밖에 없었다. 남편의 외도를 알게 된 건 벌써 30년 전이다. 난리가 났었다. 남편에게 어떻게 그럴 수가 있냐며 배신감에 온몸을 떨며 울고불고 항의했다. 남편은 외도 사실을 완강하게 부인할 뿐만 아니라 오히려 화를 내고 심한 폭력까지 행사했다. 그녀는 정말 죽고 싶은 심정이었지만 차마 아이들을 두고 그렇게 할 수는 없었다. 그녀는 하늘이 무심하다고 생각했다. 그동안 사업으로 바쁜 남편이 힘들지 않도록 늘 정갈하게 밥상을 차리고 깨끗하게 옷을 다려 입히고, 어려운 살림에 무엇이든 아끼고 모아두었다가 남편 뒷바라지를 했는데, 감쪽같이 자기를 속이고 이런 짓을 한 남편과 어떻게 같이 살지? 남편이 밉고 저주스러웠다. 당장 이혼하고 싶었다. 하지만 쉽지 않았다. 어린아이가 셋이나 있고, 어린 나이에 시집와서 지금까지 시댁과 아이들, 남편 뒷바라지만 했지 사회생활을 전혀 하지 않았던 자신이 당장 아이들 데리고 어떻게 살아야 할지 막막했다. 게다가 일찍이 혼자되어 고생하며 네 명의 아이를 키운 친정엄마를 실망시킬 수는 없었다.

몇 달을 우울하게 보내다가 남편이 절대 그런 일은 없었으며, 그 여자와는 업무적 만남이었을 뿐이니 믿어달라고 했다. 이전에도 몇 번이나 비슷한 일이 있었고, 그때마다 그만 살고 싶었다. 그런데 이번에도 다시 살기로 한 건 시댁 어른들이 극구 말린 탓도 있었지만 갈 데가 없다는 생각 때문이었다. 그래서 남편이 거짓말을 둘러댄 게 내심 다행이란 생각도 들었던 것 같다. 그런데 몇 년 전에는 그 여자와의 사이에 아이가 생겼다는 사실을 알게 됐고, 그때는 정말 진지하게 헤어질 생각을 했다. 하지만 그때도 다시 주저앉았다. 그사이 남편 회사의 규모가 상당히 커졌고, 자식들이 거기서 직원으로 일하고 있는 상황이 발목을 잡았다. 아이들은 은근히 엄마가 참고 넘어가기를 바랐다.

다시 세월이 흘렀는데 이번에는 또 다른 소식이 들려왔다. 그 여자가 낳은 딸이 중학생이 돼 지방이지만 상대적으로 학군이 좋은 그녀가 사는 동네로 이사를 온다는 것이었다. 그 이야기를 듣고 그녀는 크게 충격을 받아 몇날 며칠을 울며 절망에 빠져 있다가 지인의 소개로 심리상담을 오게 된 것이다.

코로나19로 인해 줌으로 상담을 했는데, 화면에 비친 그녀의 표정은 무척 초췌했고, 목소리는 분노와 수치심, 절망과 불안으로 떨고 있었다. 그녀는 이제는 남편을 용서할 수 없다고 했다. 하지만 계속 이야기를 들어보니 그녀는 아직 이혼할 결심이 확고해 보이지는 않았다. 그래서 무엇이 문제가 되는지 자세히 문답해 보니 기댈 데 없어 막막해하던

30년 전의 외로웠던 자기가 거기에 그대로 있었다. 남편도 없는 가여운 친정엄마가 놀라지 않을까, 아비 없는 어린 자식들이 얼마나 천덕꾸러기가 될까 걱정돼 아무것도 할 수 없었던 스무 살 어린 신부가 방구석에 홀로 웅크리고 앉아 있었다. 나는 그녀에게 지금의 상황이 그때와 같다고 생각되는지 물었다. 그녀는 정신이 차려지는 듯 고개를 들고서 대답했다.

"아뇨, 달라요. 아이들은 성인이 됐고, 친정엄마도 씩씩하게 잘살아요."

"그렇다면 뭐가 문제죠?"

그녀는 주변 사람들의 시선이 의식이 되며, 무엇보다 한 번도 가보지 않은 길인 **홀로서기**가 무섭다고 했다. 그것이 왜 그렇게 두려운지 좀 더 탐색해 들어가 보니 어릴 때 무척 다정하게 대해줬던 아빠의 갑작스러운 죽음이 기억났다. 엄마를 중심으로 남은 가족이 똘똘 뭉쳐 살았고, 스무 살에 결혼해서는 인자한 시댁 어른들에게 의지하며 힘든 세월을 견뎠다. 그녀는 항상 어른들에게 순종하며 자기를 희생한 대가로 칭찬받으며 살았다. 힘들었지만 그것이 그녀의 자긍심이었고 유일한 정체성이었다. 한 번도 다른 삶을 생각해 본 적이 없었다. 지금의 현실은 도저히 견딜 수 없고 자존감이 바닥이 났지만, 그렇다고 해서 그녀에게 다른 길은 없었다. 그냥 방바닥에 얼어붙어버린 것이다. 언제까지나 안전한 보호막이 돼줄 것 같던 담장이 한꺼번에 와르르 무너져버렸고, 이제 망

연자실해서 어떻게 해야 할지 모르겠다고 했다. 그녀는 제자리에 있을 수도, 밖으로 나갈 수도 없는 막막함과 두려움에 휩싸여 있었다.

나는 그녀의 처지가 생생하게 그려지며 마음이 아팠고 안쓰러웠다. 그녀의 감정에 공감하면서 온전히 함께 머물러주었다. 그녀는 하염없이 눈물을 흘리며 그동안 힘들게 살아온 자신의 억울한 삶, 회한과 분노를 넋두리처럼 쏟아내었다. 나는 아무 말 없이 조용히 듣고 있었다.

한편, 나는 그녀의 슬픈 이야기를 들으면서도 이상하게도 마음이 평온했다. 그녀에게 아무 일도 일어나지 않을 것이며, 그녀는 지금 있는 모습 그대로 온전한 존재라는 느낌이 들었다. 내 입가에는 보일 듯 말 듯 따뜻한 미소가 흘러나왔다. 그녀는 여전히 고통과 슬픔의 이야기를 토해내고 있었지만, 말하면서 얼굴이 조금씩 편안해지는 모습이었다. 나는 그녀를 위로하고 공감해 주었다. 남편에 대해서는 정말 화가 많이 난다고 말했다. 그토록 희생하며 살아온 조강지처에게 어떻게 그런 배신을 할 수 있는지 정말 나쁜 사람이라고 말했다. 그녀는 내 말을 들으며 조용히 앉아 있었다. 나는 잠시 침묵을 지켰다. 호흡을 알아차렸다. 부드러운 에너지가 몸을 따라 퍼져나가는 걸 바라보고 있었다. 그녀도 안정을 찾아가며 숨을 편안하게 쉬고 있는 모습이 보였다. 우리는 한동안 가만히 침묵 속에 앉아 있었다.

문득 어떤 기억이 떠올랐다. 그런데 그것을 말해도 될지 잠시 망설여졌다. 그 이야기가 그녀에게 어떻게 들릴지 염려가 됐기 때문이다. 나는 지금 여기의 프로세스를 신뢰하기로 하고 다음과 같이 말했다.

"선미 씨, 우리가 겪는 모든 고통은 마음에서 일어납니다. 고통은 어떤 외적 상황으로 인해 생기는 것이 아니라, 그 상황에 대한 우리의 해석 때문에 생겨납니다. 즉, 무슨 일이 일어나든 그것에 대해 우리가 어떻게 생각하느냐에 따라 고통이 생길 수도, 안 생길 수도 있습니다."

그녀는 눈을 말똥말똥 뜨고서 나를 가만히 쳐다보았다. 나는 말을 이어 갔다.

"몇 년 전 아내와 함께 제주의 어느 오름에 간 적이 있었는데 우리를 안내해 준 가이드가 들려준 이야기가 제주도에는 할아버지 한 사람과 할머니 여러 사람이 함께 사는 집이 꽤 많다고 했어요. 그 말을 듣고 내가 가이드에게 할머니들끼리 서로 싸우지 않느냐고 물었어요. 그런데 가이드가 하는 말이 전혀 안 싸운다고 했어요. 어떻게 그런 일이 있을 수 있냐고 반문했더니 할아버지 존재는 동네 우물에 있는 바가지 같은 거라 했어요. 그게 무슨 뜻이냐고 물었더니 바가지는 물 길을 때 쓰는 거잖아요? 물을 길은 다음에는 바가지를 귀찮게 집에 들고 가지 않고, 그냥 띄워놓고 서로 돌려가며 쓰는 것이라고 할머니들이 생각한다는 거였어요."

내 말을 듣던 선미 씨는 갑자기 막 웃었다. 나도 덩달아 크게 웃으면서 분위기가 순식간에 바뀌었다. 내친김에 내가 몇 마디를 더 보탰다.

"정말 생각하기 나름이지 않아요? 이제 선미 씨 나이 정도 되면 귀찮은 남편 떼어버리고 친구들과 어울려 놀러 다니고 싶을 때잖아요? 이

344

사 갈 때 남편들이 부인이 버리고 갈까 봐 짐칸에 먼저 올라가 앉아 있다는 농담도 있잖아요? 남편은 이제 그 여자에게 맡겨버리고 마음껏 하고 싶은 대로 하고 자유롭게 놀러 다니면 어떨까요?"

내 말을 들은 선미 씨는 다시 박장대소를 하며 웃었다. 나도 함께 웃었다. 둘이서 아주 신나게 웃었는데 나중에 그녀는 너무 웃어서 눈물을 흘렸다. 조금 전까지만 해도 남편을 뺏겼다는 생각에 세상 끝난 것처럼 슬프게 울던 사람이 맞나 싶을 정도로 그녀는 너무나 유쾌하게 웃었다. 멈출 수 없을 정도로 웃음이 나는 것이 민망해서 애써 참아보려고 하는데도 웃음이 멈춰지지 않는 통에 그녀는 곤혹스러워했다.

"굉장히 유쾌하게 웃으시는데, 지금 기분이 어떠신가요?"

"너무 웃겨요."

그녀는 아직도 참지 못하고 입을 손으로 가리며 웃었다.

"어떤 부분이 웃겨요?"

"바가지 이야기가 너무 웃겨요."

"아, 그렇죠. 맞아요. 남자가 바가지라는 것이?"

"네, 바가지를 귀찮게 집으로 가져올 필요가 있나라는 말이 너무 재미있었어요."

"맞아요. 바가지란 것이 별것 아니죠."

우리는 다시 함께 유쾌하게 웃었다. 첫날 상담은 그렇게 끝났다. 두 번째 회기에 줌에 나타난 그녀의 표정은 훨씬 밝아져 있었다. 나는 그녀가 한 주를 어떻게 보냈는지 물어봤다. 그녀는 마음이 훨씬 편해졌다며 활짝 웃었다. 상담받기 전에 죽을 만큼 힘들었는데, 지난 시간에 상담받으며 숨통이 트이는 느낌이 들었다고 했다. 그렇게 많이 웃고, 생각이 좀 바뀌고 마음이 시원해지는 것이 참 신기했다고 했다.

"생각이 어떻게 바뀌었어요?"

"바가지는 바가지일 뿐인데 그것에 집착했구나 싶어서 엄청난 불행이 아주 작아지면서 이상하게 마음이 편해졌어요."

"남편이 바가지처럼 느껴졌네요?"

"지난 시간에 선생님이 바가지 이야기를 하시니까."

이렇게 말하며 그녀는 다시 입에 손을 대며 웃었다.

"순간적으로 생각이 바뀌었네요?"

"네, 지금까지 남편에게 집착했던 마음이 바가지 이야기를 꺼내시는 순간 뭔가 확 깨는 느낌이 들었던 것 같아요. 또 선생님이 '잘됐네. 그 여자에게 맡기고 선미 씨는 놀러 다니면 되겠네요. 마음껏 하고 싶은 거 하시고'라고 말씀하셨을 때 더 편해졌어요."

"그러셨군요. 생각이 전환되셨다니 정말 반갑네요. 사실 그 여자와 다툴 필요가 없죠. 생각하기에 따라 오히려 고맙게 느껴질 수도 있죠."

우리는 다시 함께 큰소리로 웃었다.

"그리고 지난 한 주 동안 또 어떤 걸 느끼셨어요?"

"참 좋았어요. 강아지와 함께 산책 갔거든요. 제가 자연을 참 좋아해요. 어릴 때부터 자연 속에서 살았거든요."

그녀는 다시 신이 나서 이것저것 이야기했다.

"남편과 그런 일이 있을 때마다 산책을 다녔어요. 그러면 자연이 위로를 해줬어요. 나무를 보고, 하늘을 보면 마음이 열렸어요. 파릇파릇 가지마다 돋아나는 새싹들, 연두색 잎사귀들을 보면 황홀해져요."

이렇게 말하는 그녀는 꿈꾸듯 행복한 미소를 지었다. 나는 그녀의 소녀 같은 모습에 덩달아 신이 나서 맞장구를 쳤다.

"그렇죠. 자연은 신비죠. 있는 그대로 아무 일 없죠. 생명이 가득하죠."

"네, 맞아요. 모든 것이 사라지고 그냥 좋아요. 개울물 흘러가는 소리, 새소리, 바람 소리, 나뭇가지 흔들리는 소리, 숲속에 비치는 햇빛 모두 너무 좋아요."

"그렇죠, 자연이 주는 선물이죠."

"그런데 선생님, 이러다가도 문득 제가 이상하단 생각이 들어요."

그녀는 갑자기 말을 멈추고 표정이 어두워지며 한숨을 푹 쉰다.

"무슨 말씀인가요?"

"비참한 현실은 그대로 있는데, 나는 감상에 빠져 현실 도피를 하고 있으니까요."

"무엇이 현실입니까?"

내가 그녀의 눈을 들여다보며 진지하게 물었다. 그녀는 잠시 나를 빤히 쳐다보다가 말했다.

"남편은 외도를 하고, 자식까지 낳아서 이제 집 가까이 이사까지 온다고 하는데, 나는 한심하게 감상에 빠져 어린애처럼 희희낙락하고 있으니 이상하지 않아요?"

"지금 말씀하시는 건 생각이지요. 머리가 하는 말들입니다. 이렇게 돼야 한다, 저렇게 돼야 한다, 모두 생각이 지어내는 허상들입니다."

내가 하는 말을 듣고 그녀는 무슨 말인지 못 알아듣겠다는 듯이 눈을 깜빡거렸다. 나는 잠시 기다렸다가 말을 이었다.

"선미 씨가 나뭇가지에 움이 트고 새잎이 나오는 걸 보고 기뻐하고, 개울물 소리, 새소리, 바람 소리를 들으며 생명의 환희를 느끼는 것이 진짜 현실입니다."

내 말을 듣고 있던 선미 씨의 눈이 갑자기 크게 떠지며 입에다 손을 대고 크게 외친다.

"네, 뭐라고요? 그런 게 진짜 현실이라고요?"

크게 벌린 입을 손으로 막은 채 그녀는 너무나 놀라서 소리쳤다.

"와! 그게 진짜 현실이라고요?"

그녀의 경탄에 내가 더 놀랐다. 그녀의 반응이 너무나 생생하고 생동감이 넘쳤기 때문이다. 그 순간 불현듯 2001년에 미국 클리블랜드의 게슈탈트 치료 국제학술대회에 참여했다가 *LA*로 돌아오는 비행기에 탑승했던 장면이 기억났다. 그날 내가 탔던 조그만 경비행기의 옆자리에 앉았던 40대 초반쯤 돼 보이는 뚱뚱한 흑인 여성이 비행기가 천천히 이륙 준비를 하며 소리를 내자 불안한 듯 몸을 가만히 두지 못하고 이리 저리 비틀며 안절부절못했다.

"혹시 비행기 처음 타시나요?"

내가 그녀에게 조심스럽게 물었다.

"네, 처음 타요. 좀 무서워요!"

"그러시군요. 무서워할 필요 전혀 없어요. 버스가 언덕길 올라가는 것과 매우 비슷해요. 재미있어요!"

그녀를 안심시키기 위해 애써 미소 지으며 말했다.

"정말요? 괜찮을까요?"

그녀가 믿을 수 없다는 듯 물었다.

"걱정하지 마세요. 아마 무척 재미있을 거예요."

잠시 후 비행기는 하늘 위로 힘차게 올라갔다. 그녀는 호기심 가득한 눈으로 창밖을 내다보며 얼굴 가득 웃으며 연신 소리 질렀다.

"와, 와! 어메이징, 어메이징!"

아이처럼 신이 나서 내 얼굴과 창밖을 번갈아 보면서 양손을 가슴에 얹은 채 큰소리로 웃었다. 그녀의 유난히 큰 눈과 하얀 치아가 햇빛을 받아 보석처럼 반짝였다. 그 순간 그녀는 삶의 기쁨 자체였다. 선미 씨가 외치는 소리와 여성의 탄성이 순간 오버랩됐다.

"정말 그게 현실인가요? 안 믿어져요. 세상에 이럴 수가! 숲과 바람 소리, 새소리, 여기저기 산과 들에 가득 피어나는 야생화들이 현실이라고요?"

"네, 그렇지요. 그게 진짜 현실이지요. 그런데 선미 씨 말을 잠깐 멈추시고 지금 기분이 어떠신가요?"

"네? 기분요? 집에 가면 할 일이 산더미 같은데 하기 싫어요. 남편은 여전히 자기를 이해해 달라고 하고, 자기 말만 들어주면 뭐든 다 해주겠다고 해요. 자기가 잘못해 이런 일이 생겼지만, 정말 당신 같은 사람 없다, 자기를 조금만 이해해 달라며 매달려요."

"아니, 그런 것보다 조금 전까지 바람 소리, 새소리, 여기저기 피어나는 야생화 이야기하셨잖아요? 그 이야기를 하시면서 아까 기분이 어떠셨는지 물었던 거였어요."

그녀는 다시 얼굴이 환히 밝아지며 유쾌하게 말했다.

"기분이 좋아요. 나는 그런 것들이 철없는 아이들 마음이라 생각했거든요. 선생님이 그것이 진짜 현실이라고 하시니 깜짝 놀랐어요."

"지금 웃고 계시네요? 몸을 한번 느껴보세요. 기분이 어떠신가요?"

"좋아요, 너무 기뻐요. 인정받는 느낌이에요. 지금까지 느낀 것들이 진짜 가치 있는 것들이라 말씀해 주시는 것 같아 믿어지지 않아요."

이렇게 말하는 그녀의 얼굴은 꿈인가 생시인가 하는 표정이었다. 그러면서 연신 감탄사를 발하며 고개를 좌우로 상하로 돌리며 신기한 듯 방 안을 이리저리 살폈다.

"방 안에 있는 사물들이 보이시나요?"

"네, 보여요. 생생하게 빛이 나는 것 같아요. 믿어지지 않아요. 이것이 현실이라니 너무 좋아요."

그녀는 온통 함박웃음을 웃으며 천진난만한 아이처럼 좋아했다. 나는 나머지 시간을 생각과 감정이 내가 아니라는 것을, 그런 것을 보고 알아차리는 것이 진짜 나, **본래 나**라는 이야기를 해주었다. 생각이 속삭이는 말을 다 그대로 믿어버리면 그것에 끌려 다니며 일희일비하지만, 그것을 알아차리고 있는 **본래 나**와 연결되면 생각이 만드는 감옥을 벗어날 수 있다고 말해주었다.

그녀가 자연 속에서 경험하는 생동감과 기쁨은 잠시 생각에서 놓여 **본래 나**를 만났을 때 느끼는 순수한 감정이며, 그것은 생각을 따라갔을 때 만들어지는 것과는 달리 **현실**이고 **실상**이라고 말해주었다. 그녀는 내 말에 감동하며 기쁨의 눈물을 흘렸다. 그날 상담을 마칠 때 그녀는 무언가 큰 것을 내려놓은 느낌이 든다고 말했다.

이후 그녀는 나의 제안으로 상담 시간이나 일상생활에서 경험한 것들을 메모해서 종종 카톡으로 보내주었다. 그녀는 나날이 새로운 경험을 하면서 남편과 자녀들로부터 그리고 친정엄마로부터 서서히 독립해 나갔다. 그녀는 얼마 후 취직해서 직장에 나가면서 새로운 친구들도 사귀고, 옛날 친구들도 다시 연락해서 만나는 등 놀랄 정도로 활발하게 변해 갔다. 시댁 어른과도 만나 그동안 있었던 일을 말씀드리고 정리했다.

이후 그녀는 이혼이 좀 더 가시화되자 간헐적으로 홀로서기에 대한 두려움을 경험하기도 했으나 곧 다시 상담을 통해 안정을 찾는 모습을 보였다. 지난 4개월 동안은 매주 멀리 남쪽에서 *KTX*를 타고 서울까지 와서 상담을 받으며 독립 과정을 더 현실적으로 느끼기 시작했다. 최근 에는 드디어 이혼을 결심하고 변호사에게 소송을 의뢰하고 따로 공간 을 마련해 밖으로 나왔다. 아래에 지난 1년 동안 그녀가 보낸 메모장 일 부를 그녀의 동의를 얻어 공개한다.

상담받는 시간만이라도 쉴 수 있는 느낌이었다. 처음 본 교수님은 인자한 모습으로 웃고 계셨다. 나는 죽을 만큼 힘든 나의 상황을 이야기했다. 놀라시지도 않는 모습으로 유머로 그 상황을 반전시 키는 이야기를 해주셨다. 그냥 그렇게 웃고, 내 생각이 좀 바뀌고 마음속은 시원해졌다. 참 신기했다. "지금 감정은 어떠세요?"라고 물어보신다. 나는 과거와 미래의 이야기와 내 생각을 이야기했다. "그게 아니고, 지금 감정은 뭐예요?"라고 물어보신다. 감정? 감정 이라고? 그 하찮은 감정을 물어보신다. 내 감정이요? 불안해요. 어 제와 지금의 현실을 생각하며 우울하고 불안했던 이야기를 했다. 생각(에고)에 대해 설명해 주신다. 생각은 대부분 부정적이며, 생각을 알아차릴 때 본래 나를 접촉할 수 있다는 이야기를 하신다.

✠ ✠ ✠

나의 사소한 감정들을 이야기해 드렸다. 산책하며 행복했던 이야기, 저녁노을의 아름다움, 새소리, 물소리에 대해 이야기했다. 교수님은 그것이 진짜 실재라고 이야기해 주셨다. 실재? 나는 현실의 상황이 실재이고, 그러한 감정은 사치라고 생각했다. 자연이 아름답다고 생각하는 것은 나에게는 한심하게 생각되는 일이었다. 지금 현실이 어떻게 됐는데, 그런 감정에 빠져서 살면 되겠냐고 항상 나 자신을 채찍질했다. 더 열심히 공부해야 돼! 살림도 더 잘하고, 남편과 아이들에게 좋은 아내, 좋은 엄마가 돼야 한다. 엄마에게 좋은 딸, 언니와 동생에게도 착한 동생, 좋은 언니 등, 하물며 친구들과 시댁에서도 인정받아야 한다는 생각에 갇혀 있었다.

그런데 그런 내 생각들이 유년기의 환상이었으며, 그러한 생각에 시달리는 동안 나의 진짜 모습은 빛을 잃어갔다. 본래 나는 외부 현실과 관계가 없다고 하셨다. 무슨 일이 일어나건 아무 영향을 받지 않는다고 하셨다.

생각을 알아차리는 법을 배웠다. 그리고 인간이 신비로운 존재라는 것과 자연은 경이롭고 아름답다는 감정에 깊이 공감해 주셨다. 솔직히 너무 놀랐다. 내가 유일하게 행복을 느끼고, 숨을 쉬고 나무와 하늘을 보며 기뻐하는 일, 계절의 변화를 느끼고, 강인한 생명력을 지닌 노란 민들레, 나팔꽃, 해바라기 등 그러한 자연이 실재라니!

그동안 불행한 나의 현실이 실재이고, 자연을 보며 감상에 빠진 나는 한심한 사람이라고 생각했는데, 나의 그 생각이 잘못된 것이었다. 내가 실재하는 현실을 바꾸어서 생각했던 것이었다. 그냥 감동이 왔다. 감정이 벅차오르면서 아무 말도 할 수 없었다. 꿈에서 깨어난 것이다.

며칠 동안 눈물이 났다. 참회와 후회, 지난 시간을 돌이켜보았다. 참으로 많이도 미워했다. 많이 아팠다. 아침에 눈을 뜨니 해가 떠오른다. 아름답다. 행복하다. 감동이다. 숨을 쉴 수 있어서 감사하다. 하루가 주어짐에 감사하다. 강아지가 예쁘다. 사랑스럽다. 행복이나 사랑이란 단어는 이 세상에 없는 거라 생각했다. 내 생각을 믿고 살았다. 내 생각대로 행복하지가 않았다. 감정은 사소한 거라 생각하고, 믿음대로 내 감정을 감추고 형식이나 의무대로 살았다. 상담을 통해 그런 생각이 사라지고 나니 버들강아지 눈뜨듯 온 세상이 사랑이다. 행복이다.

✤ ✤ ✤

만물이 살아 숨 쉰다. 나도 살았다. 하늘은 파랗고 하얀 눈은 내리고, 봄이 오면 새순이 올라올 것이다. 가을이면 산들바람이 불 것이고, 여름이면 뜨거운 태양 아래 모래밭에서 아이들이 뛰어놀 것이다. 그렇게 나는 살아 있을 것이고 살아갈 것이다. 상담을 해주신 교수님을 만나게 돼서 너무도 감사한 마음이다. 신기하게도 평화로운 마음이다.

✤ ✤ ✤

남편에 대한 부정적인 생각은 나를 불행하게 만들었다. 계속해서 내가 마음 아파하는 일을 하고, 나는 좌절과 실망의 연속인 시간을 보냈다. 오랜 시간 외도를 하고, 아이를 낳고 오히려 나에게 화를 내면서 나의 자존감을 무너뜨렸다. 먼지처럼 돼버린 나의 존재, 작고 쓸모없는 존재가 돼 하루하루 일만 열심히 했다. 생각도 말도 점점 없어지고, 가끔은 우울하기도 하고, 죽고 싶은 마음이 들기도 했다. 사랑스러운 아이들이 밝게 자라는 모습을 보면서 나의 불행을 외면하고 열심히 뒷바라지했다. 행복해 보이는 사람들을 보면 낯선 타인 대하듯 이해할 수 없었고, 마음의 문을 점점 닫았던 나는 유일한 탈출구인 상담 공부와 신앙으로 현실 도피를 했다. 가끔은 쇼핑과 친구들의 행복해 보이는 모습을 보면서 위로를 받기도 했다. 그러나 나의 근본적인 불행, 그러니까 남편에게 학대당하고 이유 없는 꾸지람을 들으면 나는 쓸모없는 존재로 느껴졌다.

✤ ✤ ✤

남편이 사랑한다고 말하는 여자와 골프를 치거나 여행을 갔다 오는 걸 아는 날이면, 그들과 비교해서 나의 초라한 삶은 한없는 나락으로 떨어지곤 했다. 해는 변함없이 떴고 나의 슬픔은 깊어만 갔다. 사이버대학에 입학해서 상담 공부를 하고 잠시 문제가 해결되는 듯 보이다가도 다시 현실 앞에 서면 여지없이 나는 무너졌다. 어느 날부터 나도 자신을 야단치고 꾸짖게 됐다. 그러한 내면을 가지고 정신분석을 받고 대학원에 진학해 공부했다. 몇 가지 어린 시절 상처를 치유받고 나름 의미 있는 시간을 보냈다.

그러나 다시 현실을 생각하면 남편은 딴살림을 차려 행복하게 살고 있고, 나는 더 어두워졌다. 신앙의 힘으로 극복해 보려고 노력하다 포기하곤 했다. 그 여자의 편의를 위해 남편이 나를 자신의 고향으로 이사를 시켰다. 내가 차린 카페가 코로나와 운영 미숙으로 실패 경험을 했다. 나의 삶은 점점 더 나락으로 내려갔다. 그래도 가끔은 자연을 보면서 맑은 공기와 새소리를 들으며 잔잔한 평화를 느꼈다.

남편과의 관계에 희망이 없음을 깨닫고 나는 세상으로부터 마음의 문을 닫기 시작했다. 외로움과 고독의 시간, 고립된 인간관계 어디에도 숨 쉴 곳이 없었다. 다행히 거실 마루에서 보이는 산의 풍경을 보면 위로를 받고, 예쁜 찻잔에 차를 마시고 집 안을 꾸미면서 작은 행복을 찾았다.

✛ ✛ ✛

우여곡절 끝에 김정규 교수님께 상담을 받게 됐다. 교수님과 처음 상담 시간부터 숨통이 트였다. 우선 내가 평생 고민하던 남편에 대한 생각을 순간적으로 해결받았다. 그것은 생각의 전환을 통해서 이루어졌다. 지금까지 내가 알고 믿어왔던 잘못된 생각, 불행한 생각을 바꾸는 계기가 됐다. 솔직히 너무 충격적이었지만 한편으로는 기뻤다. 이 시간을 간절히 바라왔던 과거의 수많은 일과 사건이 눈앞에 파노라마처럼 지나가며 내 문제를 하나씩 변화로 이끌어주셨다. 특히 제주도의 남자가 없는 마을 사람들의 이야기를 들으며 웃음이 났다. 눈물도 났다.

우리 남편은 상징적인 바가지다. 온 동네 여자들이 쓰고 우물가에 두는 바가지, 집으로 가지고 올 필요가 없었다. 나의 마음으로 가지고 올 필요가 없었다. 평생 다른 사람의 남편으로 살고 있는 그 사람은 제주도의 바가지 같은 존재였다. 생각이 바뀌는 순간 나의 30년 된 고통도 사라지기 시작했다. 남편과의 융합으로 생긴 수많은 아픔이 이제 더 이상 나의 것이 아니다. 자연이 눈에 들어온다. 하늘도 맑고 새소리도 반갑고 매화도 곱게 피었다.

아름답다. 행복하다. 날마다 새롭다. 남편의 눈으로 보는 세상이 아닌, 나의 눈으로 보고 살아가기로 한다. 상담을 받으며 평화를 느끼게 됐다. 그리고 공감을 받으며 존재 자체가 사랑임을 배웠다.

☩ ☩ ☩

가족들과 여행을 왔다. 2박 3일의 여정 동안 나는 솔직했고 내 모습 그대로 지냈다. 내 안의 감정을 표현할 때 안전하다는 것을 느꼈다. 때로는 혼자 로비에서 차를 마시기도 했고 마음이 내키지 않는 일은 하지 않았다. 식사할 때도 내가 먹을 수 있고 즐기는 걸 선택했다. 남편이나 딸에게 나의 감정을 숨기지 않았다. 그런데 내가 가장 재미있는 사람이라고 가족들이 이야기한다. 때로는 친절을 베풀다 갈등도 있었으나 바로 딸의 감정을 받아들여 서로 분리된다. 참 편하고 자유롭다. 다른 사람과의 관계도 기대해 본다.

새로운 내 모습이 참 좋다.

✤ ✤ ✤

생각을 바꾸니 마음이 가벼워진다. 사실 여행에서 변해버린 남편
과 아이들로 인해 속이 상했다. 친하게 잘 지냈던 딸들과 어느새
멀어진 기분이다. 아빠에게 참 잘하고 배려해 주는 딸들을 보면서
잘 성장했다 생각이 들지만, 나와의 관계는 오히려 멀어지고 쓸쓸
하다. 홀로 남겨진 기분이 들 때가 한두 번이 아니다. 이런저런 생
각을 하다가 문득 오히려 잘된 일 아닌가? 아이들이 아버지와 관
계가 회복되고 효도하고, 남편도 딸과 사위와 손주를 지극히 사랑
해 주면 기쁜 일 아닌가? 바깥에서 사용되던 바가지를 오랜만에
가족들이 사용하며 그동안 정이 필요했던 마음들을 채워주니 감
사한 일 아닌가 생각이 들었다.

✤ ✤ ✤

오늘은 출근을 했다. 다들 반가운 모습이다. 밥도 같이 먹고 차도
마시고 수업도 듣는다. 나는 좀 더 활기찬 모습이었고, 특히 수업
도중 너무 더워서 머플러와 외투를 입고 있으니 답답했다. 강사가
워낙 카리스마가 있어서 눈치를 조금 보다가 외투를 벗어서 옆에
놓았다. 덥다는 감정이 해소되니 금세 편한 기분으로 수업을 들었

다. 그런데 거리감이 있어 보이던 강사분이 편해 보인다. 내 안의 감정대로 행동하니 나는 자유롭고 분위기도 가볍다. 참 신기하다. 예전에는 무엇이든 잘 참았는데, 이제는 나의 감정에 솔직해진다. 그러고 보니 사람들 눈치를 덜 보는 것 같다. 기분 좋은 변화다.

⚜ ⚜ ⚜

상담을 받은 후 내 안 어딘가에 울음과 분노 그리고 깊은 안도감의 숨이 쉬어졌다. 너무도 깊은 평안함이다. 아침에 남편에게 관계 정리를 이야기하며 선을 그었다. 이사 간다는 이야기도 했다. 집안일에 대한 부담감이 없어졌다. 남편에 대한 형식적인 의무도 내려놓았다. 퇴근 후 친구와 차를 마시고, 닭곰탕을 단무지에 맛있게 먹고 오랜만에 친정 언니와 긴 통화를 했다. 미국에서 온 동생에게도 연락이 와서 한참 이야기를 나누었다. 남편의 간섭을 받지 않고 쓸 수 있는 시간이 길어졌다. 비가 온다. 내 마음속의 온갖 시름을 씻어내는 듯한 봄비가 온다. 어린 시절 후두두 소리를 내며 지붕 위로 내리던 빗소리를 들으며 잠이 들곤 했다. 빗소리가 정겹다.

⚜ ⚜ ⚜

진실한 감정을 따라가는 일이 쉽지는 않지만, 그래도 내 감정 없이 살았던 시간들보다는 훨씬 좋다. 활짝 핀 꽃을 보며 자연 그대로 살아가리라 생각해 본다. 둘째 딸에게 이혼 이야기를 했다. 놀랐는지 우리 가족 다 흩어지냐고, 왜 지금 와서 이혼이냐고 불만을 말한다. 그동안 참았던 이야기를 조금 했다. 딸은 놀라면서 나를 안 보고 산다고 한다. 그만큼 엄마 아빠가 헤어지기 원하지 않는다는 말이다. 그 여자를 이사 보내고 싸우라고 한다. 이미 그럴 단계는 지났고, 지금은 이혼만이 최선이라고 말했다. 그동안 남편은 아이들에게 많은 호의를 베풀었다. 경제적으로 지원도 아낌없이 해준다. 그래서인지 나와 친하면서도 아버지 편에서 이야기한다. 나로서는 서운했지만 받아들여야 한다고 생각했다. 그런데 이상하게 마음이 담담하다. 별 동요가 없다. 딸애가 마음 아파하는데도 나는 그동안 최선을 다했기에 아무 생각이 없다. 그 애의 생각은 자유다. 내가 간섭할 이유가 없다. 이런 시간을 견뎌야 한다. 미안하다. 솔직히 딸 걱정이 좀 되지만, 현명한 아이니 잘 이겨내리라 믿는다. 그러나 진실을 왜곡할 수는 없다.

✢ ✢ ✢

서울에 왔다. 친정 가족, 큰집 가족 모두 모였다. 미국에서 동생이 와서 함께 모여 식사도 하고 의정부에 있는 출렁다리도 걸었다. 정말 오랜만에 친정 식구들과 모이니 감회가 새롭다. 엄마가 팥죽에 새알심을 넣어 만들고 여러 가지 음식도 해놓았다. 부담 없이 행복하다.

✤ ✤ ✤

같은 회사에 다니는 언니와 점심을 먹고 커피도 마셨다. 가는 길에는 보슬비가 내리고 초록빛 나무들과 인사를 했다. 안개 낀 대교는 멋짐 그 자체였다. 파스타도 맛있고, 새로 오픈한 커피숍은 여유 공간마다 쉴 수 있게 예쁜 화분과 나무 의자가 있었다. 여고생들처럼 작은 실수로도 까르르 웃을 수 있어서 즐거웠다.

✤ ✤ ✤

예전에는 주택가를 가다 라일락 꽃이 핀 걸 보면 걸음을 멈추어서 향기도 맡고 봄 햇살을 누리기도 했었다. 그때는 마음이 닫힌 상태라 황량한 감정과 부러움만 느껴졌고, 나무는 담장 너머로만 볼 수 있었다. 큰딸의 아파트 1층에 핀 꽃은 예쁘고 향기로웠다. 이제는 가까이에서 담장도 없고 주인도 없이 온전히 나의 라일락 꽃이 됐다.

✤ ✤ ✤

쉬는 날이라 늦잠을 잤다. 천천히 늦은 아침을 먹고 커피도 마셨다. 집안일을 하는데 마음이 가는 대로 해보았다. 일이 쉽고 재미있었다. 강아지 미용을 알아보다 시간이 안 맞아 집에서 목욕을 시켰다. 밤비 모모가 깨끗해지는데 내 마음도 시원해진다. 장롱의 겨울옷을 봄, 여름옷으로 바꾸어놓았다. 내 옷에 단추를 다는데 평화가 내려앉는 느낌이 들어 눈물이 났다. 일상에서 일어나는 작은 일들이 행복하다. 나 자신을 챙기는 일들이 기쁘다.

✢ ✢ ✢

평생 남편 옷을 먼저 챙기다 어제 처음으로 내 옷의 단추를 세심하게 달고, 하루를 온전히 나를 위해 쓰는 기분이 들어 뿌듯했다. 평화는 나부터인 것 같다. 어제는 친정엄마의 걱정하는 전화를 받았다. 남편에게 잘해야 한다는 생각으로 채워진 분, 예전에는 융합돼 참고 살았다. 그런데 이제 엄마의 감정과 생각을 받아들이지 않고 "엄마가 내 걱정 안 하니 이제 살 것 같아요"라는 말을 했다. 그리고 같이 웃으면서 앞으로 걱정 안 하신다는 이야기를 하셨다. 엄마의 기준에 맞추어 사느라 진짜 나의 모습을 잃었다. 에고의 세상을 새삼 알게 됐다. 근심 걱정 없는 지금의 나. 이제는 내 세상, 내 감정, 나의 시간으로 채운다. 하늘은 맑고 바람 소리 또한 고요하다.

✢ ✢ ✢

어제 진단 결과 수술이 필요하다고 한다. 발목 힘줄이 끊어졌다고 한다. 놀라서 울고 다시 안정됐다. 두 달 정도 치료 기간이 걸린다고 한다. 그래도 내 마음은 평화롭다. 한 달 후 수술하고 나서 다시 재활운동을 해야 한다. 그러니까 두 달 동안 아무 일도 하면 안 된다는 것이다. 통증은 별로 없지만 멍들고 부은 발목을 보살피며 여러 생각이 오갔다. 참 그동안 고맙고 기특했다. 종종거리며 뛰어다니고 걸어 다니며 바쁘게 가족들 보살피고 애쓰는 시간에 나의 발이 수고했음을 새삼 깨달았다. 잘 보살피고 아껴줘야겠다. 의사 선생님의 말씀을 잘 새겨들어야지. 잘 낫도록 나한테 신경 써야겠다. 나 자신을 사랑해 주는 시간으로 채워야겠다. 나의 몸이 고맙다.

✤ ✤ ✤

빗소리에 잠이 깼다. 어제는 지나갔고 새로운 아침이다. 마음은 가볍다. 창문에 빗방울들이 맺혀 있다. 오늘은 강아지들과 놀아야겠다. 내가 던진 공을 잘 주워 올까? 산책을 못 시키니 집 안에서 놀아줘야지. 고민이 없다. 신기하다. 창문을 열어 공기를 환기시킨다. 시원하다.

✤ ✤ ✤

감정은 슬프다. 비가 온다. 가족이 행복하길 바란다. 아니 현실을 받아들여 다들 자유롭기를 바란다. 딸애한테 이야기를 들었는지 남편은 문을 쾅 닫고 들어간다. 나는 이제 남편 밥도 안 차려준다. 집안일도 보살피지 않는다. 남편의 통제 안으로 들어오면 모든 걸 다 해주겠다고 한다. 현실에 맞지 않는 말이다. 거절했다. 법적인 이혼도 이야기했다. 그렇게 하면 나를 파멸시킨다고 한다. 남편은 그냥 겁먹은 어린아이 같다. 남편이 술을 많이 마신다. 예전 같으면 걱정하고, 챙기고, 애를 쓰고, 몸에 좋은 음식을 찾느라 부엌에서 음식 장만을 했을 거다. 그런데 이상하리만큼 담담하다. 비가 온다. 차 소리도 들리고 세상은 더없이 평화롭다. 나는 나의 일상에서 작은 일을 한다. 세수하고 머리 빗고, 이불 정리하고, 방 치운 뒤 잠시 쉰다. 아침 식사 후에 책을 읽을 것이다. 무엇이든 내 생각만 하면 삶은 무겁다. 일상도 보이지 않는다. 그러나 생각 하나 바꾸니 다시 가벼워진다. 이제는 정답을, 아니 잘 생각하고 잘 살펴서 오늘의 시간을 의미 있게 보내야겠다. 삶은 언제나 공평하다.

✥ ✥ ✥

그 어디에도 나는 없었다. 이제는 안다. 내가 행복할 수 없으면 삶이 의미가 없다는 것을. 쑥떡을 쪄서 몇 개 먹었다. 맛있게 먹은 후 채송화, 해바라기, 몇 종류의 작은 꽃을 주문했다. 씨앗을 뿌리고 기다리는 일은 싫다. 너무 오랫동안 기다리다 지친 내가 있었나 보다. 바로 꽃을 볼 수 있도록 샀다. 오늘 내가 행복하기를.

✤ ✤ ✤

우리 아이들에게 좋은 추억을 주고자 노력했다. 아이들이 웃는 모습을 보면 행복했다. 그런데 내가 불행했나 보다. 이제는 내 감정, 내 시간 속에서 산다. 분명 어린 시절과 같이 행복해질 것 같다. 창문 밖에서 시원한 바람이 불어온다. 건물을 올리는지 공사 현장의 소리, 자동차 소리가 들려온다. 이 고요함이 행복임을 나는 이제는 안다.

✤ ✤ ✤

미국에서 살다 온 여동생이 시어머니한테 다이아몬드 반지, 금반지, 비취 목걸이를 받았단다. 부잣집으로 시집간 동생은 외모도 마음씨도 곱다. 제부에게도 사랑과 신뢰를 받고 조카들도 둘 다 명문대 입학시켜 잘 키웠다. 그 동생과 나는 비슷한 점이 많았는데, 결혼에 따라 다른 인생을 산다. 젊은 시절에는 부럽기도 했고 동생이 자랑스럽기도 했다. 오늘 가만히 생각해 보니 그 아이 삶의 깊이는 내가 모른다는 생각이 들었다. 비교할 이유도 부러워할 생각도 없다.

바닷가의 시간을 들여 깎인 돌들과 반짝이는 모래밭, 황금빛 일렁이는 파도의 아름다움이 그 어떤 보석보다 빛난다는 걸, 그러한 아름다움을 볼 수 있는 마음이 다이아몬드처럼 빛나는 걸 알았기

366

때문이다. 그 누구의 삶도 부럽지 않다. 그 어떤 보석도 자연의 돌들에 불과하다. 이런 생각을 주신 섭리에 스스로 감동이 돼 기쁜 하루다.

❖ ❖ ❖

어느 날 그녀에게 물었다.

"그 여자에게 어떤 느낌이 들어요?"

"요즘은 그 여자에게 절하고 싶어요. 그 여자가 아니었으면 평생 남편과 자식한테 묶여서 내가 누군지도 모르고 살았을 것 같아요."

"그렇죠? 이제 자유로워지셨네요. 나비처럼 새처럼 훨훨 날아다니시네요?"

"네, 너무 좋아요."

EBS·클래스ⓔ 시리즈 45

이해받는 것은 모욕이다

1판 1쇄 발행 2024년 1월 31일
1판 3쇄 발행 2024년 11월 5일

지은이 김정규

펴낸이 김유열
디지털학교교육본부장 유규오 | **출판국장** 이상호 | **교재기획부장** 박혜숙
교재기획부 장효순 | **북매니저** 윤정아, 이민애, 정지현, 경영선

책임편집 김민영 | **디자인** 온마이페이퍼 | **인쇄** 재능인쇄

펴낸곳 한국교육방송공사(EBS)
출판신고 2001년 1월 8일 제2017-000193호
주소 경기도 고양시 일산동구 한류월드로 281
대표전화 1588-1580 **홈페이지** www.ebs.co.kr
이메일 ebsbooks@ebs.co.kr

ISBN   978-89-547-8227-2 (04300)
          978-89-547-5388-3 (세트)

ⓒ 김정규, 2024